diálogos com Reggio Emilia

REGGIO CHILDREN ®

Centro internazionale per la difesa e la promozione dei diritti e delle potenzialità dei bambini e delle bambine

penso

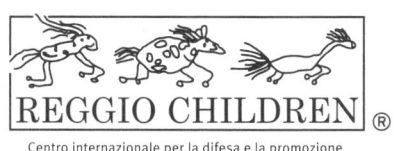

A Penso é editora oficial de Reggio Children no Brasil

R578d Rinaldi, Carlina.
　　　　Diálogos com Reggio Emilia : escutando, pesquisando e aprendendo / Carlina Rinaldi ; tradução : Camila Carvalho Rocha Granghelli, Thaís Bonini ; revisão técnica : Ana Teresa Gavião A. M. Mariotti, Aparecida de Fátima Bosco Benevenuto, Fernanda Dodi. – 2. ed. – Porto Alegre : Penso, 2024.
　　　　xviii, 242 p. : il. ; 25 cm.

　　　　ISBN 978-65-5976-042-8

　　　　1. Educação infantil. I. Escolas e Creches da Infância - de Reggio Emilia. II. Título.

CDU 373.2

Catalogação na publicação: Karin Lorien Menoncin – CRB 10/2147

Carlina Rinaldi

diálogos com Reggio Emilia
----
escutando, pesquisando e aprendendo

2ª EDIÇÃO

Revisão técnica
Ana Teresa Gavião A. M. Mariotti
*Mestre e Doutora em Psicologia e Educação pela Universidade de São Paulo (USP).
Diretora de Formação da Fundação Antonio-Antonieta Cintra Gordinho e Membro do
Conselho Estadual de São Paulo. Formada em "Recognition Process for Teacher Educators
on Reggio Emilia Approach", Reggio Emilia – Itália (2019-2021). Membro do Network de
Reggio Children (Estado de São Paulo – Brasil).*

Aparecida de Fátima Bosco Benevenuto
*Mestre em Literatura pela USP. Pós-graduada em "O Papel do Coordenador",
Universidad Torcuato di Tella e Reggio Children, com módulo realizado em Reggio Emilia.
Diretora Geral da Fundação Antonio-Antonieta Cintra Gordinho.
Membro do Network de Reggio Children (Estado de São Paulo – Brasil).*

Fernanda Dodi
*Graduada em Artes Visuais pela Unicamp. Especialista em Linguagens da Arte pela USP.
"Curso Internacional de Aprofundamento em Educação Infantil" (2016-2017), Fundação
Antonio-Antonieta Cintra Gordinho/RedSOLARE/Unicamp/Reggio Children, com
módulo em Reggio Emilia. Atelierista na Fundação Antonio-Antonieta Cintra Gordinho.*

Porto Alegre
2024

Obra originalmente publicada sob o título *In Dialogue with Reggio Emilia: Listening, Researching and Learning, 2nd Edition*
ISBN 9780367427047

English language copyright © 2021 by Routledge, an imprint of the Taylor & Francis Group, an informa business.

All Rights Reserved. Authorised translation from the original Italian language manuscript provided by Reggio Children S.r.l.
English language edition published by Routledge, a member of the Taylor & Francis Group.

Gerente editorial
Letícia Bispo de Lima

Colaboraram nesta edição:

Coordenadora editorial
Cláudia Bittencourt

Tradução
*Camila Carvalho Rocha Granghelli (Introdução, Capítulo 16) e
Thaís Bonini (Capítulos 1 a 15, 17 a 22)*

Preparação de originais
Heloísa Stefan

Capa
Tatiana Sperhacke | TAT studio

Imagem da capa
Tecelagens de barro / Autores: meninos e meninas de 4 a 5 anos da escola da infância municipal "Martiri di Villa Sesso", Reggio Emilia

Editoração
Ledur Serviços Editoriais Ltda.

Reservados todos os direitos de publicação, em língua portuguesa, ao
GA EDUCAÇÃO LTDA. (Penso é um selo editorial do GA EDUCAÇÃO LTDA.)
Rua Ernesto Alves, 150 – Bairro Floresta – 90220-190 – Porto Alegre – RS
Fone: (51) 3027-7000

SAC 0800 703 3444 – www.grupoa.com.br

É proibida a duplicação ou reprodução deste volume, no todo ou em parte,
sob quaisquer formas ou por quaisquer meios (eletrônico, mecânico, gravação, fotocópia, distribuição na Web e outros), sem permissão expressa da Editora.

IMPRESSO NO BRASIL
PRINTED IN BRAZIL

Agradecimentos

Agradeço às colegas e aos colegas de Reggio Children que, ao longo dos anos, forneceram um generoso e precioso apoio e contribuíram para a preparação deste livro, entre os quais Paola Riccò, Emanuela Vercalli, Claudia Giudici, Francesca Marastoni e Annamaria Mucchi; a todos os professores, pedagogistas, atelieristas e outros colegas das escolas municipais de Reggio que, ao longo dos anos, inspiraram, compartilharam e criticaram os meus pensamentos e os meus textos; e, finalmente, a todos os meus amigos, em Reggio Emilia e no mundo todo, que acompanharam e apreciaram o meu crescimento humano e profissional. Enfim, gostaria de agradecer a Gunilla Dahlberg e Peter Moss pelo respeito e confiança que me demonstraram.

Por fim, obrigada aos editores pela confiança reservada a este meu livro.

Lista de figuras

I.1	Carlina Rinaldi em um encontro público nos serviços da primeira infância, Reggio Emilia Ginásio Esportivo, abril 1974	2
1.1	Creche municipal Arcobaleno, Reggio Emilia, 1979	23
1.2		24
2.1	Assembleia geral com a equipe da creche e escola da infância municipal para o início do ano 1983-1984, em um dos ginásios esportivos da cidade	43
5.1	Loris Malaguzzi (1920-1994)	58
8.1	A praça na escola da infância municipal Diana, Reggio Emilia	88
12.1		117
12.2		117
12.3		118
12.4		118
12.5		119
13.1	Professores no ateliê, encontro coletivo	122
15.1	Congresso internacional "Atravessar fronteiras", Teatro Valli, Reggio Emilia, fevereiro de 2004	150
19.1	Centro Internacional Loris Malaguzzi, Reggio Emilia	201

21.1	Carlina Rinaldi recebe o Prêmio LEGO 2015 do Presidente da Lego Foundation Kjeld Kirk Kristiansen, em 15 de abril de 2015	222
22.1	Celebração do memorial de Jerome Bruner, New York University School of Law, setembro de 2016	229
22.2	Celebração do memorial de Jerome Bruner, New York University School of Law, setembro de 2016	230
F.1	"Educação sem barreiras", mesa-redonda com Luca Vecchi, prefeito de Reggio Emilia, e o Comitê Científico da Fundação Reggio Children – Centro Loris Malaguzzi. Sede municipal – Sala del Tricolore, Reggio Emilia, 06 de novembro de 2018	239
F.2	Cronologia	240

Autora

Carlina Rinaldi começou a trabalhar em Reggio Emilia no ano de 1970, primeiro como pedagogista, depois como diretora pedagógica dos serviços municipais para a primeira infância.

Consultora científica desde 1994 e, posteriormente (2007-2016), Presidente de Reggio Children, em 2011 foi nomeada Presidente da Fundação Reggio Children – Centro Loris Malaguzzi.

Desde 1999 é docente associada do curso de Pedagogia da Università degli Studi di Modena e Reggio Emilia.

Foi uma das interlocutoras internacionais do projeto "Thinkers in residence" junto ao Department of the Premier and Cabinet – Government of South Australia.

Foi vencedora do Prêmio LEGO 2015.

Apresentação à edição brasileira

Os Poemas

Os poemas são pássaros que chegam
não se sabe de onde e pousam
no livro que lês.
Quando fechas o livro, eles alçam voo
como de um alçapão.
Eles não têm pouso
nem porto;
alimentam-se um instante em cada
par de mãos e partem.
E olhas, então, essas tuas mãos vazias,
no maravilhado espanto de saberes
que o alimento deles já estava em ti...

Mario Quintana

Ao longo dos últimos anos, a abordagem das escolas municipais de Reggio Emilia tem alçado voo por diversos países do mundo. O que faz com que essa experiência educativa que nasce nas creches e escolas da infância no norte da Itália encontre tamanho eco, comoção e interesse em contextos culturais tão diversos ao redor do planeta?

Acreditamos que talvez seja o fato de que se aproximar dessa experiência educativa nos coloca em um estado de encantamento, em que os processos de aprendizagem – por meio de percursos rigorosos e comprometidos em relação aos valores da abordagem – são também poéticos e arrebatadores. Tamanho é seu mergulho naquilo que chamamos humano que são espelhos que nos permitem reconhecer e admirar a humanidade que habita em cada um de nós, e que Reggio nos instiga a cultivar e cuidar.

A presente publicação, sua 2ª edição para o público brasileiro, é um convite para esse arrebatamento que nos chega por meio das palavras de Carlina Rinaldi. Nesse recorte de textos – que é também uma trajetória de sua própria vida – somos apresentados ao elenco dessa cidade-bússola: Loris Malaguzzi e aqueles que indagam e constroem essa experiência educativa ímpar, que, tomando como exemplo o testemunho de Carlina Rinaldi, têm suas próprias vidas entrelaçadas ao percurso dessa abordagem – professores, pedagogistas, atelieristas, auxiliares, as próprias crianças e suas famílias, mas também teóricos e grupos internacionais que dialogam com Reggio... Até chegar a você, leitor, que a partir do contato com este livro poderá ressignificar, se assim lhe convir, suas práticas pedagógicas, colocando seu contexto de trabalho em relação com os valores aqui descritos de forma inspiradora e íntima por Carlina Rinaldi, tornando-se de alguma forma parte desse elenco.

Nós, da Fundação Cintra Gordinho,* representantes do Network de Reggio Children no Brasil, esperamos que esta publicação possa ser um dos espelhos que Reggio Emilia generosamente distribui, e que nele o leitor possa reconhecer e cuidar das relações humanas na educação que se dão ao seu redor com ética, comprometimento e delicadeza – tão necessários no mundo contemporâneo. Inspirados pela poesia de Mario Quintana, desejamos que esta leitura faça brilhar a consciência de que o alimento para tamanha beleza já está dentro de cada um de nós.

Fundação Antonio-Antonieta Cintra Gordinho

---

* A Fundação Antonio-Antonieta Cintra Gordinho, instituída em 1957, é uma instituição sem fins lucrativos que nasceu do sonho do casal Antonio e Antonieta de construir uma entidade filantrópica voltada à educação. Como uma instituição do terceiro setor, a Fundação Cintra Gordinho tem a escola de educação infantil ao ensino médio-técnico e o Núcleo Educacional-Cultural. Em 2013, a escola que atende crianças e adolescentes reorganizou seu projeto educativo, buscando uma educação que responda ativamente às demandas e aos desafios múltiplos do mundo contemporâneo.

Apresentação à edição italiana

A proposta que Gunilla Dahlberg e Peter Moss me fizeram há alguns anos – a de escrever um livro sobre a experiência de Reggio Emilia, para participar de uma coleção realizada com a curadoria deles – me pegou despreparada. Eu estava emocionada e tinha, ao mesmo tempo, um profundo sentimento de inadequação.

A experiência das Escolas de Educação Infantil* "de Reggio" não podia ser colhida e representada só em um livro e, muito menos, somente por mim: "Reggio" é uma experiência coral, um conto infinito, uma paixão compartilhada, uma luta de muitos; um "nós" no qual cada um se reconhece, mas do qual ninguém pode e quer ter a interpretação exclusiva.

À minha primeira recusa seguiram-se muitos outros pedidos por parte de Gunilla e Peter. Foi justamente Peter que, finalmente, identificou uma solução que respeitasse os meus sentimentos e a minha vontade de descrever a experiência, mantendo a relatividade do meu olhar que, ainda que viesse do interior da própria experiência, soube colher e elaborar sobretudo alguns de seus aspectos.

A ideia vencedora foi a de fazer uma coletânea com os meus textos, selecionados dos meus mais de vinte anos de trabalho: uma espécie de viagem no tempo, capaz de testemunhar, por um lado, o nascimento e a evolução de alguns conceitos e princípios que caracterizam a experiência de Reggio e, ao mesmo tempo, por outro lado, o meu processo de crescimento pessoal.

A seleção dos escritos não foi fácil, assim como não foi fácil aceitar não modificar os textos originais. Fiz

---

* N. de R.T. No Brasil, a Lei de Diretrizes e Bases da Educação 9394/96 afirma que a educação infantil é a primeira etapa da educação básica da criança de 0 a 5 anos de idade. Assim, no momento em que a autora se referir especificamente às instituições cujo atendimento abrange crianças de 0 a 3 anos (em italiano *Nido d'Infanzia*), denominaremos creches. Da mesma forma que denominaremos o atendimento específico de 4 a 5 anos (em italiano *Scuola dell'Infanzia*) escola de educação infantil.

uma releitura após muitos anos e alguns me pareceram duros e, às vezes, repetitivos. Eles percebiam a minha necessidade, manifestada ao longo do tempo, de voltar a alguns núcleos conceituais, esclarecê-los e aprofundá-los, a partir de uma escrita introspectiva e especulativa.

Peter e Gunilla insistiram para que eu não mudasse nada.

Tinham razão.

Quando vi o primeiro rascunho do livro, entendi que o que eu tinha nas mãos era uma autobiografia cognitiva, um percurso de conhecimento que eu havia desenvolvido "dialogando com Reggio". Assim nasceu o título do livro: metáfora do meu percurso, mas também do percurso de todos nós, autores e atores de uma das mais belas histórias de educação e civilização escritas por uma comunidade e por uma cidade.

Em 2006, foi publicada a versão em língua inglesa pela editora Routledge, uma das mais importantes do setor em âmbito internacional. O número das cópias vendidas decreta o seu sucesso e foi solicitada a sua tradução em alemão e espanhol.

Em janeiro de 2008, Reggio Children se propôs como editora para uma versão em língua italiana. Com hesitação, aceitei o pedido. Parecia-me um ato devido a quem, ainda que indiretamente, inspirou e sugeriu os conceitos expressos no livro.

Agradeço, portanto, a Gunilla e Peter, por terem me dado a coragem de ousar e generosamente acompanharem o meu trabalho.

Agradeço a todas as professoras, atelieristas,* pedagogistas,** famílias e administradores que, com a sua paixão, o seu saber e as suas pesquisas me ofereceram ocasiões únicas de aprendizagem e de enriquecimento pessoal, presenteando-me com questões críticas e acolhimento, junto com uma verdadeira e profunda amizade.

Agradeço aos pedagogistas, aos filósofos, aos psicólogos do presente e do passado, nacionais e internacionais, que me ofereceram contextos de discussão e reflexão para a construção de pedagogias e práticas educativas, além de utopias concretamente vividas.

Agradeço a Loris Malaguzzi, que me ensinou a realizar os sonhos e a sonhar novas realidades e mundos melhores.

Carlina Rinaldi

---

* Figura profissional introduzida por Loris Malaguzzi nas Creches e Escolas de Educação Infantil de Reggio Emilia, com formação artística, que trabalha juntamente aos professores e às crianças, complementando o projeto educativo com linguagens polissensoriais e processos imaginários e expressivos. Difere-se do professor de arte e executa a mesma carga horária dos professores.

** Mantivemos o termo original utilizado na abordagem de Reggio Emilia. O pedagogista difere-se do pedagogo. É um profissional com formação em Educação, que tem a função de direção e coordenação pedagógica em mais de uma Escola de Educação Infantil, trabalhando diretamente com os grupos de profissionais (professores, atelieristas, cozinheiros e auxiliares), com as famílias e a comunidade. Tem a função de refletir sobre a documentação pedagógica, produzir pesquisas sobre a cultura da infância, dar continuidade e transformar o projeto educativo na contemporaneidade.

Companheiros de viagem

Foram muitos os meus companheiros de viagem ao longo desses quase quarenta anos de trabalho na experiência da educação infantil.

Companheiros e companheiras que, aqui em Reggio, souberam me escutar e me apoiar, aos quais sou especialmente afeiçoada. Crescemos juntos como educadores, mas, acima de tudo, como pessoas, mulheres e homens. Foram parte de mim, no trabalho e na vida: tenho dentro os seus olhares amorosos, mas também severos e críticos. Cada um deles poderá se reconhecer nessas linhas e a cada um deles deixo o meu agradecimento.

Há outras pessoas com quem convivi menos, mas que deixaram marcas permanentes no meu crescer e tornar-me mais consciente e responsável pelo meu agir, não somente profissional, mas cultural e político. A lista aqui é longa, mas, entre todos, emergem os colegas e amigos (com uma maioria de mulheres) do Gruppo Nazionale Nidi Infanzia, uma associação formada em Reggio Emilia, em 1980, a partir de uma proposta e com um grande envolvimento de Loris Malaguzzi. O seu objetivo era construir e manter uma rede de relações nacional, capaz de representar quem trabalha nas instituições infantis e, ao mesmo tempo, de sensibilizar, criticar, denunciar e envolver políticos, sindicalistas e genitores na construção de uma qualidade consciente e compartilhada dos sentidos da primeira infância.

Era um momento crítico (um dos muitos, na verdade) para as políticas de desenvolvimento das instituições infantis, principalmente para as creches, que sempre tiveram que justificar a própria qualidade para a sua própria sobrevivência. Nós nos sentíamos pioneiros e realmente o éramos, em certo sentido; nós nos sentíamos defensores de conquistas extraordinárias e frágeis, como as creches, e realmente o éramos, em certo sentido. O Gruppo (do qual a sede legal ainda era a minha casa!) foi, no início, uma extraordinária academia pedagógica, mas, sobretudo, cultural e política. Todos os anos, nós organizávamos um congresso com um assunto central para o debate nacional naquele período: temas relativos à cultura dos serviços, dos professores e das famílias, mas também relativos aos problemas que apareciam de ordem política e econômica.

Preparar esses congressos (às vezes, muito numerosos, com até 2000 participantes) levava a discussões longas e profundas. Mas quanta riqueza havia naquelas divergências! Depois de muita discussão, chegávamos finalmente a um acordo e a um programa. Eram identificados os relatores que fariam as apresentações.

Muita honra, mas também muito ônus. Era muito cansativo organizá-los, mas era grande a satisfação e o prazer de dialogarmos e trabalharmos juntos.

Companheiros e companheiras de viagem, os de ontem e os que virão, aos quais vai também o meu agradecimento por continuarem me acompanhando por esse longo, difícil, às vezes cansativo, mas sempre lindo caminho.

Sumário

	Apresentação à edição brasileira	xi
	Apresentação à edição italiana *Carlina Rinaldi*	xiii
	Companheiros de viagem	xv
	Introdução da primeira edição (2006): nossa Reggio Emilia *Gunilla Dahlberg e Peter Moss*	1
1	Do lado das crianças: o saber das professoras (1984)	21
2	Participação como comunicação (1984)	39
3	A programação na creche? (1988)	45
4	Atualização profissional (1993)	51
5	Malaguzzi e as professoras (1995)	57
6	Documentação e avaliação: qual é a relação? (1995-98)	65
7	Diálogos (1995-98)	77
8	O ambiente da infância (1998)	81
9	As perguntas do educar hoje (1998)	91
10	Documentação e pesquisa (1999)	99

11	Continuidade nos serviços para a infância (1999)	105
12	Criatividade como qualidade de pensamento (2000)	113
13	Professor como pesquisador: a formação em uma escola da educação (2001)	121
14	A organização, o método: uma conversa com Carlina Rinaldi, por Ettore Borghi (1998)	127
15	Atravessar fronteiras: reflexões sobre Loris Malaguzzi e a experiência educativa de Reggio Emilia (2004)	149
16	Diálogo com Carlina Rinaldi: um debate entre Carlina Rinaldi, Gunilla Dahlberg e Peter Moss (2004)	159
17	Educação e globalização na cidade contemporânea (2006)	185
18	O exercício da cidadania em educação (2007)	193
19	O Centro Internacional Loris Malaguzzi: um metaprojeto (2007)	201
20	A normal complexidade de tornarem-se filhos (2012)	209
21	LEGO, Reggio. Uma história, um prêmio (2015)	219
22	A Cidade de Jerome Bruner (2016)	227
	Posfácio	235
	Os sujeitos do projeto educativo do Município de Reggio Emilia: o sistema "Reggio Emilia Approach"	237
	Referências	241

Introdução da primeira edição (2006): nossa Reggio Emilia

Gunilla Dahlberg e Peter Moss

O diálogo é fundamental. Trata-se de uma ideia de diálogo não como troca, mas como processo de transformação em que se perde totalmente a possibilidade de controlar o resultado final. E isso vai ao infinito, vai ao universo, é possível se perder. E, hoje, para os seres humanos, e para as mulheres em particular, se perder é uma possibilidade e um risco, sabe?

(Carlina Rinaldi, p. 139)

Este livro é sobre uma experiência extraordinária vista pelos olhos de uma de suas principais intérpretes. Carlina Rinaldi deu início ao seu trabalho em Reggio em 1970, primeiramente como pedagoga e logo após como diretora pedagógica de serviços da primeira infância e, desde 1994, como consultora para Reggio Children, uma organização fundada pelo município de Reggio Emilia para lidar com a relação entre as escolas municipais em Reggio e o resto do mundo. Dentre essas inúmeras habilidades, Carlina ministrou muitas palestras, entrevistas e desenvolveu muitos trabalhos; este livro apresenta uma seleção. Por meio deles, podemos ver como a experiência em Reggio Emilia se desenvolveu em mais de 40 anos, em perspectivas particulares filosóficas e teóricas e um contexto cultural, político e social mais amplo.

O que é Reggio Emilia? Trata-se de uma cidade no norte da Itália, com uma população de cerca de 150 mil habitantes, uma comunidade com uma longa história que se tornou, nos últimos anos, etnicamente diversa, criando "uma nova Reggio" (Piccinini, 2004).

O psicólogo norte-americano Jerome Bruner, eminente visitante que se tornou um amigo e admirador da cidade, tendo recebido o título de cidadão honorário em 1998, argumentou que não se pode compreender as escolas municipais se você não entende a cidade de onde elas vêm: a cidade de Reggio Emilia, ele diz, "não é grande e nem sufocantemente pequena

FIGURA I.1 Carlina Rinaldi em um encontro público nos serviços da primeira infância, Reggio Emilia Ginásio Esportivo, abril 1974.

(em um tamanho que) favorece a imaginação, energia, espírito de comunidade [...] Reggio possui uma rara forma de cortesia, uma forma preciosa de respeito mútuo" (Bruner, 2004, p. 27).

Reggio é também o conjunto de 33 escolas municipais para crianças de poucos meses de vida a 6 anos, mantidas pelas autoridades locais, tanto diretamente ou por meio de acordos com cooperativas. Mas talvez o mais importante, Reggio é um corpo único de teoria e prática sobre o trabalho com crianças pequenas e suas famílias, surgido em contexto político, cultural e histórico. O objeto deste livro é formado por esse corpo de teoria e prática e esse contexto.

Como editores de uma série chamada *Contesting Early Childhood* (Contestando a Primeira Infância, em tradução livre) e como autores de um livro da coleção chamada Ethics and Politics in Early Education (Ética e Política na Educação da Primeira Infância, em tradução livre), consideramos a experiência das escolas municipais em Reggio Emilia, assim como a interpretação de Carlina sobre essa experiência, a de maior importância; pois nos parece que vivemos hoje em uma fase da história em que as dimensões éticas e políticas da educação, acompanhadas de suas argumentações, são frequentemente negligenciadas. A ideia de educação para todas as crianças, incluindo as pequenas, como uma experiência compartilhada em uma sociedade democrática, e de escolas como parte da sociedade em que seus cidadãos assumem a responsabilidade por todas as suas crianças é cada vez mais substituída por outra ideia. Educação é frequentemente vista como um bem pessoal, e a metáfora da escola muda de um fórum ou espaço público para um negócio privado, uma atividade competitiva em um mercado para vender produtos – educação e cuidado. A escola é reduzida a um local de prática técnica, a ser avaliada contra sua habilidade de reproduzir conhecimento e identidade e alcançar critérios uniformes e consistentes. A escola se tornou uma tecnologia de normalização.

É nesse contexto histórico que a jornada em uma experiência cultural e educacional única, como as escolas municipais de Reggio Emilia, se torna tão importante e urgente. Essas escolas não dispensam práticas técnicas, ou ignoram organização e estrutura. Mas as colocam em seu devido lugar: como forma de dar suporte a um projeto educacional que entende a escola primeira e principalmente como um local público e um lugar para práticas éticas e políticas – um lugar de encontro, conexão, interação e diálogo entre os cidadãos, os mais jovens e os mais velhos, vivendo juntos em uma comunidade. Nunca esquecemos, diz Carlina sobre Reggio, que "atrás de cada solução e cada organização, isso quer dizer cada escola, tem uma escolha de valores e ética".

Para nós, Reggio Emilia é uma experiência que abrange, nas palavras do filósofo francês Gilles Deleuze, "uma crença no mundo" e oferece esperança para uma cultura renovada de infância e por reivindicar a escola como um local público de importância central às sociedades democráticas. No restante desta introdução, devemos tentar explicar as afirmações feitas sobre Reggio. Fazendo isso, reconhecemos que apresentamos nossa Reggio, nossa interpretação dessa experiência única como resultado de seguir essa prática pelas últimas duas décadas, por ler, por visitar e por discutir com professores e outros. Nos sentimos encorajados a fazer isso, pois achamos que Carlina e seus colegas em Reggio diriam que interpretação do mundo é inevitável, e que novo conhecimento é gerado por interpretações em diálogo e por contestação.

A HISTÓRIA DE UM EXPERIMENTO PEDAGÓGICO

A experiência pedagógica de Reggio Emilia é uma história de mais de 40 anos que pode ser descrita como um experimento de uma comunidade como um todo e, como tal, é extraordinária. Até onde sabemos, nada parecido existiu antes. Para colocar essa experiência em perspectiva, a única escola experimental de John Dewey durou apenas quatro anos. O psicólogo Howard Gardner disponibilizou a escala de desempenho enquanto refletia sobre uma experiência reggiana em relação com a história de uma educação na América, onde, como na maioria dos outros países, os ideais de uma educação progressista são raramente percebidos na prática:

> Como educador norte-americano, não posso deixar de me sentir afetado por alguns paradoxos. Nos Estados Unidos, temos orgulho de nos focarmos nas crianças, mas, mesmo assim, não prestamos atenção suficiente àquilo que elas realmente expressam. Reivindicamos aprendizagem cooperativa entre as crianças, mas raramente sustentamos qualquer tipo de cooperação entre educadores e administradores. Invocamos trabalhos artísticos, mas quase nunca criamos ambientes que possam realmente abraçá-los e inspirá-los. Apelamos ao envolvimento dos pais, mas abominamos repartir com eles a propriedade, a responsabilidade

e os créditos. Reconhecemos a necessidade da comunidade, mas com frequência nos cristalizamos rapidamente em interesses de grupos. Elogiamos o método das descobertas, mas não temos confiança em deixar as crianças seguirem os próprios instintos. Convocamos o debate, mas com frequência o recusamos; convidamos a ouvir, mas preferimos falar; somos afluentes, mas não salvaguardamos os recursos que possam nos conservar assim e também permitir a afluência dos demais. Reggio é muito instrutivo nesses aspectos. Enquanto ficamos recorrendo aos bordões, os educadores em Reggio trabalham incessantemente para resolver muitas dessas questões fundamentais e fundamentalmente difíceis.

(Gardner, 1994, p. xi–xii)

Uma das razões do vigor e longevidade de Reggio tem sido sua vontade de quebrar barreiras devido a uma infinita curiosidade e ao desejo de abrir-se a novas perspectivas. Os educadores em Reggio trazem teorias e conceitos vindos de diversas áreas, não somente da educação, mas também filosofia, arquitetura, ciência, literatura e comunicação visual. Eles relacionam seu trabalho a análises de um mundo mais amplo e seus contínuos processos de mudança. Loris Malaguzzi, o primeiro diretor pedagógico das escolas municipais de Reggio e um dos maiores pensadores pedagógicos e professores do último século, escreveu:

> É curiosa (mas não injustificada) a resistência da crença de que ideias educacionais e práticas podem se originar somente de modelos ou teorias estabelecidas [...] No entanto, as discussões sobre educação (incluindo educação de crianças pequenas) não podem ficar confinadas à sua literatura. Tal conversa, que também é política, deve provocar, de modo contínuo, transformações sociais na economia, nas ciências, nas artes e nas relações e hábitos humanos. Todas essas grandes forças influenciam a forma como os seres humanos – até mesmo crianças pequenas – "leem" e lidam com as realidades de suas vidas. É daí que emergem, tanto no plano geral quanto no plano local, novos métodos de conteúdo e prática educativa, assim como novos problemas e questões mais profundas. (Malaguzzi, 1994, p. 51, 54)

Porém os educadores em Reggio não apenas trouxeram teorias e conceitos de diversos lugares; na realidade, eles refletiram e experimentaram, criando seus próprios significados e implicações para a prática pedagógica. Ao mesmo tempo, eles sempre foram críticos e questionadores. Por exemplo, um grande desejo de acompanhar as últimas realizações da ciência foi temperado pela análise crítica e pela forte crença de que a ciência sozinha não consegue resolver aquilo que é normalmente questão de valor, como, por exemplo, o que consideramos uma vida boa para crianças e outros cidadãos de uma comunidade, ou como pensamos que são as crianças. Eles reconhecem que a ciência oferece não somente possibilidades boas, mas também possibilidades de dominação e exploração. Como observou o biólogo chileno Humberto Maturana:

> o que a ciência e a formação para ser um cientista não nos oferecem é sabedoria. A ciência moderna surgiu em uma cultura que valoriza a apropriação e a riqueza, que trata o conhecimento como fonte de poder, que promove crescimento e controle, que respeita

hierarquias e dominação, que glorifica as aparências e o sucesso, e que perdeu a visão da sabedoria e não sabe mais como cultivá-la. Nós, cientistas, em nossos esforços para fazer aquilo de que mais gostamos, a bem dizer, pesquisa científica, com frequência somos aprisionados pelas paixões, pelos desejos e objetivos de nossa cultura, e pensamos que a expansão da ciência justifica tudo, ficando cegos diante da sabedoria e da forma de aprendê-la. A sabedoria se cria no respeito ao próximo, no reconhecimento de que o poder emerge na submissão e na perda da dignidade, na aceitação de que o amor é a emoção que constitui a coexistência social, a honestidade e a confiança, e no reconhecimento de que o mundo no qual vivemos é sempre, e inevitavelmente, nossa construção. Mas, se a ciência e o conhecimento científico não nos propiciam sabedoria, pelo menos não a negam. (Maturana, 1991, p. 50).

A curiosidade, a abertura e a capacidade de ultrapassar limites deixaram Reggio, em diversas ocasiões, à frente do seu tempo. Teorias e filosofias que hoje começam a ser amplamente utilizadas em discussões sobre educação, mas que ainda não são muito visíveis e incorporadas nas práticas pedagógicas, chegaram a ser bastante visíveis e incorporadas em Reggio durante algum tempo. Assim como outras práticas educacionais radicais nos anos 1970, os educadores de Reggio se inspiraram no pensamento de Piaget, em especial na importância por ele atribuída à epistemologia e na sua visão de que o objetivo do ensino é oferecer condições de aprendizagem. Mas eles também compreenderam que os educadores, "com uma ganância simplória", tinham muitas vezes tentado extrair da psicologia de Piaget aspectos que ele não considerava de modo algum propícios à educação.

Muito cedo, também, eles compreenderam certa fraqueza na teoria de Piaget, inclusive a forma pela qual seu construtivismo descontextualiza e isola a criança, coisa que muitos construtivistas hoje tentam remediar. Como consequência, os educadores de Reggio começaram a olhar de forma mais crítica para determinados aspectos da teoria de Piaget, inclusive:

> a subestimação do papel do adulto na promoção do desenvolvimento cognitivo; a atenção marginal à interação social e à memória (em oposição à inferência); a distância entre pensamento e linguagem; a linearidade de cada passo do desenvolvimento no construtivismo; o modo pelo qual os diversos tipos de desenvolvimento cognitivo, afetivo e moral são tratados separadamente, com cursos separados; a ênfase exagerada nos estágios estruturados, no egocentrismo e nas habilidades classificatórias; a falta de reconhecimento das competências parciais; e a superutilização de paradigmas das ciências biológicas e físicas. (Malaguzzi, 1994, p. 76)

A transgressão da ideia descontextualizada de Piaget levou Reggio, nos anos 1970, a começar a experimentar aquilo que acabaria resultando na adoção de outra concepção: a de que a aprendizagem das crianças se situa em um contexto sociocultural e se dá por meio de inter-relações que requerem a construção de um ambiente que "permita um movimento máximo, interdependência e interação" (ibid). Desse modo, vieram a adotar uma perspectiva social construtora, na qual o conhecimento é visto como parte de um contexto dentro de um processo de produção de significados em encontros contínuos com os outros e com o mundo, e criança e educador são compreendidos como coconstrutores do conhecimento e da cultura.

Tal perspectiva permitiu aos educadores de Reggio Emilia abrirem-se para preciosos *insights* sobre o psicólogo russo Lev Vygotsky. Desde então, essas percepções vêm sendo importantes para a prática, como, por exemplo, a relevância por ele atribuída à relação entre pensamento e linguagem, e o fato de a ação ser mediada por ferramentas culturais e por símbolos. As estratégias muito conscientes de Reggio de utilizar outras crianças no grupo como instrumentos pedagógicos no processo de coconstrução têm muito em comum com a ideia de Vygotsky sobre a zona de desenvolvimento proximal.

Outra inspiração importante foi John Dewey, que via a aprendizagem como um processo ativo e não uma transmissão pré-moldada de conhecimento. Como ele argumentou, o conhecimento é construído nas crianças por meio das atividades, com experimentações pragmáticas e livres, com participação nas atividades. Ele também superou os dualismos entre conteúdo e método, processo e produto, mente e corpo, ciência e arte, teoria e prática: "A humanidade gosta de pensar em opostos extremos. Ela é dada a formular suas crenças em termos de Ou Isso, Ou Aquilo, deixando de reconhecer as possibilidades intermediárias" (Dewey, 1938/1959, p. 17).

De forma típica, os professores em Reggio se inspiraram em teorias e teóricos, mas não foram restringidos por isso; mais do que reproduzir teses alheias, utilizaram-nas para construir as próprias perspectivas. Malaguzzi, por exemplo, afirmou que no começo eles se apoiaram no trabalho de Maria Montessori, de modo a poder avançar: "Montessori: ela é a nossa mãe, mas, como todos os filhos, tivemos de nos tornar independentes da mãe". O mesmo "ir além" foi verdadeiro, como acabamos de mencionar, na relação deles com Piaget. Se Vygotsky e outros pensadores semióticos enfatizaram a linguagem verbal e a oral, Reggio ampliou a ideia da linguagem para aquilo que chamou de "as cem linguagens das crianças", às quais Carla se refere em seu livro como "a fantástica teoria". O reconhecimento da multiplicidade da linguagem significou que eles introduziram em suas escolas, como mediadores semióticos, inúmeras ferramentas novas, como vídeos, câmeras digitais e computadores.

Outro exemplo que mostra Reggio à frente, apresenta ideias sobre conhecimento. Para entender a prática e o pensamento de Reggio Emilia, por exemplo, a ideia do trabalho projetual, nós temos que nos abrir e repensar a principal ideia de conhecimento.

Não somente devemos nos fazer uma pergunta permanente sobre disciplinaridade, mantendo aberta a questão do que significa disciplina e o que é uma matéria da escola, também temos que nos perguntar o motivo de termos conceitualizado e organizado o conhecimento dessa forma.

Em Reggio, eles questionaram e repensaram. Em um de seus discursos, Loris Malaguzzi falou sobre sua ideia de conhecimento como um "enrolado de espaguete". Carlina compartilha uma visão similar quando diz que "aprendizagem não segue um caminho linear, determinado e determinista, por estágios progressistas e previsíveis, mas sim através de avanços contemporâneos, paralisações e recuos, que tomam diferentes caminhos".

Munidos com esse conceito de conhecimento, podemos entender o motivo pelo qual o trabalho projetual em Reggio Emilia cresce em inúmeras direções sem um princípio de ordem geral, desafiando a ideia corrente de aquisição de conhecimento como uma forma de progressão linear, em que a metáfora é uma árvore – muito diferente da metáfora do enrolado de espaguete!

Trabalho projetual em Reggio pode ser visto como uma série de pequenas narrativas, narrativas difíceis de combinar de forma acumulativa e complementar.

Isso é similar, como pensamos, a uma imagem do conhecimento como um rizoma. Essa imagem foi desenvolvida pelos filósofos franceses Gilles Deleuze e Félix Guattari (1999; ver também Deleuze e Parnet, 1987) como uma forma de transgredir noções como universalidade, padrões de pergunta e resposta, julgamentos simples, reconhecimento e ideias corretas. Em um rizoma não existe hierarquia de raiz, tronco e galho. Não é como uma escada, onde se tem que dar o primeiro passo antes de chegar ao próximo degrau, o que é similar à metáfora da árvore de conhecimento que se mantém tão proeminente na educação.

Para Deleuze e Guattari, mas cremos que para Reggio também, pensamento e conceitos podem ser vistos como uma consequência da provocação de um encontro com a diferença. Eles enxergam o rizoma como algo que dispara para todas as direções, mas sem começo ou fim, mas sempre presentes e com aberturas para outras direções ou lugares.

É uma multiplicidade funcionando por meios de conexões e heterogeneidade, uma multiplicidade que não é dada, mas construída. Portanto, é uma questão de experimentação e problematização – uma linha de voo e uma exploração do que há por vir, ecoou na observação de Carlina que "o processo do que 'há por vir' é a base da pura educação".

Podemos apresentar um exemplo pessoal de como o trabalho dos professores de Reggio e seu amor pela experimentação colocaram uma cidade pequena e suas escolas municipais na vanguarda de um novo pensamento e prática. No final dos anos 1990, juntamente com nosso colega canadense Alan Pence, escrevemos um livro sobre o trabalho na primeira infância, no qual usamos uma perspectiva filosófica que poderíamos chamar de pós-moderna. Mas quanto mais trabalhávamos com essa perspectiva, mais podíamos perceber que as inúmeras facetas do pensamento e prática pedagógica em Reggio poderiam também ser chamadas de pós-modernas e assim o têm sido por tanto tempo, por exemplo:

> Escolher adotar uma abordagem social construcionista; desafiar e desconstruir discursos dominantes; perceber o poder desses discursos moldando e governando nossos pensamentos e ações [...]; rejeitar a prescrição de regras, objetivos, métodos e padrões, arriscando a incerteza e complexidade; ter a coragem de pensar por si mesmos na construção de novos discursos e, assim, ousando fazer a escolha de compreender a criança como uma criança rica, com infinitas capacidades, uma criança nascida com cem linguagens; construir um novo projeto pedagógico, priorizando as relações e encontros, diálogo e negociação, reflexo e pensamento crítico; ultrapassar disciplinas e perspectivas, substituir

posições de ou isso ou aquilo por abertura com e/também; e entender a natureza dinâmica e contextualizada da prática pedagógica, que problematiza a ideia de um "programa" transferível. (Dahlberg et al., 1999, p. 122)

ESPERANÇA DE RENOVAÇÃO DA POLÍTICA RADICAL

Para nós, Reggio Emilia não apenas revela as potencialidades das crianças, mas também sugere algumas orientações para a renovação da prática democrática e política radical em um mundo pós-comunista. As origens dos serviços na primeira infância em Reggio residem em tradições antigas de vida coletiva em comunidades coesas, produzindo normas de reciprocidade e redes de confiança de engajamento civil, o que Putnam (1993) denominou de "capital social". Em solo fértil, uma política vigorosa cresceu e floresceu. Como Carlina comenta em sua entrevista que finaliza este livro, "a raízes de nossa experiência estão em nossas ideias socialistas que tomaram conta de nossa região da Itália no final do século XIX e início do XX". Com base em origens políticas semelhantes também surgiram outras experiências locais inovadoras, no Norte e no Centro da Itália, no campo da educação da primeira infância, sendo Reggio, como Carlina prontamente reconhece, "um dos muitos lugares que expressam a vitalidade, a riqueza e a qualidade da pesquisa pedagógica italiana [...] e os corajosos investimentos das municipalidades nos serviços para a primeira infância". Mesmo assim, como Carlina ilustra, apesar da intensa troca e compartilhamento, importantes diferenças surgiram entre várias dessas experiências locais, contribuindo para identidades distintas.

Mas as políticas de esquerda não foram os únicos ingredientes. Reggio também é a história de mulheres, o resultado da participação ativa de mulheres e a luta por melhorias não somente de seus direitos, mas os direitos de seus filhos; e a história de uma determinação para prevenir o ressurgimento do fascismo e um desejo de quebrar o monopólio da Igreja Católica na educação de crianças pequenas. Em seguida, Reggio se mostrou pronta para a criação de uma nova relação colaborativa com a Igreja e também para criticar a educação secular. Malaguzzi (1994) foi contundente com as escolas estaduais, "seguir com essa indiferença estúpida e intolerável com as crianças é oportunista, uma atenção aduladora perante a autoridade, e sua esperteza interesseira, forçando um conhecimento pré-moldado" (p. 42). Em vez disso, ele e seus colegas quiseram reconhecer o direito de cada criança a ser protagonista e a sustentar a curiosidade espontânea em um alto nível; e criar um ambiente amigável, onde crianças, famílias e professores se sintam à vontade – "para dar um significado humano, digno e civil à existência" (ibid., p. 50).

A contribuição de Reggio para a renovação de uma política radical vem de duas formas. Primeiro, a criação de novas relações de interdependência entre individualidade e coletividade, diferença e solidariedade. Somos todos diferentes, todos os indivíduos, porém igualmente importantes, de fato, vital para o futuro da própria humanidade é o relacionamento entre o indivíduo e os outros, entre o Eu e o Outro (p. 101). Em Reggio o indivíduo nunca pode assumir um papel liberal de sujeito autônomo, mas apenas adquire total subjetividade – a partir da construção como um sujeito único e irreplicável – em sua relação com os outros: "Eu posso descobrir essa individualidade porque você existe! Obrigada! E porque somos interdependentes" (p. 142). Na importância que isso atribui às relações, Reggio nos provoca a escolher "entre sociedades orientadas para o indivíduo na competição e sociedades baseadas no indivíduo, construídas com outros, que procuram outros [...] (Uma) escolha política e econômica que pode influenciar não somente todo o sistema educacional, mas também o sistema social!" (p. 101).

Segundo, eles desafiaram a racionalidade calculista do neoliberalismo e a necessidade da renovação do sistema público baseado em práticas administrativas, operação de mercados e racionalidade de investimentos. Eles veem esse "pensamento econômico" em conflito com valores que são preciosos a eles, em especial, o diálogo e as relações de cooperação – e não competição – não somente entre indivíduos, mas também entre escolas municipais que funcionam como uma rede. Eles acreditam na importância da escolha nos serviços públicos, mas uma escolha como decisão política e ética, feita na relação com os outros, e não apenas como decisão tomada por consumidores.

> Pedagogia, como escola, não é neutra. Deve-se assumir um lado, participar em formas vitais e profundas na definição de seu projeto, cujo tema central não é a humanidade, mas as relações com o mundo, o estar no mundo, sua sensação de interdependência com outro além de si mesmo. Então pedagogia implica escolhas, e escolher [...] [isso] significa ter a coragem de nossas dúvidas, de nossas incertezas, significa participar de algo em que assumimos responsabilidade.
>
> (p. 127)

A primeira e mais básica dessas escolhas está em responder à pergunta "qual é a nossa imagem de criança?" – da qual falaremos adiante.

Os serviços de primeira infância de Reggio Emília insistem na importância de visualizar serviços públicos como uma responsabilidade coletiva e nos oferecem um entendimento de escola como o primeiro e mais importante local público e como um lugar para prática política e ética – um lugar de encontro, interação e conexões entre cidadãos em uma comunidade, um lugar onde relações combinam um profundo respeito pelo outro e pela diferença, com um profundo senso de interdependência. Em seus trabalhos, os professores de Reggio tentaram compreender os potenciais emancipadores da democracia, oferecendo a cada criança possibilidades de atuar como cidadão ativo e ter a possibilidade de uma vida boa em uma comunidade democrática.

Dessa forma, políticas radicais são completamente misturadas com políticas democráticas. A participação, de crianças, pais, professores, a comunidade como todo, é um valor central e integral para a experiência educacional: participação que significa não forma de governar mais eficientemente "educando pais" para adotar certa perspectivas, mas como participação "ativa, explícita e direta [...] na formulação do projeto educacional" (p. 4) e na construção do significado – uma ideia encontrada no repetido uso por Carlina do "protagonista" para descrever todos os participantes para o projeto Reggio.

Por meio da participação, as escolas municipais disponibilizaram novos locais para políticas democráticas, estendendo, ao mesmo tempo, o âmbito de políticas a novas áreas.

Sua abordagem social construcionista significa que Reggio Emilia está engajada no que podemos chamar de uma política de epistemologia. Eles contrataram a ideia de modernidade do conhecimento como um objetivo de representação de um mundo real, a favor do conhecimento como "uma interpretação da realidade constantemente evoluindo" (p. 89) que é socialmente construída por cada um de nós, em relação com o outro. Para Carlina e seus colegas,

> a aprendizagem não acontece por transmissão ou reprodução. É um processo de construção, no qual cada indivíduo constrói para si as razões, os "porquês", os significados das coisas, outros, natureza, eventos, realidade e vida. O processo de aprendizagem é certamente individual, mas por conta de razões, explicações, interpretações e significados dos outros serem indispensáveis para nossa construção de conhecimento, é também um processo de relações – um processo de construção social. Nós também consideramos o conhecimento como um processo de construção pelo indivíduo em relação com os outros, um verdadeiro ato de coconstrução.
>
> (p. 89)

Isso também significa que eles problematizam a ideia de objetivos predeterminados, se abrindo para a exploração de formas alternativas e marginalizadas de pensar e dar significado para o mundo em que subjetividade, surpresa, encantamento e abertura ao duvidoso são valores importantes. Significativas aqui, como sabemos, são as ideias cibernéticas de Bateson sobre sistemas de autorregulação em um processo de mudança contínua e recíproca (Bateson, 1972); a visão de Dewey de que aprender é um processo ativo e não transmissão de conhecimento pré-embalado; e os pensamentos dos biólogos chilenos Maturana e Varela (1992) sobre "linguajear".

Assim como os fenomenologistas e outros, Maturana e Varela questionam a objetividade. Eles sugerem que nos relacionamos com o mundo como se pudéssemos ser objetivos, mas, ao mesmo tempo, percebemos que jamais seremos objetivos! O que o observador faz com a linguagem, como ser humano que explica a sua experiência, não pode se referir a nada considerado independente daquilo que o observador faz. Você sempre faz parte de um contexto, um participante no sistema que está observando e interpretando; o mundo que vivemos é sempre nosso ato e inevitavelmente nosso. Somos constituídos a partir da linguagem, que significa que nós não podemos viver fora dela: "A vida acontece para nós, a experiência acontece para nós, os mundos que vivemos acontecem para nós, enquanto os geramos em nossas explanações" (Maturana, 1991, p. 49). Uma mudança é proposta, da língua como objeto abstrato, um substantivo, para a língua como um ato, um verbo. A linguagem gera um mundo criado com os outros no ato de coexistência, que dão origem ao que é humano; e cada ato humano tem um significado ético, pois é um ato de constituição do mundo humano: "a noção de ética está relacionada com nossa preocupação pelas consequências de nossas ações na vida de outros seres humanos que nós aceitamos em coexistência conosco" (ibid., p. 43).

O questionamento constante de Reggio provocou uma política de educação e aprendizagem. A adoção reggiana de uma "pedagogia da escuta", tão frequentemente relacionada por Carlina e discutida mais a fundo depois, contesta uma ideia crescente ou dominante de educação como transmissão e reprodução; enquanto o processo de documentação pedagógica, que também aparece frequentemente no trabalho de Carlina e é discutido a seguir, oferece uma forma de participação democrática na discussão e na avaliação da prática pedagógica.

A partir das políticas de educação e aprendizagem de Reggio, o signo da escola surge para atenção democrática. Carlina argumenta que é um local tanto para transmissão quanto para criação de cultura e valores. É um lugar que reconhece as crianças como cidadãos. É um lugar de possibilidades, onde conhecimento e identidade são coconstruídos e os processos de aprendizagem são investigados, sempre em relação com os outros – um lugar de encontro, de construção, um *workshop* e laboratório permanente são apenas algumas das metáforas usadas por Carlina. É um lugar que é tanto comunidade em si próprio quanto uma parte integral de uma comunidade muito mais ampla: uma escola Reggio, Brunner comenta,

> é um lugar especial, onde seres humanos são convidados a desenvolver a mente, a sensibilidade, e a pertencer a uma comunidade muito maior [...] [Ela] é uma comunidade de aprendizagem, onde a mente e a sensibilidade são compartilhadas. É um lugar para aprender em conjunto sobre o mundo real e sobre possíveis mundos da imaginação.
>
> (Bruner, 1998)

Por último, mas não menos importante, uma política da infância foi estimulada por aquela simples mas poderosa pergunta a que já nos referimos e que alguns podem chamar como marca de Reggio – qual é a imagem da criança? Para eles, a infância é uma construção de valores, que levaram a sério para abrir novas possibilidades. Ou, como Carlina disse, "infância não existe, nós a criamos como uma sociedade, como um sujeito público. É uma construção histórica, política e social". Isso nos faz pensar no trabalho de Michel Foucault sobre como conhecimento e poder são interligados em discursos dominantes, um legitimando o outro – e como em Reggio eles reconhecem, confrontam e desconstroem essa relação (ver Dahlberg et al., 1999, para futuras discussões).

A resposta à pergunta para Reggio foi a "criança rica", uma imagem baseada na compreensão de que todas as crianças são inteligentes, significando que todas as crianças são embarcadas em um curso de fazer sentido ao mundo, um processo constante de construção de conhecimento, identidade e valor. Seguindo essa construção social, eles lutaram para mostrar as potencialidades de cada criança e fornecer a cada uma delas o direito democrático de ser ouvida e ser um cidadão reconhecido na comunidade. Essa foi uma mensagem muito forte, uma provocação, visto que as crianças pequenas e suas vidas não estão efetivamente muito presentes nos discursos públicos; quando presentes, serão prontamente desvalorizadas e marginalizadas, etiquetadas como "pobres", "fracas" ou "inocentes", descritas em termos de déficit, imaturidade, fragilidade ou meiguice.

Para fazer outra escolha, adotar a imagem da criança rica, insistir na ideia de que todas as crianças são competentes e inteligentes foi intensamente político: não apenas insistir em um melhor acordo para as crianças, mas também na necessidade de ver a criança de uma perspectiva diferente, reformular a problemática e redefinir as questões críticas. A política de infância de Reggio desafiou nossos discursos dominantes e suposições dadas por vencidas sobre a criança, por exemplo as categorias de desenvolvimento psicológico que regulamentavam o que pensamos ser uma criança, o que poderia e deveria ser, substituindo política por alegações científicas.

A experiência de Reggio surgiu do que poderíamos chamar política tradicional, ou seja, as escolas municipais e seus trabalhos pedagógicos foram criados e apoiados pelas autoridades locais eleitas pelos cidadãos adultos de Reggio; é um exemplo de como tais políticas ainda desempenham um papel importante na experimentação inovadora. Mas no final do século XX foram expandidas outras formas políticas, que Melucci (1989) chamou de movimentos sociais na área pública. Exemplos bem conhecidos incluem o movimento de paz, das mulheres, do meio ambiente e contra o neoliberalismo global.

Esses movimentos abrem-se para uma democracia mais ampla em tempos pós-modernos, um chamado por engajamento, ação coletiva e proliferação de espaços ou fóruns públicos, resumindo, uma nova cultura política.

Esses movimentos, frequentemente ultrapassando barreiras de nações, contribuíram para trazer à tona novos temas para a agenda política e desafiaram formas já estabelecidas de ação e organização política. Eles questionam o significado de conceitos como política e democracia em nossa época. Visto dessa perspectiva, podemos afirmar que Reggio pode ser um movimento social na infância e suas escolas novos espaços públicos para a prática democrática.

ESCOLAS COMO ESPAÇOS DE PRÁTICA ÉTICA

Reggio, como já mencionamos, reafirma a escola como, primeiro e mais importante, um lugar de prática política e ética. Consideramos a prática política, mas onde a ética começa? Parcialmente por meio da alta prioridade dada aos valores. Escolas em Reggio são vistas como lugares de construção de valores, como amizade, solidariedade, respeito pelas diferenças, diálogo, sentimentos, afeição.

Mas para entender o lugar da ética em Reggio, devemos nos perguntar, qual ética? Para nós, a pedagogia da escuta de Reggio desempenha um papel importante para responder a essa pergunta. Em nosso livro anterior (Dahlberg e Moss, 2005), discutimos sobre a escuta ativa às teorias das crianças e o fazer sentido, registrados com uma abordagem ética e particular: o conceito de ética de um encontro de Emmanuel Levinas. Ele comenta que há uma forte tradição filosófica do Oeste que prioriza o saber. A partir dessa vontade de saber, nós compreendemos o outro e fazemos o outro como nós. Um exemplo são os conceitos e as classificações dos desenvolvimentos de estágios, que nos fornecem, como professores e pesquisadores, possibilidades de possuir e "compreender" a criança. Por meio da vontade do saber, a alteridade desaparece e a singularidade e a novidade são excluídas para serem substituídas pelo "totalitarismo do mesmo". A ética de um encontro é uma tentativa de combater isso por meio do respeito pela absoluta alteridade do Outro.

Escutar também conecta Reggio à visão ética que Bill Readings esquematizou em seu último livro – *A universidade de ruínas* – sobre como universidades e outras instituições para educação e aprendizagem têm a possibilidade de ser locais de obrigações e "lugar de práticas éticas", em vez de "lugares de transmissão de conhecimento científico". Para isso, ele argumenta,

> a condição da prática pedagógica é uma "atenção infinita ao outro" ... (e) educação é desenhar fora do pensamento do outro... [ela é] Escutar o Pensamento... Fazer justiça ao Pensamento, escutar nossos interlocutores, significa tentar ouvir o que não pode ser dito mas que tenta se fazer ouvido... É pensar no outro e em nós mesmos, é explorar uma rede aberta de obrigações que mantém a questão do significado aberto como um local para debate.
>
> (Readings, 1996, p. 161, 162, 165; ênfase original)

A "Pedagogia da escuta" – escutar o pensamento – exemplifica para nós uma ética de encontro, constituída em dar boas-vindas e acolhimento ao Outro – uma abertura à diferença do Outro, à vinda do Outro. Trata-se de uma relação ética de abertura ao Outro, procurando escutá-lo a partir de sua própria posição e experiência e não tratando o Outro como o mesmo. As implicações são sísmicas para a educação.

Trabalhar com a ética do encontro na pedagogia da escuta requer que o professor pense no Outro que não pode alcançar, que desafia toda a cena da pedagogia. Pois a pedagogia da escuta significa escutar o pensamento – as ideias e teorias, perguntas e respostas da criança e dos adultos; significa tratar com seriedade e respeito; significa lutar para fazer significado do que é dito, sem ideias preconcebidas do que é correto ou apropriado. A pedagogia da escuta trata o conhecimento como construído, perspectivo e provisório, não a transmissão de um corpo de conhecimento que torna o Outro o mesmo. Para cada pergunta, temos que nos abrir ao Outro – dar boas-vindas ao estranho, que significa uma afirmação, um sim, sim, sim ao Outro, ao estranho. Ou até mais a fundo, uma afirmação da existência da Alteridade (Derrida, 1999).

Na pedagogia da escuta, as escolas municipais de Reggio seguiram as aspirações de seus fundadores, cuja experiência do fascismo havia "ensinado que pessoas que se conformavam e obedeciam eram perigosas, e que, ao construir uma nova sociedade, era necessário salvaguardar e comunicar essa lição de manter a visão da criança que pode pensar e agir por si própria" (Dahlberg et al., 1999, p. 12). Assim, política e ética se unem em uma abordagem na educação que rejeita os laços regulatórios de classificações de desenvolvimento e da educação como transmissão e resultados normativos, e que enfatiza a importância do outro, da diferença, da conectividade e das relações.

O PODER DA DOCUMENTAÇÃO PEDAGÓGICA

Perpassando o trabalho de Reggio Emilia, assim como nos capítulos que seguem, está a prática da documentação pedagógica. Expresso de forma mais simples, a documentação pedagógica é um processo para tornar o trabalho pedagógico (ou outro) visível e sujeito à interpretação, ao diálogo, ao confronto (argumentação) e à compreensão. Incorpora o valor da subjetividade, de que não há ponto de vista objetivo que torne a observação neutra; mas, ao mesmo tempo, insiste na necessidade de subjetividade rigorosa, tornando explícitas e contestáveis perspectivas e interpretações por meio da documentação na relação com os outros, sejam eles crianças, pais, educadores ou outros cidadãos: a documentação fomenta um conflito de ideias e argumentações, não é uma busca cômoda de consenso, é uma forma de captar as subjetividades que interagem em grupo. O valor da subjetividade também significa que o sujeito deve ter responsabilidade por seu ponto de vista; não pode se esconder por trás de uma objetividade científica adotada ou critérios oferecidos por *experts*.

A documentação pedagógica, como discutida por Carlina, é uma ferramenta multiuso. Ela visualiza os processos de aprendizagem da criança, sua busca por sentido e suas formas de construir o conhecimento. Ela permite a conexão com o trabalho diário de teoria e prática. É um meio para o desenvolvimento profissional do professor ao qual Reggio atribui grande importância, não menos pelo fato de o professor ser compreendido e tratado tanto como pesquisador quanto como aprendiz. Ela promove a ideia de escola como um local de prática política democrática, por permitir a seus cidadãos, jovens ou não, se engajar e discutir questões importantes: infância, cuidado, educação, conhecimento, e aí por diante. É uma forma de abrir um espaço público ou fórum na sociedade civil, onde os discursos dominantes, e a forma como nos construímos como sujeitos – nos governamos – a partir desses discursos, podem ser visualizados e problematizados.

É também um método de análise e avaliação, "um 'anticorpo' extremamente forte para a proliferação de ferramentas de análise/avaliação que são mais e mais anônimas, descontextualizadas e apenas aparentemente objetivas e democráticas" (p. 36). Escalas de classificação e ferramentas normativas semelhantes que avaliam em relação a um conjunto de critérios considerados estáveis, uniformes e objetivos representam uma "linguagem de avaliação" (a linguagem de "qualidade e excelência"). A documentação pedagógica representa outra linguagem (o que denominamos em outro lugar de linguagem da "criação de significado" (Dahlberg et al., 1999): aquela que presume que devemos assumir a responsabilidade de fazer julgamentos, com base no confronto com a prática real, lutando para interpretar e dar sentido ao que vemos, relacionando-o com os valores que consideramos importantes – e sempre na relação com o outro, no diálogo com os nossos concidadãos, como parte do coletivo que assumiu essa prática como um verdadeiro ato de democracia.

ALTERIDADE, DISSENSO E PROVOCAÇÃO

Nós poderíamos resumir nossa discussão anterior dizendo que a importância de Reggio para nós encontra-se em sua diferença, sua diversidade, sua alteridade.

Não é para dizer que é desconectada ou autônoma, pois vimos que desenvolveu seu pensamento e prática sempre em relação com o mundo, coconstruindo seu conhecimento, identidade e valores com muitas modalidades, lugares e pessoas. Mas o resultado dessa coconstrução é algo peculiar, uma singularidade ativa. Iríamos ainda mais longe, dizendo que Reggio é uma ilha de desacordo, uma provocação a um discurso crescentemente dominante e sufocante sobre a educação na primeira infância em especial, e educação em geral, um discurso altamente instrumental em língua inglesa que vê as escolas como lugares de controlar crianças a partir de aplicação de tecnologias predeterminadas, resultados normativos. Fazendo isso, Reggio oferece um exemplo poderoso e coletivo de pensamento crítico, vividamente descrito por Nikolas Rose como:

> introduzindo uma atitude crítica perante o que nos é dado a nossa experiência atual, como se eles fossem atemporais, naturais, inquestionáveis: [sendo contra] a corrente de sabedoria recebida... introduzindo um tipo de estranheza na experiência de alguém [e] interrompendo a fluência das narrativas que codificam a experiência e as fazendo gaguejar.
>
> (Rose, 1999, p. 20)

Por sua existência, provocação, pensamento crítico, Reggio nos lembra que educação, aprendizagem, conhecimento, infância, professor, avaliação e muitos outros têm muitos significados. Encaramos escolhas políticas, não necessidades técnicas. Temos que pensar e temos que assumir responsabilidade – não podemos esperar que um *expert* nos diga "o que funciona".

As teorias de Reggio são ricas e provocativas, inclusive a pedagogia da escuta e as cem linguagens. Mas, ao mesmo tempo, Reggio desafia a "ideia arrogante de manter separadas teoria e prática" (p. 68), argumentando que elas são inseparáveis – uma sem a outra é inconcebível. Sendo assim, Reggio também reavalia o profissional, de fato questiona a sua denominação, insinuando que pode e deve haver distinção entre aqueles que praticam e aqueles que teorizam. Além do mais, pela importância que atribuem aos professores como pesquisadores, minam outra distinção, entre o profissional na sala e o pesquisador em uma universidade. Pesquisa, eles argumentam, pode e deve acontecer tanto na sala por professores quanto na universidade pelos "acadêmicos":

> A palavra "pesquisa", nesse sentido, sai – ou melhor, exige sair – dos laboratórios científicos, deixando assim de ser um privilégio de poucos (nas universidades e outros locais designados) para se tornar a postura, a atitude com as quais os professores abordam o significado e o sentido da vida.
>
> (p. 108)

Aqui, Reggio está rejeitando o pensamento dualista – mas também em qualquer outro lugar. Por exemplo, discussões antigas sobre se mais atenção deveria ser dada ao processo ou ao resultado tornam-se sem sentido no discurso de Reggio. Podemos dividir a vida dessa maneira, não estamos sempre no meio, sempre nos tornando algo, como podemos diferenciar, exceto por uma fragmentação artificial da vida?

Antes de terminar esta parte, queremos levantar mais duas provocações que têm importância especial para nós e que faz sentido especial em nosso diálogo com Carlina, neste livro.

Primeiro, a dúvida, a incerteza e sentimentos de crise são vistos como recursos e qualidade a valorizar e oferecer, oportunidades para abertura e escuta, como requisitos para criar novos pensamentos e perspectivas.

O outro lado da moeda é ser "contra todas as pedagogias cujo propósito é, de alguma forma, prever o resultado, que é um tipo de indicador que predetermina o resultado, e que se torna um tipo de prisão para a criança e para o professor e para o ser humano" (p. 136). Nada poderia estar mais distante da pesquisa e da política atual para a primeira infância que buscam certeza a partir de uma aplicação de tecnologias que vão afirmar resultados predefinidos e excluem a possibilidade de sermos surpreendidos e inquietos.

Em segundo lugar, há um reconhecimento de que a ideia de educação de Reggio requer um certo tempo, não apenas uma certa quantidade de tempo para não ser "governado pelo tempo", mas também um conceito de tempo que não é "o tempo da produção". Pesquisadores positivistas podem tentar definir qual quantidade de tempo gasto por crianças em instituições de educação infantil produz os melhores resultados educacionais normativos; a política pode então responder a essa prescrição com a ideia de "o tempo da produção". Em Reggio, porém, o tempo é outra coisa, um elemento necessário para criar relações, uma oferta que a escola dá: "tempo para as crianças, tempo para os professores, tempo para estarem juntos. Tem que haver a possibilidade nas escolas, de qualquer tipo, em qualquer grupo, de criar conexões, mas também de viver diferenças e conflitos" (p. 156).

REGGIO: ANSEIO, ESPERANÇA, UTOPIA, SONHO

Reggio é tanto uma experiência local intensa, um exemplo de comunidade que embarcou em um processo de experimentação social em longo prazo, quanto um fenômeno global. A cada ano, centenas de pessoas visitam a cidade para aprender essa experiência. Desde 1981, a exibição Reggio – "As cem linguagens das crianças" – viajou o mundo, acompanhada por palestrantes de Reggio: já teve cerca de 100 exibições em mais de 20 países. Existem Redes Reggio em 13 países, incluindo Austrália, Estados Unidos, Coreia, Reino Unido, Alemanha, Holanda e todos os cinco países nórdicos.* Por que isso? Como podemos entender esse exemplo de "glocalização", uma experiência local com apelo global? E quanto ao futuro?

O apelo, em parte ao menos, surge da alteridade de Reggio, e da provocação que oferece. Pensamos que o interesse mundial em Reggio reflete uma reação ao crescente discurso dominante sobre a educação na primeira infância ao qual já nos referimos. Esse discurso está inscrito em valores e pressupostos neoliberais altamente calculistas e instrumentais e em práticas administrativas. É um discurso que trata os serviços da primeira infância como locais para aplicar "tecnologias humanas" a fim de produzir resultados normativos predefinidos a fim de melhor governar a criança para servir como um

---

* Em 2024, o Network Internacional de Reggio Children tem representações de 30 países.

agente redentor que nos salvará das incertezas do mundo – uma solução técnica que vai nos prevenir de confrontar os problemas políticos e éticos que estão arruinando nosso mundo e povos.

Reggio fala com os que anseiam por mais, por outro pertencer. Oferece conforto e esperança por ser diferente, por mostrar a possibilidade de novos valores, diferentes relações, diferentes formas de viver. Por exemplo, visitantes de Reggio Emilia normalmente voltam para casa com um forte sentimento de que crianças, pais e políticos são realmente participantes nas escolas, que Reggio conseguiu envolvê-los e criou um interesse e engajamento participativo.

Para criar tal interesse, a documentação pedagógica tem sido um fantástico mediador e ferramenta. Em Reggio, conseguiram tornar as escolas infantis importantes em um contexto democrático, algo que contraria a apatia e o desinteresse que muitas vezes resultam de não ser ouvido e levado a sério – "Não importa o que eu faça. As questões importantes são decididas por outros".

Reggio oferece um senso de pertencimento às pessoas que anseiam por outros valores, relações e formas de viver. Ao mesmo tempo, corrói, mesmo que minimamente, a confiança do discurso dominante, seu pensamento crítico, pondo uma gagueira na arrogante narrativa de necessidade e verdade absoluta desse discurso. Ao fazer isso, oferece algo muito precioso e escasso hoje – a esperança.

Para muitos, o futuro parece inimaginável, catastrófico ou apenas deprimente. Há uma ausência de pensamento utópico e energias que possam nos guiar, nos motivar a lutar por algo e conseguir conquistas ocasionais. Sem uma ideia de futuro que não seja continuação do presente, nem catástrofe, a política reduz-se a argumentos sobre a melhor forma de gerir o *status quo*. O pensamento utópico, ao contrário, provoca e permite a crítica radical do que existe e pode dar direção para mudanças futuras por meio da exploração pela imaginação de novos modos de possibilidade humana, que podem nos ajudar a reinventar o futuro. Ela desconstrói o presente e reconstrói o futuro. Proporciona uma provocação à política e à ética por meio do ato de pensar diferente e, assim, permite construir um novo horizonte de possibilidades e novos rumos para mudanças futuras.

Entretanto, um pensamento utópico não é suficiente para trazer uma mudança radical. Ela precisa de espaços que permitam ao pensamento acontecer e uma vontade de agir, espaços onde haja abertura para experimentação, pesquisa e reflexão contínua, crítica e argumentação – e cruzar fronteiras. Dessa forma, pensamento utópico e ação podem estar em constante relação e ser passíveis de revisão à luz de experiência, aprendizagem e diálogo. Mas esses espaços não precisam ser em grande escala, podem ser locais.

Para nós, Reggio Emilia é um local engajado tanto no pensamento utópico quanto na ação por meio de um processo que pode ser chamado de "um projeto cultural local da infância". Mas o que aconteceu é que esse projeto local se dispersou geograficamente e se tornou uma rede global – construiu "uma nova geografia cultural", como Carlina expressou. Essa rede é uma abertura para a oportunidade de explorar novos modos de possibilidade humana.

Em seu diálogo conosco, Carlina prefere falar de Reggio como um sonho e não uma Utopia, "pois Utopia é algo muito bom mas perfeito, e um sonho é algo que você pode ter uma noite".

Essa é uma advertência contra o perigo de Utopias serem postas de formas inflexíveis e incontestáveis, com todos os perigos de uma "solução final". Para nós, é necessário haver uma constante relação entre pensamento utópico e ação, que mantém o pensamento utópico "em seu eixo", sujeito a revisão à luz de experiência, aprendizagem e diálogo – utopia talvez como um sonho temporário.

Reggio não é um modelo, um programa, uma "boa prática" ou um marco de referência (menos ainda se "Reggio é uma interpretação de Reggio"). As escolas municipais e seu trabalho apresentam um contexto particular, uma história particular e escolhas políticas e éticas particulares. A relação de Reggio com os outros, portanto, não é comercial, de exportação de um produto. Ela é, como sublinhamos, uma relação de esperança, uma utopia ou um sonho, ou ambos. Ela propicia um sentimento de pertencimento e é um forte estímulo para aqueles que procuram valores diferentes, sugerindo modos de pensar para aqueles que se encontram à sua volta.

Reggio, no entanto, nas palavras de Carlina, "é um lugar de encontro e diálogo, e não apenas com Reggio, mas com muitos protagonistas relacionados. Reggio, assim, abre espaço para que as pessoas dialoguem, oferecendo uma desculpa para isso". Por intermédio desse dialogismo, permite que as pessoas entrem no processo de aprendizagem, um processo de coconstrução do próprio conhecimento, dos próprios valores e da própria identidade; um processo que tem relação com Reggio, mas no qual é possível, para os protagonistas, aqueles que dialogam com Reggio, reter a sua "alteridade" sem que este tente aprisioná-los e transformá-los em um igual; acima de tudo, um processo, como nos lembra a citação que abre este texto, que promete a transformação e o risco (ou a possibilidade) de se perder, sem o controle sobre a direção em que as coisas vão.

A questão para nós, sobre a qual Carlina fala em diversas passagens, como, por exemplo, ao discutir sobre currículo, é se algumas dessas pessoas que entram em diálogo com Reggio podem, sem querer, tentar aprisionar essa experiência. Sem trabalhar com a ética do encontro, sem escutar, elas podem acabar negando a alteridade de Reggio. E, em vez disso, podem fazer com que se torne algo que estão acostumadas a conhecer, aplicando sobre essa experiência singular os próprios conceitos e sistemas de conhecimento e de valores – "ah, sim, é exatamente o que fazemos, só que um pouquinho melhor", "qual é a evidência de seus resultados?", "que tipo de currículo vocês usam?".

Hoje, há uma consciência crescente a respeito da necessidade de se manter e aumentar a biodiversidade diante das tendências globais que ameaçam nosso meio ambiente material em uma escala sem precedentes. No mesmo sentido, necessitamos da diversidade sociocultural como valor e como escape do interesse próprio, a fim de garantir nosso futuro. Reggio é um exemplo importante dessa diversidade e precisa de proteção tanto ante seus inimigos – os advogados da racionalidade neoliberal e da prática administrativa – quanto seus amigos, que podem sufocá-lo de amor. Nós também temos necessidade de mais Reggios, não no sentido de meras duplicações, mas de outras comunidades que se preparem para embarcar em projetos culturais locais para a infância, a fim de combinar pensamento utópico e ação, de sonhar com o futuro, de esperar por um mundo melhor.

O QUE VEM A SEGUIR?

O restante do livro dá voz a Carlina Rinaldi. Ela fez uma seleção de suas apresentações ao longo dos últimos 20 anos – alguns textos, mas, na maioria dos casos, discursos. Há também entrevistas. Algumas apresentações já tinham sido publicadas em inglês, mas não a maioria.

Selecionar seu trabalho passado, diz Carlina, foi compensador, mas também difícil, algumas vezes: "porque é complicado para mim reler o que escrevi sem modificá-lo, tenho sempre uma sensação de insatisfação e incompletude" (comunicação pessoal). Para nós, porém, parece importante mostrar esses documentos sem alterações, como traços do passado, pois eles permitem compreender o pensamento de Carlina durante um período de tempo, tanto em relação às mudanças de ênfase quanto sobre as continuidades de temas e valores. Ela também escreveu, especialmente para este livro, introduções que oferecem ao leitor percepções sobre o contexto particular de cada artigo, discurso ou entrevista.

O leitor deve sempre se lembrar de que a voz de Carlina é italiana. Mas uma parte do trabalho que segue foi apresentada originalmente por ela em inglês. Nas duas formas, Carlina está trabalhando e pensando por intermédio da língua italiana, em alguns casos, isso representa problemas particulares para a tradução, posto que alguns termos e expressões não se transpõem facilmente de um idioma para outro.

Mas a linguagem e a cultura estão intimamente conectadas, e diferentes culturas têm diferentes modos de pensar sobre o mundo e de conceituá-lo. Talvez o leitor devesse se preparar para, em algumas ocasiões, lutar com o desconhecido e resistir rapidamente à tentação de equilibrá-lo ao que lhe é familiar.

Diálogos com Reggio Emilia é o título do livro, e diálogo é uma relação e um valor que percorre, como o fio de Ariadne, os textos que se seguem, bem como o trabalho pedagógico das escolas municipais de Reggio. Esperamos que este livro possa fornecer inspiração, no futuro, para um diálogo ainda mais amplo e profundo com Reggio. Um diálogo que permita abrir um processo de transformação rumo a uma nova paisagem social, cultural e política, na qual possamos encontrar novas possibilidades para a infância e a paternidade, para a educação e as escolas, para as famílias e as comunidades – e, como diz Carlina, isso é tanto um risco quanto uma possibilidade.

1
Do lado das crianças: o saber das professoras (1984)

*E*ste texto foi escrito para a conferência nacional do Gruppo Nazionale Nidi, que ocorreu em Veneza, no ano de 1984. Para uma melhor compreensão das motivações de base dessa apresentação, da seguinte e dos temas tratados, é necessário levar em consideração alguns elementos contextuais.

Naquela data, já haviam se passado doze anos desde a aprovação da Lei Nacional 1044, que promovia, em toda a Itália, o financiamento e a construção de creches para crianças de 3 meses até 3 anos de idade. Esta previa que, até os primeiros cinco anos da sua aprovação, fossem abertas 2.500 creches em todo o país. No entanto, em 1984 havia somente poucas centenas de creches efetivamente construídas, quase todas no centro e no norte do país.

A Lei não havia encontrado uma correta e plena aplicação, e os governos que se sucederam no país criavam cada vez mais obstáculos, principalmente de natureza econômica. Somente alguns municípios tinham continuado a investir dinheiro para compensar a carência de intervenções por parte do governo italiano, municípios sensíveis e conscientes da importância das creches. A maioria desses municípios encontrava-se na Emilia-Romagna, Toscana, Lombardia, Lazio e Veneto. A tarefa que tiveram de enfrentar era, principalmente, a ampliação da rede das creches e dos serviços em geral, garantindo, ao mesmo tempo, qualidade para as crianças, as famílias e as professoras. Para apoiar essa busca pela qualidade e coordenar as lutas políticas que afloravam cada vez mais entre as professoras que trabalhavam nas creches, foi instituído, em Reggio Emilia, o Gruppo Nazionale Nidi* (atualmente intitulado Gruppo Nazionale Nidi Infanzia).

Entre as finalidades do Gruppo Nazionale Nidi, encontravam-se tanto a expansão das creches quanto a consolidação de um conceito que tinha, naquele tempo, um valor cultural inovador: o direito da criança a ter escolas

---

* N. de R.T. Grupo Nacional das Creches.

de qualidade. Partindo de uma proposta de Loris Malaguzzi (pedagogista e principal inspirador da pedagogia e da experiência das escolas municipais de Reggio Emilia), o Gruppo Nazionale Nidi promoveu – e continua promovendo – conferências nacionais e seminários locais para o desenvolvimento profissional dos educadores. São ocasiões de troca de experiências, compartilhamento de reflexões e conscientização sobre o comprometimento cultural e político de todos aqueles que trabalham nos serviços para a primeira infância.

Esta é a premissa para a conferência de 1984, organizada em parceria com o Município de Veneza. O tema que escolhi foi efetivamente acordado entre Loris Malaguzzi e os organizadores. Naquele tempo, o tema da participação e da organização no interior das creches era urgente e interessante, dado que, em muitos lugares, era (e ainda é) extremamente difícil compreender que a participação das famílias não era uma simples escolha, mas fazia parte da própria identidade da creche: um direito das crianças, mas também dos pais.

A defesa e a expansão dos serviços podiam acontecer somente com a compreensão, a solidariedade e o apoio das famílias, graças ao fato de que os pais vinham à creche não para serem instruídos e educados sobre parentalidade, mas para agregar seus próprios conhecimentos de pais.

Dessa forma, costumavam considerar a creche como lugar onde podiam ser valorizados e onde eles próprios podiam valorizar a infância como herança sociocultural.

A ELABORAÇÃO COMUNITÁRIA DO PROJETO EDUCATIVO

Doze anos após a criação da Lei 1044 e tendo chegado ao quinto congresso *Gruppo Nazionale sugli Asili Nido*, em que muitas vezes (e não se trata da única ocasião de discussão de tal temática) foram debatidos o significado e o papel dos pais na experiência da creche, parece-me indispensável começar essa apresentação relembrando todas as aquisições que, ao menos no plano teórico, nós consolidamos juntos.

Na segunda parte da minha apresentação e desse nosso encontro, tentaremos ir além da consolidação do que já foi adquirido, para entendermos e definirmos melhor nosso pensamento e nossa ação. Direcionados à recuperação daqueles espaços que nos permitem avançar, dando-nos um estímulo coletivo e novos olhares, levamos em consideração que as coisas novas (e a participação das famílias na gestão das instituições educacionais é "coisa nova") em nosso país requerem sempre tempos memoráveis, sobretudo quando desencadeiam novos processos culturais e políticos.

Entre as "aquisições" que acho importante mencionar (para uma memória "histórica" que nos permita avançar no nível de reflexão):

- é esse o século em que, pela primeira vez, a qualidade da relação pais/filhos aparece como enunciação teórica (na realidade, é diferente na prática e nos fatos); tema e preocupação de ordem pública, ou seja, social e cultural; mas, sobretudo, é a primeira vez que uma instituição educacional pública requer dos pais um protagonismo direto, explícito, na construção de um projeto educativo, sem terceirizações ou hierarquias recíprocas. Em geral, é esperado que os pais deleguem as responsabilidades aos professores e que raramente coloquem em discussão as escolhas feitas por estes últimos, por medo de que os próprios filhos sofram as consequências. Para nós, isso deve ser evitado a todo custo;
- por isso, a Lei 1044 representa, além dos limites e das ambiguidades várias vezes denunciados, os quais precisam de uma modificação urgente, um ponto muito avançado hoje, pelo menos no que concerne à participação e à gestão social. Avançado porque sanciona o caráter público de uma instituição para a *criança sadia*; pela definição e valorização do Ente Local como sujeito gestor de estruturas socioeducativas, mas, sobretudo, por ter indicado a centralidade da creche, não somente na relação educador-criança, mas na interação entre ambiente familiar e ambiente creche, evitando simplificações ilusórias de teorias de continuidades educacionais e enfatizando a interlocução e a dialética permanente da relação;
- a creche é, portanto, um sistema de comunicação integrado no mais amplo sistema social: um sistema de comunicação, de socialização, de personalização; um sistema de interações, no qual

FIGURA 1.1 Creche municipal Arcobaleno, Reggio Emilia, 1979.

são interessados primeiramente os três sujeitos protagonistas do projeto educativo: a criança, os educadores e a família. Três sujeitos inseparáveis na integração: a creche, para desempenhar a própria função prioritária, não somente se preocupar e se ocupar com o bem-estar das crianças, mas também com o bem-estar da equipe e dos pais. O sistema de relação é tão integrado, que o bem-estar ou o mal-estar de um dos três protagonistas não está só relacionado, mas é interdependente do bem-estar ou mal-estar dos outros dois protagonistas;

- esse bem-estar está fortemente ligado à quantidade e à qualidade da comunicação realizada entre as partes, do conhecimento e consciência que as partes possuem das necessidades e dos prazeres recíprocos, das ocasiões de encontro e agregação realizadas em um sistema de relação permanente;
- a centralidade da creche é então colocada nesse sistema de relações-comunicações, que identifica, portanto, a real participação dos pais (participação e gestão social), como parte integrante da experiência educativa: aliás, participação e gestão social que são, por si só, proposta pedagógica, ou seja, não estão separadas das escolhas de conteúdo e de método, dos quais são elementos essenciais e inalienáveis;
- como enfatizado várias vezes, para que tudo isso não seja pura "representação conceitual", é necessário que haja fortes e consequentes disponibilidades no plano organizacional – também em fase de contínua verificação e adequação – funcional, metodológico e político. Cada coisa é estruturada consequentemente: a arquitetura da creche (os espaços, o mobiliário), os modos e tempos da comunicação, os tempos de trabalho da equipe, o conceito de trabalho colegiado e de liberdade didática, o significado e os conteúdos da atualidade. E também os conceitos de competência, *progettazione** e consensualidade se modificam substancialmente, levando a mudanças radicais na maneira mais tradicional de conceber a relação escola-família; o mesmo significado das instituições em uma sociedade, o profissionalismo docente, a gestão do saber, as maneiras de fazer cultura e política se modificam;
- enfim, parece certo que esses processos de relação-comunicação, princi-

---

* N. de R. T. Mantivemos o termo original da abordagem de Reggio Emilia, que se refere ao conceito de pensamento projetual.

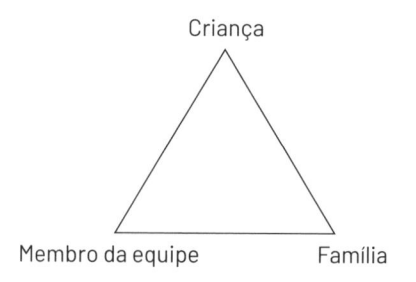

Criança

Membro da equipe   Família

FIGURA 1.2

palmente entre equipe-pais-território, precisem de organização e programação, concebidas e colocadas em ação com flexibilidade, mas também com a competência e o comprometimento dos quais as relações-comunicações e interações que temos com as crianças necessitam (e estamos plenamente convencidos de tal fato).

Esses temas de ordem teórica, elaborados, debatidos, dialogados, enriquecidos ao longo desses anos, tornaram-se convicção de muitos, mas prática de costume e ação de poucos. Isso, tanto por conta da complexidade conceitual e cultural que tais proposições possuem, pois anulam e abalam convencimentos e atitudes bem generalizados e compartilhados, quanto por conta de uma série de eventos/fenômenos de caráter político, econômico, cultural e social que tornaram difícil a sua praticabilidade, até o ponto de ser posta em dúvida a sua validade. Cito somente alguns desses eventos/fenômenos (que caracterizaram esta década):

- o momento histórico que estamos vivendo é caracterizado pela mudança, pelo movimento, pelo devir, que determinou, na sociedade italiana, uma vasta e profunda transformação de ordem econômica, tecnológico-social-institucional-moral e de direção política: isso ocasionou o surgimento de não poucos e por vezes dramáticos problemas, cuja gestão desviou o interesse das forças políticas dos problemas da educação de modo geral e, principalmente, da escola (reformas nunca concluídas). Em nosso país, a escola como um todo se encontra em um grave atraso com relação às mudanças, às novas exigências que avançam e em um grande turbilhão à procura de um novo papel e de uma nova identidade;
- a política assistencialista do Estado italiano foi várias vezes atacada nas palavras e nos fatos (econômicos), assim como é atacada a política da descentralização e da participação, com críticas frequentemente sem fundamento, mas também com acusações preconcebidas, direcionadas por um fluxo que tende a reafirmar a centralização do poder contra qualquer forma de descentralização. De fato, isso enfraqueceu muito os serviços, tanto no plano econômico, quanto nos planos cultural, social e político;
- existe efetivamente uma crise que abarcou todos os órgãos, cujo campo de participação não é suficientemente especificado e palpável e cuja ação não é rapidamente eficaz e gratificante: algumas vezes, houve muita insistência na participação, sem, porém, entrar realmente nos seus conteúdos e processos, pouco analisados nos seus protagonistas e frequentemente sacrificados entre busca de consenso e tendências centralizadoras (p. ex., decretos delegados).

Talvez sejam as próprias creches e as Escolas de Educação Infantil que representem, ainda que não na totalidade dos casos, uma das raras exceções onde se buscou percorrer concretamente o conceito de participação como elaboração, promoção e organização do projeto educativo.

Todavia, não se pode esquecer que a participação (considerada não somente na relação genitor-equipe, mas na mais ampla unanimidade que cria um verdadeiro mapa de relações, capaz de compreender a relação genitores-equipe, genitores-genitores-administrações-agências territoriais etc.) não é uma variável independente, opcional, que pode existir ou não. Como mencionado no início, a participação é o valor mais alto, está fisiologicamente dentro do conceito de creche, está ligada de maneira biológica à própria idade das crianças, é determinante para a afirmação do conceito educativo da creche (mas não somente dela).

Por isso, a creche não pode se limitar a denunciar quedas do nível de participação ou, até mesmo, não pode se permitir renunciar à participação, principalmente ao diálogo com as famílias, os pais e o território: isso faz parte de seu âmago, da sua sobrevivência. A questão é, então, não somente repetir com força os valores referidos anteriormente, confirmando-os na sua validade e eficácia conceitual no plano político e cultural, e percorrê-los, como talvez ainda não tenhamos feito até hoje, nos fatos, nas metodologias e nas ações. Mesmo com a plena consciência de que hoje tudo é mais complexo que no passado – ou talvez seja só diferente – e requer maior inteligência e esquemas novos de interpretação, salvar e colocar em ação a participação e a relação equipe-genitores--crianças significa salvar a sobrevivência da própria creche. Isto é, ressignificar o papel e o significado da creche em uma sociedade que, ao menos aparentemente, demonstra não ter mais interesse por estas instituições; quer dizer reencontrar aquela unanimidade, a homogeneidade, a capacidade de união, para ter a força de chamar a atenção dos políticos, dos administradores, dos movimentos e das associações, dos sindicatos e dos cidadãos.

Devemos ler mais os fatos, o contexto que nos circunda; devemos analisar e entender os novos sujeitos da creche – sempre os mesmos, mas, de fato, sempre novos, tão diferentes em cada realidade – para sair de definições genéricas e de *slogans* como "as necessidades da família...", "favorecer as relações...", "comunicar...". Devemos nos esforçar para conjugar, colher as suas mil faces e compreendermos as novas (e velhas) necessidades, para construir as novas respostas, na plena consciência de que nada existe de definitivo.

O esforço é grande, todavia deve ser feita a tentativa: começarei tendo nas minhas costas não só as minhas reflexões, e as dos colegas que, junto comigo, em Reggio Emilia, comprometeram-se com essa permanente busca: as comunicações seguintes e as contribuições que virão de vocês devem nos ajudar a sair desse encontro não apenas com conhecimentos, considerações, problemas, mas também com indicações de estratégias operacionais sobre as quais refletir para agir. Não é importante somente entender os sujeitos, mas o seu comportamento, as suas conexões, o seu modo de interagir, os campos em que se colocam e se movem, a força que os mantém unidos e a que os separa, a sua contínua mutação e transformação por forças endógenas.

A FAMÍLIA E O CONTEXTO SOCIAL

De acordo com um método de pensamento que sempre deve nos acompanhar, para melhor entendermos as novas fenomenologias que caracterizam a família dos nossos dias, devemos começar introduzindo algumas considerações sobre o contexto no qual essa família vive e age – ou seja, a sociedade – examinando, entre muitos, alguns aspectos que aparecem como "indícios" interessantes para nossas reflexões.

A sociedade em que vivemos é definida por muitos como a *sociedade do fragmento* por levar a situações e mecanismos bastante diferentes e multidimensionais. Fala-se inclusive de sociedade indistinta, na qual é impossível perceber diferenças importantes: no emprego (entrada e saída de milhões de pessoas, a cada ano, do mercado de trabalho); na estrutura dos grupos e das classes sociais (que tendem, cada vez mais, à indiferenciação); no consumismo (comentado como politeísmo dos consumos); no uso do tempo (recuperação da madrugada) e do tempo livre; na gestão do poder (sobreposição e confusão entre sedes e ofertas de poder de decisão).

Outra contribuição que parece nos ajudar a definir a qualidade do nosso tempo é a de *sociedade da segmentação*, ou seja, uma diferenciação cada vez maior entre os sujeitos pelas vivências que os determinam e os caracterizam. Isso faz com que sejam cada vez menos possíveis os agrupamentos e as homologações, pois cada operação de "troca" (comunicativa ou não) não é uma operação simples. É necessário gastar sempre mais tempo em operações de "arbitragem", principalmente nas trocas verbais. Na época definida como a das "comunicações", a comunicação entre os indivíduos parece particularmente difícil (por isso não é mais possível pensar que o profissionalismo do educador, ou melhor, a formação do indivíduo exclua o estudo e a apropriação dos diversos códigos e linguagens que caracterizam as relações entre os homens).

Consequência inevitável – inevitável após um período que se excedeu em processos de massificação – é o desejo de autodeterminar e personalizar o próprio percurso individual no contexto social, na seleção das informações, na escolha dos serviços, na programação e uso do tempo livre: e isso origina a grande variedade de oportunidades oferecidas pelo mercado (sobretudo o privado, que tomou posse dessa necessidade, tornando-a gigante), que deveria permitir uma escolha de qualidade. O serviço público, inclusa a creche, não está excluído dessa análise: é excluído quando é pouco atento às peculiaridades individuais, quando é uma ação padronizada.

A família, envolvida em tão profundos e rápidos processos de transformação social, mostrou uma extraordinária capacidade de resistência, de adaptação e de flexibilidade organizacional. Porém, qualquer outra generalização é impossível, já que, mais do que nunca, hoje é necessário falar de famílias, e não mais de família, não somente pela composição numérica e idade dos seus membros, mas pela diferente colocação socioeconômica, territorial, pelos acordos entre os seus membros, pela evolução que acontece no seu interior.

Algumas considerações para se compreender a complexa geografia familiar:

- as famílias com três componentes estão aumentando; e também aquelas com um só componente, "os individuais" (jovem ou idoso), e as "pós-nucleares", ou seja, um dos dois genitores e a criança (separações/divórcios). Crescem também os núcleos que convivem com outros (isso, sobretudo, por causa das dificuldades para se encontrar uma habitação própria), ou os núcleos compostos por quatro pessoas, das quais uma é o genitor idoso de um dos membros do casal;

- as "novas pobrezas", presentes, sobretudo, nas grandes cidades, em algumas regiões do país (imigrados, desempregados etc.), com causas e necessidades diferentes, determinam comportamentos nos componentes dos núcleos familiares que vivem esse *status* de grande vulnerabilidade psicológica e existencial que, às vezes, é fácil ler com superficialidade e para os quais é fácil aplicar pré-conceitos (p. ex., falta de cuidado com os filhos etc.);
- os avós: também para interpretar o seu papel na economia e na gestão da família e da sociedade atual, devemos abandonar a iconografia tradicional que os quer como "doces velhinhas e trêmulos velhinhos", conscientizando-nos sobre alguns fenômenos verificados sobretudo no centro-norte e nas cidades: avós cada vez mais jovens ou, pelo menos, mais juvenis (terceira e agora quarta idade!); avós que trabalham ou, na maioria dos casos, fazem trabalhos eventuais após a aposentadoria; avós que viajam e que se movimentam mais. Avós que, mesmo "adorando" o neto, mantêm uma autonomia econômica com relação a ele ou à família do filho e, quando possível, inclusive física, declarando disponibilidade, mas também compromissos.

Existem muitos outros fenômenos, diferenças, a depender de quem falamos, de um jovem casal ou de um casamento consolidado ao longo do tempo, se falamos do norte, do centro ou do sul da Itália, da cidade ou do campo ou da cidade grande. Mas, focalizando melhor o problema e sem fazer homologações fáceis demais, podemos identificar (com a ajuda dos dados do CENSIS e ISTAT), sobretudo no centro-norte, um perfil de família, cuja maioria leva a criança à creche (principalmente nos médios e pequenos centros):

- taxa de escolarização mais elevada (diploma);
- pais que não são mais muito jovens: geralmente ambos trabalham, têm um papel profissional, e ambos colaboram e participam da gestão da casa (a partir daqui, diversos modelos de comportamento e de orientação de consumo, de transformações do ser homem e do ser mulher);
- período de consolidação, antes do casamento, no qual o casal estabelece a própria convivência;
- frequentemente, o primeiro filho é "planejado" e é, cada vez mais, ou pelo menos por certo tempo, o único.*

Posteriormente, o primeiro filho e a vivência como genitores transformam isso, mas também os outros tipos de família, no sentido que esse novo componente, e não só, faz mudar a comunicação e o estilo de vida existente, porque o orienta para si, "fazendo um triângulo" (que me seja consentido o termo) no casal, mas impõe modificações (e/ou renúncias) nas próprias individualidades: trabalhadores, amigos, apaixonados por..., homem-mulher, pessoas, enfim. O filho que nasce propõe e impõe uma modificação substancial do "sistema familiar" e dos seus componentes; certamente não é fácil e nem todos conseguem: muitas vezes, mais do

---

* Por um certo período, a Itália registrou taxas de natalidade entre as mais baixas da Europa, se não do mundo. Em 2000, ocupava o penúltimo lugar entre os agora quinze Estados membros da União Europeia (EUROSTAT, 2003).

que consolidar o casal em crise (como era dito no passado), o filho faz as coisas caírem em um precipício. Vemos casais que, pelo menos nos primeiros anos de vida da criança, declaram grande solidão e desejo de se encontrarem: solidão humana e parental, necessidade de interlocução, para saberem como cuidar de uma criança "tão desconhecida", pelo menos no início, a quem é desejado o melhor e, às vezes, existe o temor de não saber dar o indispensável. Solidão e insegurança que podem permear não só o casal jovem que tentamos descrever, mas muitos genitores, sobretudo muitas mães.

Falemos rapidamente de como, hoje mais do que no passado, é possível ser trabalhadora e ser mãe. Mas ainda há tanto a se fazer para que o que foi adquirido até agora não seja perdido e em vão, também por causa da grave conjuntura econômica, que leva primeiro as mulheres a voltarem a estar entre as paredes domésticas. Esta é uma questão cultural e política muito importante, porque a creche contribuiu muito para esse tipo de nova imagem e qualidade de vida da mulher, mas ambas as partes arriscam perder, se esse lento, mas inexorável processo de transformação for desacelerado ou, pior ainda, interrompido. Queremos aqui nos limitar a recordar do quanto o trabalho deu à mulher um poder contratual que nunca tinha tido, permitindo-lhe viver a maternidade e a relação com o parceiro em termos culturalmente e historicamente inovadores. A mulher se sentiu mais realizada, satisfeita, capaz de garantir uma relação psicológica com os outros membros da família, mas, ao mesmo tempo, teve que enfrentar grandes desconfortos, mal-estares, reivindicações, rivalidades e, consequentemente, sentimentos de culpa. É grande o temor que, por causa do trabalho, os filhos possam ser mal cuidados, deixados de lado, expostos a grandes perigos, e quem acolhe *esses* filhos não pode deixar de considerar esses aspectos psicológicos básicos: a mulher que trabalha deve ser tranquilizada duas vezes pelo fato de que é possível satisfazer às necessidades da criança no plano quantitativo e qualitativo – como ela... mas não demasiadamente –, porque, caso contrário, surge o temor de ser substituída nos afetos da criança. É uma operação cultural, de costume e psicológica muito delicada de gerenciar.

A análise e a leitura dos fenômenos que estão se determinando em uma família com um filho pequeno seriam amplas e extremamente interessantes. Porém, queremos nos limitar a convidar todos – equipe escolar, administradores e políticos – a aprofundar essa análise, a dar-se instrumentos para fazerem um levantamento de dados e fenômenos, para começar a entender o que significa ser genitor hoje, aliás, ser pai e ser mãe de uma criança pequena e um dos dois ou ambos trabalharem; ser pai, mãe, homem e mulher na sociedade que definimos como a "da segmentação".

O pedido, a necessidade é a de serem compreendidos de maneira unitária, de serem considerados sem separações, ou seja, de serem considerados como pessoas, além de serem os pais de... Ser genitor hoje comporta, além de um alto investimento emocional, também uma série mais ampla de responsabilidades relacionadas, com uma difusa consciência dos problemas educacionais, da própria evolução através de mudanças cada vez mais rápidas do hábito e do social, tendo cada vez mais clara a sensação que a ação educativa requer hoje uma unanimidade e uma projetualidade que não podem se concretizar entre "as paredes" familiares, mas, especialmente, em um clima de socialização real, corresponsabilidade civil e solidariedade social. Todavia, os pais não precisam se sentir condicionados, como acontece com frequência, por julgamentos e, sobretudo, por pré-conceitos.

Não há, a meu ver, um genitor bom ou ruim; há diversas maneiras de ser um genitor, nem sempre legíveis, "interpretáveis" por nós: perguntar o que a criança fez hoje na creche, com quem brincou não garante que aquele genitor é melhor do que outro que, por dois meses, limita-se a nos perguntar se "comeu ou caiu". Tudo isso não nos permite dizer que nossas relações com um são mais significativas do que com outro ou outras considerações desse gênero. Nossa avaliação não pode ir além, pois não temos mais instrumentos: por outro lado, temos que nos lembrar de que é possível ser, por exemplo, um ótimo professor e um péssimo genitor, ou melhor, que é possível ser um genitor "suficiente" (p. ex., mudanças no mesmo genitor devidas a eventos que o envolvem no plano pessoal, como o trabalho, a relação com o parceiro) de uma criança de 1 ou 2 anos e um ótimo genitor do mesmo filho que chegou à adolescência: ser genitor não é um estado, mas um tornar-se, assim como ser um educador.

Por isso, evitamos estereótipos, "sentenças" superficiais e de primeira hora que correm o risco, porque são percebidas bem rápido pela outra parte, de arruinar para sempre nossa relação com aquele genitor e com aquela criança. De fato, é duplamente perigoso permanecer nesses "preconceitos", pois, muitas vezes, a qualidade do contato com o genitor e a imagem que temos dele é projetada, às vezes de maneira "sinistra", na criança. Devemos evitar medir a "qualidade" do genitor de acordo com nossas expectativas, de como gostaríamos que um genitor fosse, que, na maioria das vezes, é como nós gostaríamos de ser como genitores ou como gostaríamos que "nosso genitor" tivesse sido.

Afirmávamos antes que os pais possuem mediamente um nível cultural mais alto: o que provavelmente, por um lado, refinou a sensibilidade e o conhecimento das competências necessárias para educar uma criança, mas, por outro, faz com que eles percebam as próprias "deficiências" em "estar com a criança", ou melhor, em educar a criança. Este fato determinou nos pais uma disponibilidade ao diálogo, uma necessidade de diversas interlocuções. Além disso, a fragmentação e a desagregação social e humana que caracterizam nossa existência determinaram o surgimento de outra necessidade, ou melhor, a busca de um novo prazer: o de se agregar, de estar junto, como pessoas, quase "além da criança".

Resumindo: não existe *o genitor*, mas *os genitores,* ou melhor, as pessoas que também são genitores: a todos eles deve ser atribuída uma sensibilidade e uma preocupação educativa com relação ao filho, mesmo que não seja expressa ou que não saibamos lê-la. Devemos aprender a ler as necessidades explícitas e implícitas dos pais, a dar respostas novas e eficazes.

A EQUIPE

Nesse ponto, ainda que sumariamente, dentro de um discurso sobre a relação educadores-genitores, não podemos deixar de falar sobre a equipe, os novos e velhos fenômenos que os caracterizam. Educadores, aliás, educadoras (poucos homens) e os pais, por sua vez, são frequentemente chamados para viverem aquela problemática sobre a qual escrevemos antes. Educadores-estudantes universitários que aumentarão o número de diplomados "insatisfeitos", pois surge em muitos desses casos um sentimento de frustração quando há ausência de vagas nas escolas de ensino fundamental II e ensino médio obrigando-os a trabalhar na creche (às vezes, também na qualidade de auxiliares). Educadores que vivem uma das profissões mais diferenciadas, complexas e interessantes, mas também repleta de ambiguidades:

- *ambiguidades político-administrativas:* a definição da creche como serviço com "pedido individual" torna as creches similares, sob este ponto de vista, às instalações de abate e aos serviços funerários;* a reprodução de uma profissão, a de educador de creche, que não precisa de processos escolares muito aprofundados (de fato, não é prevista formação universitária nas novas propostas sobre o currículo escolar de quem trabalha na creche); a "flexibilidade" para as professoras (se não houver quem as substitua, a sua ausência não é advertida como grave);

ter ou não ter atualização; participar ou não participar dos conselhos de gestão: tudo isso não ajudou a equipe, que muitas vezes foi deixada sozinha por administradores, sindicatos, forças políticas, para definir o próprio perfil profissional, o próprio tipo e ética profissional (uma profissão diferenciada e complexa, que necessita de grande solidariedade e de grandes recursos);

- *ambiguidades socioculturais:* apesar das humilhações e tribulações às quais as creches foram submetidas nesses anos, o papel desempenhado por elas em nosso país em nível sociocultural consente a obtenção de um balanço geral muito positivo, pelas marcas deixadas nas áreas do costume, da cultura, do trabalho, dos serviços sociais, da pesquisa. Mas nem sempre esse aporte sociocultural da creche é percebido e "degustado" pelo grupo de trabalho, que fica isolado, nas realidades individuais, sem receber coordenadas de referência, que permitam ler a qualidade do próprio trabalho, qualificá-lo e direcioná-lo para onde a pesquisa evidencia espaços importantes, ou estimulá-lo para que possa produzir pesquisa. Ler os sinais dos próprios gestos e das próprias palavras, avaliar a sua eficácia não é sempre fácil ou possível para quem trabalha na creche: às vezes, lemos de maneira sutil, solitariamente, nos progressos que as crianças fazem, nas afirmações que demonstram e/ou nos discursos, gestos e atenção dos pais. Nem sempre, porém, o educador é capaz de perceber esses sinais e de testemunhar as apreciações das famílias. Muito raramente a ação da creche se torna visível a toda a comunidade, àqueles "não usuários" com crianças pequenas, cujas necessidades

---

* Na Itália, estabelecer que um serviço é baseado em "pedido individual" significa conceitualizá-lo como algo reservado àqueles que precisam, enquanto o que é apresentado como serviço social é conceitualizado como investimento para uma sociedade inteira. A consequência disso é que são os usuários quem arcam com o custo e, por isso, este é provavelmente elevado, para desencorajar o seu uso. Foram minados anos de resultados e progressos sociais conceitualizando a creche dessa maneira.

são, sob muitos aspectos, homologadas às das crianças que a frequentam: o benefício da creche – a sua elaboração cultural – fica, com muita frequência, reservado a poucos, e, sobretudo, não compartilhado.

- *ambiguidades psicológico-profissionais*: a fusão entre o trabalho familiar e materno corre o risco, às vezes, de unificar as contradições e as complexidades. As fronteiras podem, então, tornar-se tênues e o profissionalismo pode perceber isso de maneira negativa. Além disso, os percursos culturais de algumas jovens educadoras não acham espaço nem eco dentro da creche, criam notáveis distonias pessoais. Os educadores da creche sentem que a própria profissão está duplamente "mutilada":
    a. com relação às crianças, o currículo escolar valoriza o uso da palavra como única linguagem, mas linguagens elas possuem muitas, as da não palavra (uma criança não precisa escutar, mas fazer e agir);
    b. com relação aos pais, considerando-se cada vez mais óbvia a falta de preparação de base no que se refere a esse aspecto do trabalho: a capacidade de diálogo e interlocução não somente com os colegas, mas principalmente com os pais, com os quais é indispensável colaborar.

Portanto, é necessário reafirmar a competência, o saber do educador que se enriquece em um trabalho colegiado com as crianças, os colegas, os pais. Um saber que, sobretudo, identifica conteúdos, metodologias e tempos para o encontro com as famílias e os usuários diretos e que permite ao educador aprender e se qualificar, inclusive com os processos de participação. E o conceito de base é que o educador não é só um "gestor", mas deve usufruir da participação, da gestão. Não é aquele que sabe e que se dirige a quem não sabe (os pais): é uma pessoa, um técnico que propõe, que coloca em circulação o seu saber de educador e de pessoa, para confrontá-lo com o saber do genitor. Portanto, o saber da creche não é o saber do educador, nem o do genitor, ou o da criança: nasce da osmose entre todos esses saberes e é, por sua vez, imediatamente direcionado a dialogar com o saber e a cultura geral, debatidos fora da creche. A relação educador-pais, ou melhor, a relação educadores-pais, é uma relação dinâmica, que deve se diferenciar e se conjugar de acordo com as diferentes realidades e com os interlocutores, justamente pela ampla variedade de necessidades e hipóteses das quais cada um é portador.

Uma relação, então, que deve variar de acordo com as tipologias familiares, com o contexto sociocultural, mas também de acordo com a quantidade de tempo que a criança e a família passam na creche: as maneiras, os estilos, a atenção voltada a um genitor no ingresso do filho à creche, que serão diferentes após meses de frequência; a reunião com um genitor que está raramente presente na creche será configurada e organizada de maneira diferente da que é feita cotidianamente com os pais que levam a criança à creche todas as manhãs.

Mas isso não é suficiente; também é necessário:

- refletir mais e melhor sobre a comunicação, simbólica e analógica, para entender todas as informações que frequentemente recebemos, sem per-

cebermos nosso interlocutor, adulto ou criança, e para governar o máximo possível todas as mensagens que, por nossa vez, "transmitimos", com nossos gestos, sorrisos, olhares;
- consequentemente, entender que a comunicação com as famílias precisa de novos conteúdos, novos meios e novas metodologias:
  a. novos conteúdos: não tanto o ser criança, mas o seu progresso, o seu processo, a sua maneira de enfrentar os problemas. Conteúdos que saibam não apenas nos tranquilizar, mas nos perturbar, surpreender, maravilhar perante a contínua descoberta da extraordinária capacidade da criança; conteúdos que não censurem nada e não se limitem a dizer o que cada genitor gostaria de ouvir sobre o seu filho; conteúdos que, no final do encontro, individual ou de grupo, tenham nos ajudado a entender mais as crianças. Problemas e não certezas, processos, e não só produtos, lidos em conjunto por adultos que, além de educar a criança, são "educados" por ela; conteúdos que nos ajudem a ler as contribuições essenciais que a criança dá (e é capaz de fazer isto, se a escutarmos) ao nosso projeto educativo;
  b. novos instrumentos: é evidente que tais conteúdos, tais encontros (como definimos antes) necessitam de linguagens e de instrumentos diversos: as imagens (fotografias, *slides*, áudios e vídeos) devem apoiar – juntamente às marcas/produtos das crianças – e substituir a linguagem verbal, quando forem mais eficazes. Isso não somente nos encontros, mas devem estar "expostos" todos os dias nas paredes das creches, não apenas para os pais, mas para as próprias crianças, para lhes dar o prazer de se rever ou se reconhecer nas imagens e nas próprias marcas, valorizadas pelo gesto do adulto e pelo contexto relacional. Além disso, existem instrumentos, como, por exemplo, painéis que recolhem as informações ordinárias e extraordinárias, como materiais mimeografados com esquema fixo que, quando preenchidos, respondem às perguntas obrigatórias ("Comeu?", "Dormiu?"...), que permitem ao genitor, se desejar, falar sobre outros assuntos;
  c. novas metodologias: é indispensável romper com os velhos modos de organização, para identificar novas modalidades de encontros, diferentes umas das outras, capazes de representar o genitor, o educador e a criança: um "teclado de ocasiões" para as relações e o diálogo, indispensável, mas também prazeroso e enriquecedor para todos. O encontro de seção,* tradicional e periodicamente concebido, onde o educador fala e o genitor escuta, não pode mais ser a proposta que a creche dá aos novos usuários (e estou falando, sim, de pais, mas também de educadores!) tão multimídias, tão diferenciados, como já foi dito anteriormente. Não podemos nos dirigir a eles como pais, usando códigos-meios-tempos-lugares absolutamente estranhos aos mais

---

* N. de R. T. Refere-se ao que no Brasil denominamos de grupo, sala, turma.

amplos processos culturais em que se movem como pessoas.

Acima de tudo, o que devemos entender como educadores é que a relação com as famílias leva a enormes vantagens para o enriquecimento profissional, obtido devido à maior segurança que garante, à superação da solidão, das frustrações, das desorientações que, às vezes, tornam o trabalho pesado.

Creio que é evidente que esse modo de ser da participação, do estar do genitor e do educador na creche transforma substancialmente "a imagem" da creche e o "estar" na creche. Muda tudo: a organização dos espaços, a concepção das mobílias, mas, sobretudo, o estar e o fazer com as crianças, que se enriquecem com os conhecimentos, com as reflexões, com as imagens pensadas e vividas em uma tão ampla interlocução. Muda principalmente o estar das crianças na creche, a sensação de segurança, de prazer, de bem-estar, além dos mais amplos e ricos estímulos que recebem: tudo isso é de fundamental e vital importância. A participação (o compartilhamento e a corresponsabilidade das famílias na "construção" e na "gestão" da creche) é uma operação vital, tanto para a criança quanto para a própria creche. Porque a criança precisa, eu ousaria dizer fisiologicamente, viver em uma rede de comunicações com a qual dialogar e da qual desfrutar.

Mas não podemos nos esquecer do fato de que a realização de um projeto similar encontra certo grau de resistência.

Nos educadores

- Percepção insegura de si, às vezes proveniente de uma subestimação, às vezes, de uma tomada de consciência do alto nível profissional que uma operação do gênero requer. O nível de interlocução – muito alto de algumas famílias – pode levar o educador a se fechar, reduzindo o diálogo, devido ao que é entendido como julgamento das famílias; ou, ao contrário, uma interlocução escassa por parte das famílias "fixa" sobre algumas questões ligadas à rotina cotidiana, pode levar o educador a renunciar ao estímulo e ao diálogo em outras áreas.
- Dificuldades, ou recusas antecipadas, para praticar horários nem sempre funcionais para a própria vivência pessoal, mas certamente mais úteis para as famílias.
- Atitudes de tipo corporativo quando, não tendo compreendido com clareza suficiente a identidade da creche, tem-se a tendência de diferenciá-la ou, ao contrário, de homologá-la excessivamente com relação a outras profissões (docentes ou não).

Nos pais

- Dificuldades de organização: às vezes, é problemático achar um local para a criança ficar, para participarem das reuniões, principalmente quando ambos os genitores querem estar presentes.
- Atitudes político-culturais: em muitos casos, é registrada uma desconfiança da importância da participação; às vezes, por experiências passadas ou por convicções transmitidas por outros, mas principalmente pelo medo de "não fazer diferença".
- Dificuldades psicológicas: não é fácil compartilhar, tornar públicos tantos fragmentos da própria história, dos

próprios problemas, das próprias convicções, como uma relação desse gênero requer para ser eficaz. Existe o hábito de não dialogar e, às vezes, o medo de serem julgados.

Nos administradores e nos sindicatos

- Resistência para entender que os assuntos teóricos (como descentralização, participação) precisam de gestos coerentes e ações práticas imediatas e que não é possível intervir em um aspecto ou um protagonista da creche, sem envolver e modificar "o estado" dos outros sujeitos, pois a creche não é separável: cada ação feita ou não feita é repercutida em toda a creche; não é possível intervir na creche como em outros setores da Administração Municipal.
- Atitudes de distanciamento da creche e das suas problemáticas, pois são complexas e nem sempre compartilhadas, porque requerem coragem para tomar posições e decisões.
- "Demora" para entender a grande oportunidade que a creche representava e representa: uma nova maneira de fazer cultura política, dando novamente significado ao papel do Ente Local.

Essas e outras formas de resistência, motivadas por diversos fatores, devem ser superadas, agindo com a máxima coerência e prontidão.

É necessário que administradores, sindicatos e educadores façam escolhas fundamentais relativas à organização e ao planejamento dos conteúdos da participação e da gestão, inclusive:

- a maior estabilidade possível para os educadores (as substituições);
- continuidade de relação no triênio entre a equipe e grupos de crianças e pais;
- a ausência de colocações e deslocamentos das crianças ao longo de todo o ano letivo;
- tempos reconhecidos e dedicados ao desenvolvimento das relações com os pais e para a organização de momentos de atualização profissional;
- horários de encontros facilitados não só para a equipe, mas também para os pais;
- instrumentos, alguns dos quais presentes na creche, outros nos departamentos administrativos, para se documentar, escrever, tirar fotocópias, expor;
- espaços de encontro, para recolher, arquivar, para uma memória do grupo, para uma história da creche.

PARTICIPAÇÃO REAL

Será então possível dialogar de uma maneira nova e verdadeira com as famílias, através:

- da assembleia das famílias que fizeram pedido de admissão na creche, para discutirmos os critérios de seleção (se houver pedidos em excesso);
- o encontro feito em junho* com todas as famílias das novas crianças admitidas, para visitarem a creche, conhecerem os/as professores/as da seção e os

---

* N. de R. T. A autora menciona junho pois é o mês que antecede o início do ano escolar na Itália, que se inicia em setembro (julho e agosto são meses de férias escolares).

- outros pais, por meio de uma primeira troca de informações;
- as reuniões, antes do início da frequência, que os educadores conduzem com delicadeza e discrição, preferivelmente com ambos os pais, na creche ou na residência deles;
- o encontro, feito poucos dias antes de as crianças começarem a frequentar a creche, para discutir, esclarecer, informar, tranquilizar e combinar uma série de estratégias e modalidades que irão orientar os comportamentos dos adultos (educadores e genitores) nos primeiros dias de frequência, que são muito delicados;
- a permanência dos pais nas seções durante o primeiro período de ambientação: será concordada, administrada em colaboração, personalizada para cada criança e cada família, prolongada ao longo do tempo e, sobretudo, organizada considerando-se as necessidades dos três interlocutores: crianças, famílias e educadores;
- o encontro de grupo ou de seção: conteúdo privilegiado será o perfil do grupo da seção, as linhas de orientação pedagógica e operacional, as exemplificações das didáticas (com imagens ou pequenas mostras), o que acontecerá à noite ou no horário mais favorável para a totalidade das famílias, previamente concordado;
- a reunião individual: solicitada pela família ou proposta pelos educadores, tanto para enfrentar problemáticas particulares relativas àquela criança e àquela família, tanto para oferecer uma ocasião para um diálogo mais encorpado e próximo sobre o desenvolvimento da personalidade daquela criança;
- a agregação: é a reunião de um grupo de pais e educadores interessados em debater um determinado assunto (p. ex., o papel do pai na educação de uma criança muito pequena); pode ser convocada por mais educadores e pais de todas as seções. O tema é tratado e analisado com a contribuição de todos, com um revezamento muito próximo de comunicação e escuta;
- os encontros com "especialistas", os encontros autogeridos, os encontros de trabalho etc. Os encontros autogeridos são encontros em que os pais decidem o tema/conteúdo e organizam o próprio encontro.
- os laboratórios onde se aprende a "fazer": com tintas, papel, fantoches, tela de sombras, máquina fotográfica. Ao longo de algumas noites, relativamente próximas umas das outras, juntos, formando um "grupo de aprofundamento". Exemplares são as "noites na cozinha", onde a(o) cozinheira(o) prepara, com os pais das crianças que começaram a frequentar a creche, os pratos apresentados no cardápio: consumi-los juntos no final é um momento de grande intercâmbio e comunicação;
- e festas: de toda a creche, para as quais todos são convidados e todos são protagonistas, crianças, pais, equipe, avós e amigos. O território também é envolvido no planejamento e na condução delas; de seção, mais íntima, personalizada ao grupo de crianças e pais: cada um leva algo para passar um agradável domingo juntos; dos avós, quando a creche é toda para eles, avós e netos juntos, brincando, enquanto os menores fazem os avós descobrirem a creche; até mesmo os

mais "desconfiados" da creche acabam por ceder;
- e também passeios, saídas, excursões, estadias de crianças, famílias, educadores por alguns dias na praia ou na serra em hotéis ou colônias colocadas à disposição pelas Administrações Municipais; visitas às residências das crianças; dias passados pelo genitor na creche (com prévio acordo com os operadores).

Um verdadeiro "leque de oportunidades", "tramas de relações", oferecidos aos grandes e pequenos da creche.

Repetindo-me, reafirmo que a organização e a programação são fundamentais até mesmo para a participação, como o Conselho de Gestão, do qual os pais são a maioria, que terá justamente o objetivo de promover e organizar os processos de participação qualitativa e quantitativamente significativos para os protagonistas da experiência. Os conteúdos privilegiados dos encontros do Conselho não serão mais somente o pagamento das mensalidades ou as admissões, mas a creche inteira, compreendida como sistema de comunicação. Para estar à altura da sua tarefa, o Conselho deverá ser capaz de se estruturar e se articular para estimular trocas e dialogar com o mais amplo e articulado tecido social: para tal fim, será organizado em grupos ou comissões de trabalho (comissão didática, comissão de ambiente, comissão de festas...) que poderão ter caráter estável ou nascer em ocasiões de necessidades especiais e que serão coordenados por uma secretaria composta por quatro ou cinco membros (educadores e pais). Quero lembrar que os Conselhos de Gestão são compostos por pais, professores e cidadãos eleitos por outros cidadãos ao longo de eleições públicas, que acontecem a cada três anos. A responsabilidade dos Conselhos é promover a participação das outras famílias, estar ao lado e apoiar as professoras nas tomadas de decisões e realizar projetos, além de desenvolver relações com a realidade local, com outras creches e escolas da infância da cidade.

Esses órgãos e esses processos necessitarão de grande respeito e sensibilidade política, além de instrumentos e meios de investigação, para "ler" o tipo de usuários que muda a cada ano, as suas necessidades explícitas e implícitas, as suas ansiedades, expectativas, disponibilidades: dessa forma, será possível, em seguida, identificar os objetivos primários para continuar, os meios e os modos, os tempos e as pessoas que façam com que as decisões tomadas possam ser concretizadas em tempo breve e de maneira eficaz com o máximo de prazer e gratificação para todos.

Dessa forma, a creche poderá se expressar no máximo das suas potencialidades, sem "custar mais", senão em um esforço de pensamento, e poderá representar um interlocutor insubstituível, inclusive para as famílias e as crianças não escolarizadas: essas famílias, essas crianças que, em alguns casos, não escolheram a creche na sua totalidade, poderiam usufruir de algumas "ocasiões" que a creche oferece aos seus usuários diretos. Será importante identificar as necessidades e as ocasiões, refletir atentamente sobre elas, procurando fazer tal percurso com interesse.

Assim, a creche poderia realmente se tornar um grande interlocutor cultural para as famílias e para todos os cidadãos, abrindo-se, em alguns momentos, à comunidade em geral, dialogando com outros momentos institucionalizados no território, com associações e grupos, buscando não somente "um entrelaçamento" com o seu *habitat* natural, mas também contribuir para recompor a unidade da criança, do projeto educativo, para fazer avançar a cultura, não somente da creche, mas da infância.

O grande inimigo que devemos combater é a separação, o isolamento; o grande valor a perseguir é *a informação, a comunicação*. Uma comunicação que seja informativa e formativa, construtora concreta e factual, para não excluir ninguém e agir em conjunto a fim de encontrar soluções alternativas, no pleno reconhecimento e respeito às diversidades, percebidas como alimento da qualidade e quantidade das comunicações; uma comunicação, uma relação (criança-educador-genitor-cidadão) que seja buscada e aproveitada o máximo possível pelos seus protagonistas, mas cujo primeiro beneficiário seja sempre a criança, que obtém a máxima vantagem desse clima de diálogo.

2

Participação como comunicação (1984)

Acredito não ser mais possível falar de creche, de família, de serviços sociais etc., sem contextualizar historicamente tais termos, ou seja, sem fazer nenhuma distinção em termos de tempo e espaço. "Creche" e "família" possuem significados diferentes, de acordo com a referência que se faz – à situação de hoje ou de dez anos atrás – e de acordo com o local de onde se fala, se é centro, norte ou sul do país. Tanto as famílias quanto as creches são sujeitos-objetos de mudança, paralelamente às tendências econômicas, culturais e políticas em geral.

Pensando nos eventos e procurando interpretar as suas causas, creio que deveriam ser feitos estudos não só longitudinais, mas também transversais, para que as correlações entre fatos e eventos, até mesmo aparentemente sem conexão entre eles sejam identificadas. Cometeríamos um grave erro se, para compreendermos um determinado evento e modificarmos nosso comportamento, "isolássemos" aquele evento da densa rede de relações-conexões em que está inserido, que o influencia e que é, por sua vez, influenciada por ele. Se tivéssemos que isolar o evento de tudo isso, mudaríamos a sua própria natureza.

Não é possível falar de creche e de participação sem colocar ambas em um contexto que compreende a organização dos espaços, os horários, o planejamento pedagógico, o horário de trabalho da equipe, os encontros dedicados à formação profissional, o debate político-cultural corrente e os problemas econômicos. Mais que uma proposta metodológica, trata-se de uma atitude mental, de uma maneira de pensar diferente daquela que muitos de nós estamos acostumados, proveniente de um sistema educativo no qual as relações-conexões, no melhor dos casos, eram evitadas e, no pior, eram absolutamente proibidas. Não existia correlação entre o que acontecia fora dos muros escolares e dentro, nem mesmo entre o que era estudado em História e as noções aprendidas em Geografia etc.

Acredito que esses esclarecimentos são necessários, por um lado, para responder àqueles que, com conhecimentos e considerações vagas e superficiais, tendem a fazer generalizações e a expressar julgamentos, partindo de uma visão global das creches na Itália e, por outro lado, para introduzir o conceito de gestão social como relação intensa entre a equipe da creche, as famílias e o Conselho de Gestão.

A gestão social, na creche, significa promoção e organização da relação entre famílias e equipe, que é o ponto de partida objetivo, mesmo se tal relação deve depois ser consolidada por processos de comunicação cada vez mais bem definidos. A comunicação se torna então um elemento de altíssimo valor, o fim e o meio, a estratégia e o objetivo que envolve a equipe, as crianças, as famílias, o Conselho de Gestão e toda a instituição, sem distinção alguma. Para se compreender mais profundamente as implicações dessa afirmação e as suas consequências práticas, é necessário analisar os sujeitos da comunicação.

A FAMÍLIA

Partindo-se do pressuposto de que é arriscado definir qualquer sujeito em sentido muito restrito, existem alguns fatores que parecem caracterizar as famílias de hoje. São sempre menos numerosos os núcleos familiares com uma criança com menos de 5 anos; a idade média em que homens e mulheres têm o primeiro filho aumenta e as crianças, na maior parte dos casos, são filhos únicos. O nível cultural médio aumentou, sobretudo entre as mulheres, que se revelaram protagonistas importantes de muitas das mudanças verificadas no contexto social e familiar dos últimos anos, apesar de serem justamente as mulheres que pagam o preço das contradições gradativamente despontadas.

Entre os muitos aspectos que poderíamos citar, um dos mais surpreendentes é a solidão e o isolamento de muitas famílias com uma criança pequena. A solidão, uma das doenças mais difundidas hoje, nasce do fato de que ter uma criança pequena, com frequência, obriga a família a renunciar a alguns velhos hábitos e aos amigos. Os neogenitores não sabem a quem recorrer para satisfazerem a algumas exigências da criança que, pelo menos nos primeiros meses de vida, é um perfeito "desconhecido" (as avós, em geral, são ausentes ou, se estão disponíveis, não são consideradas suficientemente atualizadas, então o médico ou o vizinho se tornam frequentemente os únicos sujeitos a quem recorrer para conselhos e apoio). A isso podemos acrescentar que, às vezes, o nascimento de uma criança mina a relação do casal. Os pais, portanto, possuem o grande desejo de se encontrarem com outras pessoas, mas de uma nova maneira.

A EQUIPE

É formada, sobretudo, por mulheres e mães, que são parte de uma família como a descrita anteriormente. No âmbito profissional, os problemas de um trabalho exigente aumentam as crises de identidade que hoje os professores e as professoras têm. Hoje, mais do que nunca, estão conscientes do fato de que, em geral, a escola e a universidade não lhes fornecem uma preparação adequada para o trabalho e que a verdadeira formação começa depois do percurso de educação formal. Acredito ser absolutamente necessário hoje seguir uma educação profissionalizante e realizar um trabalho reconhecido, compartilhado, público, participativo e, portanto, significativo.

A CRIANÇA

Talvez mais do que qualquer outro, a criança tem um sentimento de insegurança e precariedade que, atualmente, caracteriza nossa existência e sente a necessidade de ser envolvida em uma relação, em um ambiente capaz de apoiá-la e de favorecer a comunicação: tudo isso, na sua tenra idade, é um fator de vital importância para a sobrevivência.*

Isto significa comunicação entre os adultos, com os adultos, com os seus pares, com os espaços e os objetos da creche, para facilitar o desenvolvimento da identidade e da confiança em si mesmas.

OS CONSELHOS DE GESTÃO OU, EM GERAL, A PARTICIPAÇÃO

Falamos várias vezes, e continuamos falando, sobre uma crise da participação. O balanço de dez anos de experiência de participação e gestão social no campo da educação escolar, como em outros âmbitos, certamente não é muito positivo. As causas de base de tais resultados decepcionantes e da perda de confiança no processo são múltiplas e variadas. Não devem ser negligenciados, por exemplo, os persistentes e fortes ataques às Administrações Públicas, a insinuação de que os processos de participação são fonte de atrasos e de sobrecarga do sistema, além da perda de confiança nas instituições democráticas, já que estas são subvertidas por grupos de irresponsáveis que trabalham "por trás das cortinas". Todos esses elementos são, certamente, importantes para se compreender os baixos níveis de participação nas creches. Todavia, não são suficientes.

Há, provavelmente, outra coisa, algo sutil, mas determinante. Com muita frequência, por exemplo, os modelos de participação dentro das creches seguem servilmente os das Escolas de Educação Infantil ou, pior ainda, os estabelecidos pelos decretos governativos. Com muita frequência, os desequilíbrios internos entre os membros dos Conselhos de Gestão (ou seja, o esmagador número de representantes políticos comparado aos representantes dos pais ou ao pequeno número de representantes da equipe nomeados pelo Conselho) literalmente destruíram qualquer sinal de desenvolvimento. Considero que o desenvolvimento e a comunicação são características fisiológicas da creche, potencialmente presentes em cada experiência. Todavia, para garantir que não se percam como gotas d'água ou que não sejam reprimidas ao nascer, devem ser animadas por ideias e organizadas com instrumentos e iniciativas.

O papel forte e significativo do Conselho de Gestão na creche me parece promover, favorecer e aumentar a participação e a comunicação por parte de todo o conjunto de usuários, inclusos os pais, as crianças, a equipe, os cidadãos, os admi-

---

* Aqui estou falando, acima de tudo, da sobrevivência física, mas também da importância de uma boa comunicação entre a creche e a família, que é a única maneira de garantir um contexto consciente da identidade, das exigências e dos desejos da criança.

nistradores e os políticos. Eis porque não aceitamos a atitude daqueles que, falando de participação na creche, da sua qualidade e do seu significado, não sabem que estão falando da creche como um ente global e total. A família, os membros da equipe e a gestão social adquirem um valor, um significado e um papel muito diferentes se aceitamos, como ponto de partida, este princípio fundamental. Gestão social e participação fazem parte do processo educativo, são uma característica intrínseca da cultura e da conduta da creche.

A abordagem geral muda substancialmente se a gestão for considerada – no sentido de gestão social – como fenômeno que se infiltra no processo educativo com a capacidade de entrar na profundidade da alma e da essência da escola, em vez de ser considerada um apêndice ou uma parte marginal, para se adequar às fórmulas ou requisitos de fora. Onde a gestão social permeia a creche, todo o resto é estruturado em função dela:

- muda a arquitetura da creche, como a organização dos espaços utilizados pelas crianças e pelos adultos, a decoração, as modalidades de comunicação, as mensagens verbais e escritas, que ganham um papel e um significado diferente;
- mudam os contextos temporais, principalmente os da equipe e do serviço;
- muda o significado da educação profissionalizante, porque os encontros dedicados à atualização profissional devem reintroduzir o conceito de participação.

Não existem aspectos, temas e setores da participação que se contrapõem a aspectos, temas e setores da não participação. A nosso ver, o termo "participação" é aprofundado e ajuda a elaborar e reinterpretar problemas como o profissionalismo da equipe, a liberdade educativa, a vocação ao ensino, o papel do educador e a distribuição dos diversos direitos e competências entre as famílias e os profissionais. Para nós, porém, a função mais importante é a de redefinir o conceito de "competência", utilizado com frequência nesse contexto.

COMPETÊNCIA E CONSENSO

"Competência" é um termo recorrente: no seu significado mais comumente aceito, está relacionado ao termo "profissionalismo". Dizem: "A competência está na base do profissionalismo", apesar de, em geral, ser alusão a uma qualidade estática adquirida, de uma vez por todas, com um título de instrução. Alguns sustentam também que podem surgir "dificuldades de diálogo" dentro das creches, no momento em que a creche se torna "competente demais" para conseguir manter um diálogo com as famílias e compreender as suas exigências. Seria quase como dizer que uma boa creche é a que mantém as famílias distantes da participação e do diálogo.

O grave erro, a meu ver, está no modo em que é compreendido o conceito de competência, considerando-o antagonicamente ao termo "participação". Nesse caso, a competência não é um termo estático, uma coisa óbvia; é uma abordagem, uma vontade de trabalhar em conjunto, de fazer trocas, de refinar nossos instrumentos de aquisição do saber, de estar abertos ao profissionalismo, ao progresso cognitivo, ao desenho projetual e ao planejamento.

A competência é, em primeiro lugar, um processo aberto de desenvolvimento processual e pessoal, de enriquecimento recíproco, de vontade humana de trabalhar em colaboração com os outros, assumindo responsabilidades conjuntas.

O projeto de participação, assim como o projeto de comunicação que gradativamente ganhou forma, também requer uma definição precisa dos seguintes fatores-chave: planejamento, organização, fiscalização e consenso. Estes são elementos necessários que influenciam de modo decisivo o progresso da gestão social. Não se deve pensar que eles seguem uma ordem especial de prioridade, dado que a sua forma mais elevada é alcançada por meio da sua natural e permanente interação.

O conceito de "consenso" merece ser elaborado posteriormente. Nós nos referimos, com frequência, aos jogos de maioria e minoria, verificados no interior dos Conselhos de Gestão e que podem dar lugar a perigosas cisões. A vida do Conselho, a participação e a democracia dentro da creche não podem, porém, ser reduzidas a uma questão de minoria ou maioria, mas deve-se falar de crescimento comum que acontece ao longo dos processos de aquisição conjunta de conhecimentos e competências. Não deve haver uma solução imposta pela maioria, mas somente soluções que surgem de um profícuo diálogo de compartilhamento e troca, cujo resultado final é o alcance de um desenvolvimento e de uma construção comuns.

Consequentemente, a mudança dos papéis da equipe da creche – tanto dos educadores quanto do pessoal auxiliar – indica que eles não se limitam mais a propor o projeto educativo ou a guiar a gestão social, mas se tornam de fato, eles mesmos, beneficiários dessas experiências. Os membros da equipe deveriam ser os primeiros a desejar participação, a ex-

FIGURA 2.1 Assembleia geral com a equipe da creche e escola da infância municipal para o início do ano 1983-1984, em um dos ginásios esportivos da cidade.

trair significado das reuniões, a achar a oportunidade de se qualificar e enriquecer o próprio profissionalismo por meio da participação. Por esse motivo, não é possível excluir parte da equipe da gestão social e não é mais praticável achar tempo para a gestão social dentro das horas de trabalho existentes.

Resumindo, participação e gestão devem ser consideradas elementos que giram em torno de um projeto educativo mais amplo, centrado na comunicação. O projeto deve ter três protagonistas principais: a criança, a família e a equipe, cujos destinos estarão estritamente ligados. Nosso objetivo é o bem-estar geral, que envolve todos de maneira interligada: se uma das partes não está bem, o bem-estar das outras corre risco. Esse bem-estar está amplamente relacionado à qualidade da comunicação entre as partes, ao conhecimento e à consciência das suas exigências recíprocas e fontes de prazer, às oportunidades de encontro e de desenvolvimento gradual resultantes de um sistema integrado de experiências de comunicação. Esse sistema, opondo-se ativamente a qualquer forma de separação, garante a valorização e a individualidade de cada sujeito, formulando respostas que se adaptam às exigências individuais de ação e conhecimento; além disso, ele evita a separação entre a família e a experiência institucional, além da criação de hierarquias entre indivíduos, funções e espaços e qualquer forma de subordinação entre creche e família. Esse sistema também inibe qualquer possibilidade de separação entre aspectos afetivos e cognitivos, criando continuidade entre os problemas das crianças e os das famílias, da equipe e da sociedade.

Portanto, será necessário encontrar abordagens organizacionais que, tendo como objetivo a comunicação, possam sustentá-la e valorizá-la. Nesse sentido, o grupo da seção irá adquirir um importante papel como grupo original e primário para o encontro de crianças e de adultos. Esse é o ponto de partida para promover a comunicação das famílias, não somente com os educadores, mas também com outros genitores.

Descobrir os aspectos em comum, sentir prazer em falar e escutar, descobrir que se sabe mais do se imaginava, que não é um genitor melhor ou pior do que os outros e que participa ativamente de um projeto: todas essas experiências são resultados dos processos de crescimento e análises que, envolvendo a comunidade local e as instituições, podem dar uma contribuição real para a consolidação da cultura da creche e da criança que, em nosso país, ainda é tão frágil.

3

A programação na creche? (1988)

O título desta apresentação – que aconteceu na ocasião de um congresso promovido pela Administração Municipal de Piombino – pode representar uma síntese eficaz de um dos debates mais importantes e significativos da área didática e pedagógica que ocorreram nos anos de 1980.

Para entendê-lo na sua essência, é necessário recordar que aqueles eram os anos em que a legitimação da creche como "lugar educativo" parecia se afirmar também por meio do reconhecimento da possibilidade de planejar as atividades e, portanto, as maneiras de aprendizagem das crianças.

Um debate não fácil e não banal, no qual professores, pedagogistas e docentes universitários se confrontavam de maneira intensa, mas por um objetivo comum: reconhecer a creche como uma realidade culta, que podia ser legitimamente definida como lugar rico e positivo no processo de crescimento da criança. E a programação (assim como era interpretado também para a Escola de Educação Infantil) parecia para alguns oferecer aquela "cientificidade" e aquele "controle", considerados necessários como garantia de "qualidade".

Para outros, pelo contrário, a creche poderia desempenhar um papel determinante para abalar e fazer evoluir o próprio conceito de programação, em uma dimensão mais livre, que garanta uma verdadeira e profunda liberdade de ensino e aprendizagem. O congresso de Piombino representa, portanto, uma das ocasiões em que as duas posições se confrontam.

Há alguns anos, nós nos dirigíamos (professores, pedagogistas e atelieristas reggianos) àquela cidadezinha para falarmos sobre percursos de formação para as professoras e o pessoal das creches de Piombino, Venturina e Campiglio Marittima. Uma experiência rica e intensa, talvez por não ser fácil: o confronto com os outros colegas que trabalhavam na Região e em nível nacional havia enfatizado esta importante divergência.

O congresso tinha, então, o objetivo de nos oferecer um contexto para o confronto de ideias e o esclarecimento. Especialmente o Professor Enzo Catarsi (agora docente da Universidade de Firenze) tinha a importante função de achar uma mediação, uma síntese que diminuísse as diferenças. Não foi fácil, aliás foi impossível. E creio que essa tenha sido a melhor conclusão, a única capaz de garantir um verdadeiro diálogo sobre um dos temas mais calorosos da didática.

Fazer programação na creche? Pergunta autêntica, autenticamente provocatória e, como tal, nós a vivemos nesses anos, dentro da experiência das creches onde trabalho em Reggio Emilia, ao longo do tempo, produzindo diversas respostas, cada uma das quais com a ambição de ser considerada abrangente, mas também concluída. Eram soluções que continham a capacidade e a força de serem definidas naquele momento, mas também a plena consciência e responsabilidade de serem provisórias. Definidas e provisórias, como cada dado de pesquisa e, em certo sentido, cada dado de realidade evidente.

Aconteceu então uma progressiva tomada de consciência de que, em nossa profissão – assim como na vida –, é necessário revisitar o dado de provisoriedade e de incerteza como dado de positividade, em uma acepção que coloque a insegurança naquela área de dúvida e de precariedade que acompanha não apenas os eventos educativos, mas também os humanos, sendo uma garantia contra a imobilidade e a estagnação.

Programação e creche. Eu já tinha tido a oportunidade, em um congresso em Orvieto, no ano de 1984, de definir isso como um "binômio fantástico" (um daqueles que Gianni Rodari nos ensinou), que faz a combinação de duas palavras que, na época, pareciam realmente distantes, uma lunar e a outra terrestre. E foi justamente um binômio que suscitou muita agitação e entusiasmos: agitação, sobretudo, entre os defensores da naturalidade dos processos educativos, que viam esse conceito de programação inserido na creche como um forçamento do ser, da própria natureza da criança; entusiasmos naqueles que viam a dignidade, a identidade da creche confiadas ao currículo, ao programa e à programação.

Um debate, portanto, vivido, muito rico e sofrido (no sentido mais autêntico e positivo do termo) do qual tive a incumbência de participar junto com outros educadores, e também junto com muitos amigos presentes. Lembro-me de um encontro anterior muito agradável em Piombino e de outros que aconteceram em Campiglia e Venturina. Mais de uma vez, nós nos encontramos para confrontar aquela questão que – e tem razão Enzo Catarsi – é uma questão de base e que, por isso, deve ser vista e vivida na grande amplitude cultural que requer.

Mais do que um produto, a minha apresentação quer testemunhar aqui um processo, o processo que nos levou a algumas conclusões, a algumas definições provisórias de uma estrutura do projetar e que, como tal, eu lhes reproponho em toda a sua precariedade.

Eu aqui, hoje, mais que dar-lhes certezas, quero dar-lhes e propor-lhes dúvidas, pontos de interrogação, pistas de pesquisa e repropor nossas hipóteses como relativas a uma investigação que tenho a certeza de que poderá ser caracterizada, graças aos aportes de todos.

A primeira questão-problema que nos colocamos e que eu coloco para vocês é a questão do conhecimento. Como acontece o desenvolvimento de um indivíduo, como acontece nosso conhecimento, como aprendemos? Como uma criança aprende e, sobretudo, como acontece o desenvolvimento do seu conhecimento? Quais são os estudos atuais sobre a inteligência? Há várias teorias epistemológicas sobre o desenvolvimento e o conhecimento, e elas estão sendo confrontadas nesses dias e nesses períodos.

Certamente, responder a essas perguntas não é tarefa nossa, mas quer dizer entrar em um dos mais vivos e amplos debates culturais do nosso tempo. Dessa forma, nesse debate, nós fomos além e procuramos responder a essas perguntas, posicionando-nos em direção a uma hipótese entre muitas, a que nos pareceu mais próxima da nossa imagem de criança e das nossas vivências.

Se aderirmos às novas hipóteses das Neurociências, ou seja, de que o cérebro humano é muito plástico e as informações genéticas não são suficientes para estabelecer conexões entre os milhares de neurônios que o constituem, mas que as conexões entre os diversos neurônios são estabelecidas sob a influência de informações e estímulos que derivam das interações com o mundo exterior, então entenderemos que cada cérebro é único e não pode ser repetido. A mente humana é indeterminada: seus mapas são variáveis, em contínua e imprevisível interação com os outros mapas neuronais e com o ambiente. O conhecimento não é, então, soma linear determinada (e que determina), mas uma estabilização emocional e cognitiva; um magma em ebulição, estruturado através de quadros-retículos relacionados e sinergéticos entre eles. O seu funcionamento não se dá em sentido linear (progressivo, ascendente, previsível), mas por retículos, com avanços, paradas, retrocessos, em direções múltiplas e contemporâneas. O conhecimento tem, portanto, uma estratégia para articular, verificar, corrigir as representações das situações, dos seres, das coisas: uma verdadeira "arte estratégica" de tipo construtivo, que podemos definir como inteligência.

Se compartilharmos do que acabou de ser dito, a consequência será que a aprendizagem na criança não poderá ser definida como reprodução, nem mesmo poderá ser definida como compreensão, mas como *construção*. O ambiente age na criança, mas a criança também age no ambiente. Por isso, unidade sinérgica e ecológica entre organismo e ambiente, construção de si e do outro, repleta de conflitos e dialéticas, dramas e prazer. A consequência é uma superação tanto do determinismo externo (isto é, tudo condicionado pelo ambiente), quanto dos determinismos internos (isto é, tudo condicionado em sentido genético ou pelo inconsciente).

Esta é a primeira questão, o primeiro problema: a inteligência.

Agora, acompanhem-me em uma passagem posterior: sobre a segunda questão e segunda hipótese que fizemos: a imagem de criança à qual nos referimos. Qual criança, qual competência? É capaz de quais relações, é portadora de quais necessidades, de quais prazeres? De quais consequentes relações com o adulto? Segundo este grande bloco de perguntas, nossa hipótese vai em direção à criança competente para a relação e a comunicação, à criança que deseja crescer, conhecer. Enfatizo a palavra "competente" porque, para além do fato de que se tornou um *slogan*, creio que sobre esta palavra seria importante voltar a refletir porque, se concordamos, se a criança é competente, aparecem muitas hipóteses e muitas estratégias relacionadas, justamente, ao fato de que queremos ser coerentemente conscientes da adoção desta palavra e também da consequência que ela tem por trás de si.

Postulamos então uma criança desejosa de conhecer, desejosa de trocas construtivas, trocas como curiosidade, como pesquisa, como prazer de saber. A curiosidade de saber, de conhecer, de crescer faz com que seja capaz de construir para si tanto modelos de uso quanto modelos de espera. Tais modelos consentem operações de troca e se qualificam e se reforçam, evoluindo através de situações de confirmação e de negação; sobretudo o conflito e a perturbação impõem à criança, e a nós mesmos, que o modelo seja continuamente revisto. Esse modelo é colocado em ação, é desenvolvido em uma situação de aprendizagem definida hoje como "ecológica", onde o certo e o errado, o previsto e o imprevisto, o seguro e o inseguro, possam conviver juntos, dando origem a trocas com o ambiente, determinantes para o sujeito como o próprio ambiente.

Sobre esses conceitos, certamente muito complexos, que constituem as primeiras tentativas de uma resposta à pergunta sobre quem é a criança, como acontece o seu conhecimento, quais são as suas necessidades, creio que deve ser feita uma reflexão sobre uma questão muito importante, na minha opinião: sobre a possibilidade de desenvolver e articular, dentro de uma creche, além de um pensamento individual, também um pensamento de grupo. Eu acredito que a creche tenha sofrido e ainda sofre do "complexo" de tirar o individual a favor do social, do grupo; é um risco que correu e que corre, mas creio que ainda não leu suficientemente a riqueza e a importância também de uma aprendizagem de grupo, que é diferente, igualmente importante e significante na história do indivíduo com relação à aprendizagem individual, justamente porque, se a aprendizagem acontece, como dissemos, é estruturada e estruturante e mais carregada de conflitos, de recursos, de perturbações e confrontos.

Agora vou tratar da terceira pergunta, que pode parecer retórica, que nos fizemos: o que é a creche? O que significa ambiente educativo, quem são os sujeitos protagonistas da creche? A criança, os educadores, os pais? Todos estes sujeitos? Quais são as relações entre eles? Qual casualidade existe em tais relações? Quais e quantos projetos são possíveis nessa relação?

Se ainda é verdade, como acredito, que a creche é um sistema de relações – como várias vezes ainda hoje os relatores que me antecederam disseram –, de comunicações, de interações entre crianças e crianças, entre educadores e pais, mas também entre estes e outros pais; se estas relações, como todas as relações, podem e devem ser qualificadas, pois, em caso contrário, seria traída a segurança afetiva e a estruturação social e cognitiva da criança, então eu queria lembrar que o sujeito da creche não é mais a criança, mas aquela criança *relação*. A quantidade e a qualidade dessas relações, o espaço onde se estruturam, os tempos nos quais são realizadas, as relações numéricas determinam a qualidade e a identidade da própria creche. Enfatizo aqui a tipologia organizacional que expressará a coerência entre as proposições teóricas e a sua possibilidade de ganhar forma.

Se tudo isso é verdade, resta uma última observação antes de chegar à nossa proposta de elaboração. O debate volta à programação, a qual já foi ampla e corretamente discutida e sobre a qual quero ainda deixar claro que não concordo muito com Enzo Catarsi, quando sustenta que as diferenças entre as diversas posições são meramente formais. Eu não concordo com ele sobre o fato de que seja uma questão só terminológica: para mim, é conceitual, estamos distantes, sob alguns aspectos, e a distância é devida justamente à imagem diferente de criança, de indivíduo e de desenvolvimento.

Quando fomos "cavar" a terminologia de programação, não a analisando no âmbito escolar, mas no econômico e político e no modo em que a estão revisitando hoje a indústria e o comércio, identificamos uma dimensão do termo "programar". De fato, não deve ser esquecido que esta palavra vem dos Estados Unidos, primeiramente do ambiente político-econômico. E então é necessário ver como foram ativados nestes contextos os termos "programa" e "programação".

Os economistas mais atentos afirmam que, perante a turbulência ambiental, é necessário elaborar um conceito de estratégia que, mantendo função e capacidade de organização, possa ser um conceito complexo, capaz de produzir variedades e variabilidades de respostas que valorizem a variedade e a variabilidade das oportunidades ambientais.

O problema aparece em toda a sua complexidade: o sistema creche, um sistema ecológico complexo, rico de limitações e de recursos, aberto, dotado de capacidades de autorregulação, coloca com mais força a exigência de sair da asfixia das definições problemáticas rígidas. E talvez seja justamente sobre o elemento "estratégico" que devemos refletir, pois, na minha opinião, está nele a reviravolta determinante. A estratégia – como afirma Edgar Morin – comporta, assim como o programa, a ativação de sequências e operações coordenadas. Mas, contrariamente ao programa, a estratégia se fundamenta não somente nas decisões iniciais de ativação, nos objetivos definidos, mas também em decisões posteriores tomadas em função da evolução da situação, a ponto de modificar a natureza, a sucessão das operações e os próprios objetivos. A estratégia se constrói e se desconstrói. Tira proveito da adversidade, do acaso e do erro. A estratégia pressupõe (este é um dado fundamental, em campo profissional, mas também cultural) a capacidade de levar a ação para a incerteza e de integrar a incerteza na atuação da ação. O programa exige controle e vigilância e a estratégia quase tira proveito da adversidade e do erro. O momento programático e o estratégico se excluem, mas os seus tempos se sucedem e se compenetram, combinando-se.

Eles, de fato, excluem-se na contemporaneidade, mas não na sucessão dos eventos. Essa problemática complexa – tão rapidamente e também sucintamente resumida – essa combinação entre programa e estratégia me parece ser a que melhor descreve justamente a reciprocidade, a alternância verificada naquele sistema complexo que é a creche. Eis porque eu sou da opinião de abraçar, se vocês concordarem, o termo *progettazione*, enquanto talvez seja capaz de conter essa complexidade, de descrever a ação plural, ao mesmo tempo definida e indefinida, que vamos cumprir falando de educação; uma palavra que tolera mais linhas de orientação do que objetivos, mais estratégias do que programas, o dado certo mas também o incerto, o gosto e o sentido da pesquisa, a riqueza problemática da hipótese. Projetar como "jogar para frente", prever, não prescrever: fazer hipóteses para colher o imprevisto.

Portanto, postas estas interrogações sobre o indivíduo, o desenvolvimento, as estruturas do conhecimento, as imagens de criança, o programar, deriva daí o fato de que, em nossa experiência, falamos de *progettazione* entendida como preparação e organização de instrumentos, pensamentos, situações e conhecimentos que favoreçem a troca, a relação, a comunicação entre os três sujeitos protagonistas da creche. A *progettazione* na creche não é só a *progettazione* das relações com a criança, mas é também a *progettazione* e a organização das relações entre os adultos, do ambiente, das relações entre os educadores e as relações com e entre os pais.

Progettazione como estrutura, esquema que favoreça a troca, a relação, a comunicação entre os sujeitos protagonistas da creche; que favoreça a escuta mais do que as palavras, que ajude a identificar as perguntas certas ainda mais que as respostas corretas.

Uma *estrutura* que estimule:
- as relações;
- a se perguntar por quê;
- a fazer hipóteses;
- a se colocar problemas;
- a problematizar;
- a criar situações de descoberta, de prazer, de pesquisa, de reciprocidade em todo o sistema creche.

Um *instrumento* capaz de:
- favorecer, provocar a relação entre os sujeitos;
- organizar a experiência entre eles e o ambiente;
- conectar os dados, as reflexões, as hipóteses, os conhecimentos;
- recolher as experiências, as descobertas que nascem dessa reciprocidade;
- criar vínculos;
- romper vínculos;
- propor modificações;
- sofrer modificações...

Um instrumento que nunca se completa.

É evidente que, mesmo fisicamente, esse instrumento não pode ter uma forma rígida e fechada, preparada no início do ano para deixar "a consciência leve"; mas é um instrumento mais parecido com uma agenda, um esboço onde, por exemplo, as observações relativas às crianças são extraídas para se fazer hipóteses e convivem com a certeza de que as hipóteses e as variáveis identificadas e ali escritas possuem a "força da dúvida" e que ajudarão a identificar o modo para continuar, graças também às indicações que as crianças darão.

De fato, ao trabalhar com as crianças, acredito existir um ato muito importante: a capacidade de crescer com elas. Sentimos ser uma reivindicação e um se educar com elas e que não é apenas nosso saber que estrutura o saber da criança, mas é o seu modo de ser e de enfrentar a realidade que estrutura nosso próprio modo de ser e de enfrentar a realidade.

4

Atualização profissional (1993)

Junho de 1993: uma data importante. Acontece, em Washington D.C., um congresso dedicado à infância reggiana: entre os relatores e entre o público, encontram-se representantes do Ministério da Educação daquele país. Tudo o que é realizado na capital ganha um valor e um significado especial e um congresso realizado naquele contexto ganhava interesse nacional pelo que já era conhecido como "Reggio Approach".

É naquela cidade que, há alguns anos, Ann Lewin deu início a uma escola de educação infantil inspirada na experiência reggiana. Com ela, colaborava Amelia Gambetti que, após anos de ensino na escola de educação infantil, tinha se mudado para aquele contexto e que desempenharia um papel determinante para definir a identidade daquela escola, além de nos ajudar a entender como outra cultura, tão diferente da nossa sob alguns aspectos, interpretaria os elementos "estruturantes" da experiência reggiana. Malaguzzi acompanhava à distância o processo por meio de uma preciosa e densa troca de cartas com Amelia e as professoras.

São essas premissas que dão suporte à decisão de aceitar o convite de Ann Lewin e participar do congresso nacional sobre a experiência reggiana.

Reggio era muito mais conhecida no contexto dos Estados Unidos: a mostra "As cem linguagens das crianças" tinha chegado naquele país em 1986, suscitando um grande interesse. Um livro com o mesmo título da mostra, com a curadoria de Carolyn Edwards, Lella Gandini e George Forman, era um ponto de referência para quem desejava entender mais. Além disso, o artigo da revista News Week *de 1991 decretava a experiência das Escolas de Educação Infantil de Reggio como "a melhor do mundo".*

Tudo isso convergiu no congresso, determinando o seu programa. Loris Malaguzzi aceitou o convite feito a ele por Ann Lewin de participar como orador principal. Tiziana Filippini e eu também fomos convidadas a participar.

O tema sobre o qual eu tinha sido convidada para falar é, na minha opinião, um dos mais complexos para descrever em outras culturas. O problema era fazê-lo em um modo que fosse claro para aquela realidade; uma realidade que era orientada para considerar a profissão docente como um saber estático, aprendido por meio de cursos periódicos voltados a dar temáticas de ensino a serem aplicadas.

A apresentação foi em língua inglesa: uma grande dificuldade, mas sempre mais uma escolha necessária.

Foi a última viagem que fiz com Loris Malaguzzi. Ele nos deixaria após poucos meses.

Em uma escola que faz da relação e da interação o seu núcleo de base, que legitima a pesquisa como atitude permanente das crianças e dos adultos, qual significado ganha o termo "atualização profissional"?

Este também, como muitos outros termos, deveria ser refundado ou reinventado para ajudá-lo a sair dos velhos estereótipos derivados de uma pedagogia e de uma prática que nos faz recordar de cursos onde a professora era "moldada" (*incutida, ensinada*, para usar termos propositadamente paradoxais, mas muito eficazes), para que pudesse, depois, "moldar" as crianças, de acordo com objetivos e modalidades preestabelecidas. Tudo era claro, coerente, previsível, pré-fabricado. O produto era garantido, ou quase.

Nada a ver com a pesquisa, a reflexão, a observação, a documentação, a dúvida, a incerteza, a educação. Nada a ver, sobretudo, com a criança.

O mesmo termo, tanto em italiano quanto em inglês (*bringing up to date – adjournment*), não consegue dar a noção exata daquele complexo processo que caracteriza a atualização da "dimensão existencial cotidiana", uma atitude que caracteriza profundamente nossa identidade profissional e individual.

Atualização, acima de tudo, como pesquisa, renovação, como dimensão indispensável para interagir com as crianças. A atualização se delineia como um direito de cada professor e, ao mesmo tempo, de todo o pessoal presente em uma instituição escolar: é um direito individual e do grupo que trabalha junto. Ao mesmo tempo, a atualização corresponde também a um direito da criança: ter um professor competente, ou seja, capaz de entrar em uma relação de escuta recíproca, capaz de se renovar dinamicamente, com atenção às mudanças da realidade na qual as crianças vivem.

Nós acenamos à atualização como a um direito da equipe ativa na escola e, desse modo, o grupo se caracteriza como um sujeito novo, com novas necessidades e novos direitos, como pensar, projetar, trabalhar, interpretar em conjunto, em uma dimensão colegiada. O trabalho colegiado não é a soma dos pensamentos individuais, não é um jogo de maioria ou minoria, mas é uma dimensão interpretativa e projetual, é um modo diferente de pensar, é uma coconstrução.

Portanto, cada professor tem direitos próprios, enquanto indivíduo, mas também enquanto parte de um grupo, aliás, o seu primeiro direito é o de ser capaz, no plano concreto e organizacional, de trabalhar, em uma dimensão colegiada, com as crianças, as colegas e os colegas, com os pais.

A atualização como direito individual e de grupo pressupõe alguns elementos fundamentais.

CONDIÇÕES DE TRABALHO

Condições de trabalho no cotidiano, que permitam praticar aquelas atitudes de escuta, observação, pesquisa, documentação, que se tornam essenciais para o desenvolvimento da criança (e do grupo de crianças). É uma questão não só organizacional, mas eu diria ética. Isto significa um espaço "racional", mas também agradável, onde se mover, agir, trabalhar bem com as crianças; significa uma relação numérica adulto/criança que consinta instaurar com elas e entre elas relações autênticas (histórias e não episódios); significa que duas professoras trabalham juntas com o mesmo grupo de crianças por um tempo longo: longo no dia, nas semanas, nos anos. Para se poder observar sob mais pontos de vista os processos por meio dos quais as crianças constroem o seu conhecimento, para documentá-los e interpretá-los e para projetar – ações que constituem a identidade da professora, tais como a copresença compreendida como *co-progettualità*,* compartilhamento e capacidade de escolha, são absolutamente necessárias.

Um cotidiano qualificado que se requalifica por meio do seu observar-se, interpretar-se, avaliar-se, modificando-se graças às ações e reflexões conjuntas de crianças e adultos: esta é a maior garantia que podemos dar, não somente às professoras, mas também às crianças e às famílias.

TEMPO E ESPAÇO

Não é suficiente, ainda que essencial, escutar, observar, documentar, se não forem interpretados e compartilhados os sentidos e os significados do que acontece. É um ato fundamental para se avançar nos projetos e nos processos de crescimento. No cotidiano mas também semanalmente, devem estar previstos um tempo e um lugar em que as interpretações, as hipóteses, as dúvidas amadurecidas na dupla de professoras possam ser desenvolvidas e enriquecidas mediante o confronto de ideias com os colegas. Essa amplificação dos pontos de vista aumenta as possibilidades de interpretação, as convergências e as divergências, admite mais hipóteses e dúvidas, conflitos sociocognitivos que tornam os procedimentos dos adultos, sob muitos aspectos, análogos aos processos que consentem às crianças, quando pesquisam em grupo, avançarem no conhecimento.

A cada semana, toda a equipe da escola faz um encontro de atualização, para discutir as hipóteses sobre os processos em curso nas seções, por meio da visão coletiva das documentações que os testemunham. É também o momento em que a escola, encontrando-se formalmente no

---

* N. de R. T. O termo *co-progettualità* relaciona-se ao conceito de *proggetazzione* mencionado anteriormente.

seu conjunto, amplia a gama dos temas escolhidos, com problemáticas ligadas aos tempos comuns na instituição ou nas instituições.

Há, portanto, um tempo preestabelecido no horário de trabalho da equipe (duas horas e meia por semana); os encontros acontecem à tarde, após as 16 horas, quando grande parte das atividades com as crianças já terminaram, em um espaço preparado para os encontros entre os adultos, um espaço que favorece o diálogo, a escuta e o estudo, por meio de equipamentos apropriados (p. ex., instrumentos e materiais audiovisuais). A única condição é a interação: esse tempo deve ser vivido em conjunto, com a colega, as colegas da escola, de outras escolas, e o seu traço dominante é a comunicação.

A PARTICIPAÇÃO DOS PAIS

O encontro com os pais também pode representar uma importante situação de atualização, com a condição de que, saindo dos rituais formais, das linguagens descritivas ou, pior ainda, meramente avaliativas, seja realizado como momento não mais e não só individual, mas coletivo, e que mostre os processos, as teorias, as inteligências das crianças, por meio de múltiplas formas de documentação.

Trata-se de encontros em que as "dotações", não somente do próprio filho, mas da criança e das crianças, tornam-se visíveis, comentadas e interpretadas em conjunto. Confrontar-se com pontos de vista diferentes, subjetivamente e culturalmente, escutar diferenças e construir compartilhamentos comuns: tudo isso faz parte de uma profissão que é redefinida para colocar tais dinâmicas em ação e que seja redefinida e qualificada por elas.

AS COMPETÊNCIAS

Os pressupostos: como primeira coisa, é necessário pensar na professora da escola de Educação Infantil como uma pessoa culta em sentido amplo, uma pessoa que está dentro da cultura do nosso tempo e a habita de maneira crítica e interlocutória. Que tenha gosto pela leitura, sabendo escolher entre mil propostas; que tenha uma relação com expressões como o teatro e o cinema e que, a partir disso, sinta prazer em recordar, discutir e criticar. Substancialmente, uma pessoa intelectualmente curiosa, rebelde contra uma abordagem consumista do saber: uma pessoa que prefere construir o saber junto com os outros, em vez de *consumi-lo*.

Essa é uma premissa e, ao mesmo tempo, um objetivo. Percursos de atualização podem ser organizados em tal sentido, com homens e mulheres que, em todas as áreas do saber humano, nas fronteiras e além das fronteiras convencionais, estão procurando e se procurando. São encontros interdisciplinares com cientistas, biólogos, arquitetos, diretores cinematográficos, musicistas, poetas... que, além do próprio saber, compartilham conosco os modos desse saber, os seus processos cognitivos, os significados e os sentidos dos seus percursos. E nós temos a tarefa de interpretá-los e fazer uma translação para o nosso específico.

Tudo isso adquire sentido e se torna competência profissional se sabe transitar em uma prática operacional. É necessário favorecer uma translação análoga da criança no interior da cultura, respeitando ao máximo as suas estratégias pessoais, as suas modalidades e procedimentos, os seus tempos. A criança é competente para fazer isso. Devemos apoiar tal percurso, construindo uma rede que seja o resultado do entrelaçamento contínuo entre os campos de experiência.

Os campos do saber representam os sistemas simbólicos culturais, por meio dos quais acontece a primeira *socialização* da criança com o conhecimento organizado e teoricamente constituído, com o qual a escola se relaciona. É por meio da aplicação, da interpretação, da revisão dos sistemas simbólicos que é possível crescer, compreender, agir, nas artes, na ciência, na vida em geral.

Os diversos sistemas simbólicos definem contextos de experiência, dos *campos* pelos quais a criança se aventura com as próprias estratégias, desejos, tempos, solicitações, curiosidades. As crianças têm necessidade de experimentações e mediações conduzidas individualmente, mas, sobretudo, compartilhadas com os seus pares. Pede-se aos adultos para abandonarem programas de execuções de atividades, prescrições curriculares, percursos obrigatórios e para unirem os próprios esforços aos das crianças. A professora deve, então, ter claro o mapa dos sistemas simbólicos e culturais, no seu ser e no seu contínuo vir a ser, mas, ao mesmo tempo, sem perder de vista os procedimentos, os percursos, as maneiras pelas quais as crianças organizam as suas pesquisas, as suas ideias para chegarem a se apropriar de um "pedaço de mundo e de vida". E tudo isso, alegrando-se, emocionando-se, atualizando-se com as crianças.

5

Malaguzzi e as professoras (1995)

O ano é 1995. Loris Malaguzzi – que, em 1963, havia inspirado a pedagogia das primeiras Escolas de Educação Infantil municipais de Reggio Emilia e que, daquele momento em diante, conduziria aquela experiência por aproximadamente trinta anos – tinha falecido há dois anos. Uma morte repentina, um vazio enorme, com o temor de que poderíamos correr o risco de perder o sentido daquela experiência.

Eu tinha trabalhado com ele, lado a lado, por vinte e quatro anos. Aprendi muitas coisas, mas não como fazer sem ele. Foram meses e anos difíceis, tanto pessoalmente quanto profissionalmente, mas, no final, nós conseguimos, graças à nossa profunda convicção de que os conhecimentos, as coisas que aprendemos juntos, naqueles anos, representavam uma herança viva, uma pesquisa permanente, um ato de vitalidade expresso no trabalho cotidiano de cada um de nós. E as primeiras e verdadeiras autoras dessa continuidade, dessa vitalidade, foram as professoras, principais inspiradoras e autoras da pedagogia de Loris Malaguzzi e da experiência de Reggio.

Estes pensamentos guiaram a minha decisão, no momento em que tive que preparar a apresentação para a conferência que aconteceu em Milão, em fevereiro de 1995.* O título, Nostalgia do futuro, era um conceito importante para Malaguzzi, e a conferência foi dedicada à sua memória. Uma conferência organizada pela Universidade Estatal de Milão, da qual a Professora Susanna Mantovani era inspiradora e animadora. Por muitos anos, Susanna tinha sido não só uma apoiadora convicta da nossa experiência, mas, sobretudo, uma amiga de Loris Malaguzzi. Tal amizade tinha se consolidado ao longo dos anos, em parte, graças a muitas experiências compartilhadas dentro do Gruppo Nazionale Nidi Infanzia (do qual Loris era Presidente e Susanna Vice-Presidente). Essas foram as motivações que sustentaram o

---

* O texto desta apresentação foi publicado anteriormente na coletânea dos atos do congresso: Mantovani S. (curadoria) (1998), *Nolstalgia del futuro. Liberare speranze per una nuova cultura dell'infanzia*, Bergamo, Edizioni Junior.

comprometimento de Susanna na organização da conferência, a primeira dedicada a Loris Malaguzzi após a sua morte.

Foi uma conferência muito emocionante e envolvente. Apresentaram-se vários relatores provenientes da Europa e dos Estados Unidos, todos admiradores de Loris e ligados a ele por um afeto sincero.

Eu tive dificuldade para preparar a minha apresentação. Tudo o que escrevia me parecia banal ou inadequado. Apesar disso, havia a exigência de falar do papel da professora, em nossa experiência principalmente e nas escolas em geral; uma exigência que tinha a ver com a honestidade intelectual e a gratidão, mas, sobretudo, com o fato de que, no âmbito pessoal, eu tinha aprendido muito no diálogo com as professoras. Acredito, de fato, que a profissão de pedagogista pode ser construída somente mediante um diálogo e uma troca constante com as professoras, com as crianças e com as famílias.

Antes de começar, sinto-me no dever de fazer uma premissa: declarar as dificuldades que sinto e que tomam conta de mim quando sou convidada para escrever ou falar de Malaguzzi. Mais que escrever um discurso, eu tive a impressão de dever reconstruir um pedaço da minha vida. Quem, como eu e muitos outros, teve a sorte de trabalhar ao seu lado por muitos anos, tem a nítida sensação de não conseguir passar a riqueza, a profundidade, a globalidade do seu pensamento e, sobretudo, da experiência compartilhada.

A parcialidade de uma apresentação como esta, portanto, mais que uma escolha, parece uma limitação, certamente necessária, certamente compartilhada, mas difícil de ser praticada. O maior temor é deixar passar algo, negligenciar um aspecto importante, não dar a Malaguzzi e à sua obra aquela *respiração profunda,* que bem sabiam evocar e alimentar todas as vezes em que enfrentávamos um problema juntos, ainda que pequeno, ainda que parcial.

Por que esta premissa? Talvez não seja tão importante achar aqui uma resposta precisa, definitiva. Creio que o mais importante é que eu sinto que não poderia dizer ou escrever outra coisa que eu não

FIGURA 5.1 Loris Malaguzzi (1920-1994).

tivesse feito. Não saberia encontrar as palavras para continuar.

Muita emoção? Talvez. Mas o percurso do conhecimento – sobretudo o que eu tive a possibilidade de compartilhar com Malaguzzi – é também um percurso de emoções...

Mas voltemos ao tema para o qual eu gostaria de trazer a minha contribuição, *Malaguzzi e as professoras,* que eu gostaria de chamar de O Fio de Ariadne. Por quê?

Este era o título que Malaguzzi queria sugerir para o livro *As cem linguagens das crianças* na época da sua primeira edição nos Estados Unidos (Edwards; Gandini; Forman, 1993).

O Fio de Ariadne como metáfora do grande e fundamental papel das professoras – principalmente de Reggio Emilia, mas das professoras em geral – por darem orientação, sentido e valor à experiência das crianças e das suas escolas.

A pouca familiarização da cultura americana com tal mito, porém, poderia tornar a metáfora pouco compreensível, o que impediu o testemunho, através do título do livro, da centralidade que Malaguzzi atribuía à professora, ainda que fique evidente com a leitura de muitas das suas páginas.

Profissionais da educação, cuja grande maioria era de mulheres, orgulhosamente, generosamente mulheres. Professoras que vivem uma dimensão potencial de grande protagonismo, pela qual Malaguzzi sempre teve grande respeito. Não formalmente voltado ao *papel* segundo uma iconografia clássica que vê o professor como respeitável (uma identidade que, pouco a pouco, foi desmoronando, para dar lugar a um perfil profissional pouco estimado e que suscita baixa autoestima); mas um respeito voltado à competência e à inteligência estratégica que podem (e talvez que devem) caracterizar a profissão de professor.

Professoras consideradas como as que fazem a gestão da *proggettazione* educativa e que constroem entrelaçamentos e conexões. Que projetam e sustentam (mas também observam e interpretam) a trama das relações, contribuindo para transformá-las em interações e comunicações significativas.

A definição da identidade profissional da professora não acontece, portanto, em termos abstratos e intuitivos, mas nessa dimensão contextual, nessa rede conectora de relações com as colegas e os colegas, com os pais e, sobretudo, com as crianças.

As crianças de fato. Reais, que são vistas, cujas vivências são compartilhadas cotidianamente, não crianças hipotéticas. Era a partir delas, das crianças, que Malaguzzi pedia sempre para começar a construção da *ação educativa*, para fundamentar epistemologicamente os próprios conceitos de aprendizagem e ensino, isto é, do papel do *docente* e do *discente* nos processos formativos e educativos.

> Devemos dar muito crédito às potencialidades, às virtudes que as crianças possuem. Devemos nos convencer de que as crianças, como todos nós, possuem mais virtudes do que pensamos; que consumimos, sem que percebamos, uma baixa quantidade do potencial de energia que está dentro de nós. (Loris Malaguzzi)

Assim se expressava Malaguzzi, enfatizando que o problema da escola (mas não só dela) é devido principalmente à baixa consciência de tudo isso: onde se acredita pouco nas potencialidades das crianças e do adulto, a subutilização das inteligências, capacidades, habilidade e conhecimentos não é compreendida na sua importância e gravidade. Mas o problema, então, é comum e envolve a criança, mas também o adulto: a professora, os professores.

> Existe uma espécie de convicção crescente, uma convenção tácita, que sanciona que cada adulto, dentro das instituições, possa viver a sua vida individual, pessoal, não necessariamente misturada, vinculada, colaborando com os colegas, não capaz de projetar em conjunto. Por isso é necessário esquivar-se dessa grande camada de conformismo, de passividade, com um esforço que nos ajude a ter vontade de pensar e projetar.
>
> Talvez possamos também não ser totalmente conscientes do que significa projetar para nós; mas podemos ter a certeza de que se tirarmos a capacidade, a possibilidade, a alegria de projetar da criança, a criança morre.
>
> A criança morre se nós lhe tiramos a alegria de se interrogar, de pedir, de perguntar, de explorar; morre se não sente que o adulto está perto dela para ver quanta força, quanta energia, quanta inteligência, invenção, capacidade, quanta criatividade já estão na sua cultura. A criança quer ser vista, observada, aplaudida. (Loris Malaguzzi)

E, junto com a criança, morre também a professora, porque não pode trabalhar sem sentido, sem protagonismo ativo e coparticipado. Ela não pode se limitar a ser executora, ainda que diligente e inteligente, de programas e de instrumentos pensados por outros e projetados para crianças hipotéticas (diferentes daquelas que ela encontra cotidianamente) e para contextos também hipotéticos e indefinidos.

A professora busca a mesma coisa que as crianças: encontrar um sentido para o seu trabalho, para o seu ser; dar valor e significado para o que faz; sair do indistinto, do anonimato; conseguir obter resultados, mas, sobretudo, viver processos que a recompensem pelo trabalho e pelo *cansaço* e que deem substância à inteligência.

Essa busca de sentido e de significados, comum entre adultos e crianças (daqui nasce a definição de crianças e adultos pesquisadores), mesmo nas diversas identidades e na plena consciência dos distintos papéis, é o terreno no qual ganha vida a redefinição epistemológica da educação. Contém em si valores e significados potencialmente muito importantes e, ao mesmo tempo, suscita interrogações que pedem para ser aprofundadas: qual é o papel desenvolvido pela professora nessa pesquisa comum? Como é realizada a *proximidade* com a criança?

É na tentativa de identificar novos caminhos para enfrentar esses quesitos que, ao meu ver, podemos reencontrar um dos pontos mais altos do pensamento pedagógico de Malaguzzi: a superação, e em alguns casos a reviravolta, da relação entre teoria e práxis baseada – sobretudo nos âmbitos educacionais tradicionais – em uma abstrata primazia da primeira sobre a segunda, em detrimento do protagonismo das professoras e da própria *didática*. Malaguzzi propõe uma nova visão, na qual teoria e práxis estão estreitamente interconectadas em uma relação de reciprocidade e, sobretudo no início, procura afirmar esta ideia, colocando em grande evidência os significados e as potencialidades da práxis com relação à teoria.

Existe uma provocação intrínseca nessa admissão de uma possível transformação de relações entre *ação* e *lógica*; tudo isso pode até mesmo assustar e, consequentemente, dar lugar a atitudes de recusa. Uma leitura imediata e simplificada de tal proposição pode suscitar uma impressão de renúncia ao que é compreendido como *racionalidade*, isto é, àquela capacidade de teorização e previsão na qual, presuntivamente, é gerada a supremacia da teoria sobre a práxis.

No pensamento de Malaguzzi, não acontece nada disso: ambas – teoria e práxis – abandonam os seus papéis antagonistas, nos quais certa tradição pedagógica as tinha cristalizado, para se encontrarem em uma nova dimensão, onde o acento está sobre a sua complementação e interconexão. É nesse encontro que ganha vida a renovação proposta e praticada por Malaguzzi, sem renúncias a aspectos fundamentais, mas através da busca permanente dos planos de encontro.

Nessa nova dimensão, onde não existem primazias abstratas, mas sim sinergias, o pensamento (a *lógica*, a *teoria*) se redefine constantemente e se desenvolve por meio da interpretação e da criação de relações entre ações que já aconteceram. É uma atitude inevitável quando se vive em organizações sistêmicas como a escola.

Se, pelo contrário, os pressupostos teóricos são assumidos como conclusões e, consequentemente, se "reverberam" de forma a determinar as didáticas, quem coloca em ação o projeto educativo não é estimulado a refletir, a pensar, a criar.

Uma ênfase excessiva dada à centralidade do aspecto teórico exonera os professores de se sentirem protagonistas do processo formativo, da reflexão pedagógica e da própria responsabilidade do educar. Porém, afirmar a inseparabilidade de teoria e práxis nunca foi suficiente para Malaguzzi, sempre atento para não se contentar com as próprias elaborações, enquanto incansavelmente voltado a colocá-las em ação na vida cotidiana das escolas das crianças.

A teoria de Malaguzzi é aberta, alimenta-se de uma didática visível, refletida, interpretada e argumentada através da documentação. Documentação não como prestações de contas, como coletânea de documentos ou como um *portfólio* que alimenta a memória, a avaliação, o arquivo. Mas documentação como procedimento que apoia a ação educativa no diálogo com os processos de aprendizagem das crianças. Este é um ponto forte, que consente a tempestividade e a visibilidade do entrelaçamento das ações finalizadas dos adultos e das crianças, além da qualidade da relação comunicativa e relacional.

É um processo de aprendizagem recíproco: professores podem apoiar os processos de conhecimento das crianças, aprendendo com as suas modalidades de aprender. Porém, para se aproximar disso não é suficiente a simples observação, ainda que consciente do fato de que o ato de observação já contém uma forma interpretativa embrionária. A observação deve produzir *rastros interpretáveis*.

Documentação principalmente como produção de rastros, criação de documentos, anotações previsionais escritas, tabelas de observação, diários, formas descritivas, mas também gravações, fotografias, *slides*, como testemunho compartilhado dos processos de aprendizagem e dos modos de conhecer das crianças, sem eludir os seus aspectos relacionais e emocionais. Não somente, mas documentação também como testemunho dos núcleos temáticos identificados para uma observação competente.

Os documentos produzidos são dados parciais, interpretações subjetivas, pontos de vista. É fundamental, então, ter conscientemente a convicção de que a *mídia* escolhida para dar visibilidade e compartilhar a experiência observada e documentada prefigura uma parcialidade, que pode ser transformada em recurso, na medida em que é diretamente proporcional à produção de múltiplos documentos que testemunham um mesmo evento e/ou a presença de mais observadores com *mídias* diversas.

Em todo caso, tais testemunhos, pela sua própria natureza, pedem para ser interpretados em conjunto, principalmente com as colegas com quem é compartilhada a experiência cotidiana. Os episódios e os eventos documentados ganham então significados plurais, tornam-se história, narrativa como interpretação argumentada. Na troca e no diálogo colegiado, acontece um dos momentos mais importantes da formação e da autoformação docente: são geradas hipóteses e teorias interpretativas que não só podem fazer avançar o conhecimento do grupo, mas que, se forem suportadas e argumentadas de modo apropriado, contribuem de maneira determinante para redefinir as teorias de referência mais gerais.

Nisso está o sentido mais autêntico, porque é atuado e praticado cotidianamente, de uma educação que ganha corpo na sinergia entre teoria e práxis, práxis e teoria. Mas tal processo possui também outras acepções e contextos de vida. De um lado, favorece o nascimento de *documentos públicos* (documentários em *slides*, vídeos, publicações etc.), que testemunham, de modo amplo, o sentido e o valor de um projeto educativo similar. Mas tais processos de documentação e interpretação se estruturam, sobretudo, em formas de comunicação visual, que dão uma identidade complexa às paredes da Escola de Educação Infantil. Lugares de intensa comunicação, reflexão, memória. Lugares de interações cotidianas para crianças e adultos (pais e professoras). Espelhos onde rever e reconectar o próprio saber, onde encontrar as próprias ideias e imagens refletidas, mas onde também é possível encontrar outras e diversas imagens com as quais dialogar.

A creche e a escola se tornam, desse modo, um dos contextos privilegiados para alimentar a construção permanente de profissionalidades e saberes das professoras, mas também de pesquisadores, estudiosos e docentes universitários. Lugares de grande aprendizagem, onde se vive e que merecem grande respeito, como observado por Jerome Bruner durante uma recente visita às instituições para a infância do Município de Reggio Emilia:

> Tenho a impressão – e espero que isso não coloque os meus amigos em embaraço – de que, quando estou com as crianças da Escola Diana, ou até mesmo com os pequenininhos da Creche Arcobaleno, estou como em um seminário, em uma universidade, com o mesmo tipo de respeito, de troca, na discussão sobre o que o outro acabou de dizer e em relação com o próprio ponto de vista. (Jerome Bruner)

A anotação de Bruner sobre o *ponto de vista* evoca mais uma vez a natureza mais autêntica da documentação, dando-lhe outra possível conotação. É uma modalidade de procedimento que, consentindo o confronto de ideias, permite fazer análises, hipóteses, previsões: consolida o pensamento projetual e é o eixo de base da *progettazione*. A visibilidade de documentos e documentações como narrativas argumentadas representa um suporte fundamental para o desenvolvimento do conhecimento e da qualidade relacional de todos os sujeitos protagonistas do projeto educativo.

Se projetar quer dizer, antes de tudo, fazer hipóteses e prever os contextos, os instrumentos, as oportunidades e suas conexões com os processos de conhecimento que estão em ação, aos prazeres e aos desejos das crianças, a documentação constitui para a professora uma oportunidade extraordinária. Poder escutar novamente, revisitar, individualmente e com o grupo de trabalho, os acontecimentos e os processos dos quais é diretamente ou indiretamente um importante coprotagonista, é uma ocasião fundamental de sustento de um trabalho projetual, alimentado por uma recognição interpretativa permanente. É a modalidade privilegiada para ressignificar o que aconteceu e abrir caminho para possíveis desenvolvimentos, em uma dimensão onde, por meio do compartilhamento, são gerados significados e valores comuns. Dessa forma, a *proggettazione* cresce como processo de criação e crescimento para todos os protagonistas. Este também é um dos caminhos pelos quais é construída a verdadeira formação *a serviço* da professora.

Para as crianças, a documentação também é uma preciosa ocasião de recognição, reflexão e interpretação, mas, sobretudo, de metacognição. Apoiando a memória, oferece a oportunidade de se rever, de se comentar e de ser comentado, favorecendo, portanto, uma possibilidade de releitura dos próprios percursos, autocorreções, confirmações, não confirmações e, sobretudo, diálogo interativo com os percursos dos outros: uma grande transformação no plano epistemológico e da identidade pessoal.

A documentação é, por isso, um suporte fundamental para as situações de autoavaliação e avaliação coletiva das teorias e das hipóteses de cada um que, mediante o confronto de ideias, o conflito cognitivo, a argumentação, geram fundamentais processos construtivos compartilhados de novos conhecimentos.

Essa identidade da documentação não exaure as suas próprias potencialidades: de fato, a visibilidade da riqueza de dotações e competências da criança, do profundo sentido que atribui ao que vive e faz na sua experiência cotidiana, significados obtidos também e sobretudo da relação com os outros, é uma possibilidade de importância fundamental para as famílias. Não é somente uma oportunidade para encontrar um aspecto desconhecido do próprio filho, em certo sentido aquela *criança invisível* que raramente os pais têm a oportunidade de ver, mas, no geral, oferece aos pais e ao contexto social valores de confronto, discussão, troca, que favorecem o aumento da conscientização sobre o próprio papel e a própria identidade.

Essa é uma grande ocasião de democracia, de cultura e de visibilidade da infância, dentro e fora das escolas, que se alimenta da participação democrática e alimenta uma democracia participada.

Tudo isso pode ser considerado um exemplo significativo da grande revisão epistemológica da educação, colocada em ação, vivida e projetada por Loris Malaguzzi, testemunhada também por um dos frutos mais extraordinários da sua sagacidade e capacidade "visionária": a mostra "As cem linguagens das crianças". Apologia à centralidade assumida pela documentação no processo educativo, e ênfase daquela centralidade nova, estratégica e projetual, em vez daquela diretiva, creditada ao professor. Nesse sentido, a centralidade assumida pela documentação permite enfatizar o papel de protagonistas primários que professoras e atelieristas têm no pensamento e na obra de Malaguzzi.

De fato, Malaguzzi nunca escondeu as grandes expectativas e esperanças que dirigia às professoras. Quem lhe era próximo se lembra do quanto era exigente, severo e rigoroso (primeiramente com ele mesmo), mas também sabe muito bem que esta era a marca tangível do seu profundo respeito e da sua gratidão pelas professoras. Um grande respeito que ele sempre traduziu em gestos concretos, em batalhas compartilhadas, em paixões envolventes, em grandes manifestações públicas. Sem concessões ou renúncias de valor.

Malaguzzi sempre sustentou o papel fundamental do ambiente e da organização como elementos que estruturam o sistema educativo; sempre declarou o direito à formação permanente, à colegialidade, à participação e ao diálogo com as famílias e nos pedia para fazermos o mesmo. Os valores da educação, a superação das antinomias, assim como a consciência de que o saber docente vai além do saber pedagógico e psicológico, são aspectos que ele sempre compartilhou com as professoras, pedindo-lhes para sustentá-los, colocá-los em ação e inová-los.

Malaguzzi nutria um grande respeito pelas inteligências, capacidades e potencialidades das professoras, assim como pela inteligência das famílias e das crianças, para as quais olhava cheio de esperança, confiança e otimismo. Pleno de futuro.

Eu gostaria de concluir com um texto extraído de uma conversa que Malaguzzi teve com uma delegação proveniente do exterior. Uma das muitas delegações às quais se dedicava sempre com paixão e grande comprometimento, porque, como dizia, eram compostas por muitas professoras:

> Existe uma passagem extraordinária de Wittgenstein, onde ele escreve que conheceu uma menina muito pequena, com quem conversou muito, até que, um dia, a menina se aproxima dele e diz: "Sabia que eu espero que...". Era a primeira vez que ela usava a palavra "espero", "esperança", e o escritor escreveu que isso o perturbou por toda a vida.
>
> Onde está o significado profundo de uma menina que, pela primeira vez, diz: "Eu espero que"?
>
> Quando é que a esperança entra como uma luz dentro da vida da criança e por quê? (Loris Malaguzzi)

Tudo isso para que o direito à esperança e ao futuro seja sempre um direito das crianças e dos adultos que todos nós, amigos de Loris, queremos e devemos defender juntos.

6

Documentação e avaliação: qual é a relação? (1995-98)

Para se compreender profundamente o significado deste capítulo e do seguinte (intitulado Diálogos), é preciso dar um passo para trás, para 1995, ano em que o Prof. Howard Gardner nos propôs uma pesquisa em conjunto. Naquele tempo, Howard Gardner era, entre outras coisas, codiretor do Project Zero, uma equipe de pesquisa da Harvard Graduate School of Education, que se ocupava de desenvolvimento cognitivo e de processo de aprendizagem. Era conhecido no mundo todo pela teoria elaborada por ele e conhecida como "teoria das múltiplas inteligências": em outras palavras, ela orienta a pesquisa e as escolas sobre considerar a existência, nas crianças e nos adultos, não de uma mas, como o próprio nome diz, de inteligências diversas, ao menos sete (Gardner, 1983). Trata-se de uma teoria de enorme importância psicológica, pedagógica e cultural da qual Malaguzzi e nós nos aproximamos, graças a uma sugestão de Lella Gandini, que teceu muitas das nossas relações com eminentes pesquisadores e figuras de destaque na cultura dos Estados Unidos. Gardner veio a Reggio, com a esposa Ellen Winner, para visitar as escolas de educação infantil municipais e ilustrar a própria teoria para Malaguzzi e para um público de educadores de Reggio. A partir desse encontro, nasceu uma profunda amizade, baseada em estima e admiração recíprocas, que se enriqueceu com o passar dos anos. As analogias e as diferenças entre a teoria das sete inteligências e das cem linguagens tornaram o diálogo enriquecedor e inexaurível.

Este foi, provavelmente, um dos motivos que persuadiram Howard Gardner a propor um projeto de pesquisa comum após a morte de Loris Malaguzzi. Ele deixou que nós, que trabalhávamos nas escolas de Reggio, e os colegas do Project Zero definíssemos o tema. Foi por isso que Mara Krechevsky veio a Reggio e, depois de alguns encontros, concordamos quanto a um tema de notável importância para nós (principalmente para mim): a relação entre documentação e avaliação. Ao adentrarmos neste campo de *pesquisa, porém, percebemos que surgiam outros temas, entre os quais a aprendizagem individual e por parte de grupos de aprendizagem, além do papel do documentador. No geral, aparecia também a centralidade do tema da documentação. Desse modo, teve início uma viagem de grande interesse para todos os protagonistas: as escolas de Reggio (principalmente as professoras e as pedagogistas das escolas Diana e Villetta) e os colegas do Project Zero. Os resultados dessa pesquisa, que se realizou no intervalo de três anos, foram publicados em um livro intitulado* Making Learning Visible *(Rinaldi; Giudici; Krechevsky, 2001), ou seja,* Tornando visível a aprendizagem, *no qual estão presentes, pela primeira vez, este capítulo e o próximo.*

O livro recolhe alguns dos elementos mais significativos que emergiram a partir da pesquisa, entre os quais, eu gostaria de lembrar:

- *o valor da documentação no processo, ou seja, durante o processo de ensino-aprendizagem iniciado na classe. A documentação é, então, antes de qualquer outra coisa, um instrumento didático, mas também uma grande oportunidade;*
- *o valor da documentação como instrumento de avaliação. Eis por que me pediram para escrever o texto a seguir, onde creio que é possível perceber o progresso e o enriquecimento que derivam da própria pesquisa. Determinadas considerações, brotadas dos nossos diálogos, aproximam-se perfeitamente dos elementos que utilizei com frequência, para descrever a documentação.*

Diálogos é, de fato, o título do segundo texto que descreve a riqueza da relação com o Project Zero, não fácil, mas certamente rica e produtiva.

Espero que também seja possível identificar a importância das contribuições oferecidas pelas professoras de Reggio que, por meio da documentação (ou melhor, agindo por meio da documentação), transmitiram-nos não somente pensamentos, mas também hipóteses e evidências que foram base de reflexões de caráter mais geral. É importante enfatizar este valor documental da pesquisa, pois o tema parece ter adquirido agora um interesse notável, não somente na Itália, mas em muitos outros países. Considero que o fato de reconhecer a documentação como possível instrumento de avaliação nos forneça um "anticorpo" extremamente forte para nos defender da proliferação de instrumentos de avaliação cada vez mais anônimos, descontextualizados e só aparentemente objetivos e democráticos.

— — — — — — — — — — — — — — —

O conceito de documentação como coletânea de documentos que comprovam a verdade de um fato, ou que confirmam uma tese, está historicamente relacionado com o nascimento e a evolução do pensamento científico e com uma conceitualização do saber como entidade objetiva e que pode ser demonstrada. Está, então, ligado a certo período histórico e a profundas razões de ordem cultural, social e política, que não irei examinar agora. Mas me parece interessante enfatizar como o conceito de documentação, passando só agora ao âmbito escolar e, mais especificamente, ao âmbito didático-pedagógico, sofra algumas modificações substanciais, que mudam parcialmente a sua definição. Nesse contexto, de fato, a documentação é elaborada no seu valor evocativo, isto é, como possibilidade reflexiva.

O itinerário didático e o percurso de aprendizagem realizados na escola assumem pleno significado para os sujeitos envolvidos e interessados – professores e alunos – na medida em que podem ser adequadamente reevocados, reexaminados, analisados e reconstruídos. O percurso educativo se torna concretamente visível através de uma atenta documentação dos dados relativos às atividades, para os quais podemos nos valer tanto de instrumentos de tipo verbal, gráfico e documentativo, quanto das tecnologias audiovisuais mais amplamente difundidas nas escolas.

Gostaria de enfatizar um aspecto: os materiais são recolhidos durante a experiência, mas a sua leitura e interpretação acontece no final do percurso. A releitura e a evocação da memória são, então, póstumas. Os documentos (gravações de vídeo, áudio, anotações escritas) são recolhidos, às vezes catalogados e resumidos para uma releitura, uma reflexão e uma reconstrução do percurso. O que aconteceu é reconstruído, interpretado/reinterpretado através dos documentos que testemunham etapas salientes de um percurso predefinido pela professora, o percurso que tornou possível o alcance dos objetivos.

Sintetizando: de acordo com essa conceitualização e prática didática, os documentos (os rastros documentados) são utilizados depois, não durante o processo. Esses documentos (e as reflexões, as interpretações que eles estimulam em professoras e crianças) não intervêm durante o percurso e no processo de aprendizagem, permitindo, assim, significá-lo e orientá-lo.

Esta é a grande diferença: a experiência reggiana, que há muitos anos se confronta sobre esta metodologia, põe o destaque na documentação como parte integrante dos procedimentos, para favorecer a aprendizagem e para modificar a relação ensino-aprendizagem. Mas, para melhor compreensão desta minha declaração, são necessárias algumas premissas que, talvez inicialmente, parecerão nos distanciar do tema, mas que – assim espero – poderão nos ajudar a entender como a escolha feita e colocada em ação por nós não é casual, nem indiferente. De fato, acredito que a documentação seja parte substancial daquela tensão que nos caracteriza desde as origens da experiência: a busca de sentido. Encontrar o sentido da escola, ou melhor, construir o sentido da escola como lugar que participa da busca de sentido das crianças, da nossa própria busca de sentido e de significados compartilhados.

Creio, de fato, que uma das primeiras perguntas que devemos nos fazer como professores e educadores seja esta: "Como podemos ajudar as crianças a encontrarem o sentido daquilo que fazem, que encontram, que vivem? E como nós mesmos podemos fazer isso?". Esta me parece ser a pergunta central que a criança continua se fazendo ininterruptamente, tanto quando frequenta nossas instituições, quanto quando sai delas. São perguntas de sentido, buscas de sentido (Por quê? Como? O quê?).

É uma busca muito difícil, uma operação difícil, sobretudo para a criança, que tem hoje mil referências na sua vida de cada dia: a experiência da família, da televisão, dos locais de encontro que frequentam, para além da família e da escola. É uma operação que busca unir, dar sentido a esses acontecimentos, são fragmentos recolhidos ao longo das muitas e diversas experiências.

E a criança continua na sua busca, com perseverança, com dificuldade, errando, com os outros, mas também sozinha. Não é possível viver sem sentido: isto significaria o impedimento de qualquer identidade, qualquer esperança, qualquer futuro. E a criança sabe disso imediatamente: sabe como espécie, como indivíduo, como pessoa. Essa busca de sentido da vida, e de si mesmo na vida, nasce com a própria criança, é desejada pela criança: e é também por isso que a definimos como competente e forte. É uma criança que tem o direito de esperar e de contar. Não é mais uma criança definida, considerada frágil, sofredora, incapaz. São diferentes nosso pensamento e nossa atitude com relação a uma criança que sentimos ser ativa e que está conosco no explorar, no buscar entender algo a cada dia, encontrar um significado, um pedaço de vida.

E para nós esses significados, essas teorias explicativas, são de grande relevância e reveladoras das maneiras com as quais as crianças pensam, interrogam, interpretam a realidade e a própria relação com ela e conosco.

É aqui que me parece possível identificar a gênese da "pedagogia da relação e da escuta", uma das metáforas pelas quais é conhecida a pedagogia reggiana.

Tanto para o adulto quanto para a criança, *entender* significa conseguir elaborar uma "teoria" interpretativa, uma narrativa que dê sentido aos acontecimentos e às coisas do mundo. Uma teoria provisória, uma explicação satisfatória que pode ser reelaborada continuamente, mas que é algo mais que uma ideia ou um conjunto de ideias: deve nos agradar e nos convencer, deve nos ser útil e capaz de satisfazer nossas exigências intelectuais, afetivas e estéticas (a estética do conhecimento). Ao representar o mundo, representa a nós mesmos. Deve, se possível, agradar e seduzir os outros. Precisa da escuta dos outros. As teorias, se forem compartilhadas, permitem transformar um mundo, que não é intrinsecamente nosso, em algo compartilhado. O compartilhamento de teorias é a resposta à incerteza.

Eis então que qualquer teorização, da mais simples à mais refinada, para existir, precisa se expressar, ser comunicada, escutada. É nisso que são reconhecidos os valores e os fundamentos da "pedagogia da escuta".

A PEDAGOGIA DA ESCUTA

Como podemos definir o termo "escuta"?

Escuta como sensibilidade à estrutura que conecta, àquilo que nos liga ao outro; o abandonar-se com confiança à convicção de que nosso conhecer, nosso ser é uma pequena parte de um amplo conhecer integrado, que mantém unido o universo.

Escuta então como metáfora da disponibilidade, da sensibilidade para escutar e ser escutado; escuta não somente com a audição, mas com todos os sentidos: visão, tato, olfato, gosto, orientação.

Escuta das cem, mil linguagens, símbolos e códigos com os quais nos expressamos e nos comunicamos, com os quais a vida se expressa e se comunica com quem sabe escutá-la.

Escuta como tempo – o tempo da escuta: um tempo fora do tempo cronológico, um tempo repleto de silêncio, de longas pausas, um tempo interior.

Escuta interior, portanto escuta de nós mesmos, como pausa, suspensão, como elemento que gera a escuta do outro, mas que, por sua vez, é gerado pela escuta de nós pelos outros.

Por trás de um ato de **escuta** existe, com frequência, uma curiosidade, um desejo, uma dúvida, um interesse; há sempre uma emoção. A escuta é emoção, é gerada por emoções e provoca emoções. As emoções dos outros nos influenciam através de processos fortes, diretos, não mediados, intrínsecos nas interações entre sujeitos que comunicam.

Escuta como acolhimento das diferenças, do valor do ponto de vista, da interpretação do outro.

Escuta como verbo ativo, que interpreta, dando significado à mensagem e dando valor a quem a oferece.

Escuta que não produz respostas, mas constrói perguntas. Escuta que é gerada pela dúvida, pela incerteza, que não é insegurança, mas, pelo contrário, segurança de que cada verdade é tal se contém a consciência dos seus limites e da sua possível "falsificação". "Escutar" não é fácil: requer consciência e, ao mesmo tempo, uma suspensão dos nossos julgamentos e, sobretudo, dos nossos preconceitos; requer disponibilidade para a mudança,

pede para nós mesmos revelarmos o valor do desconhecido e vencer o sentimento de vazio e de precariedade que toma conta de nós, todas as vezes em que nossas certezas são colocadas em dúvida.

Escuta que faz o sujeito sair do anonimato, que o legitima, que lhe dá visibilidade, enriquecendo quem escuta e quem produz a mensagem (e as crianças suportam pouco o anonimato).

Escuta como premissa a qualquer relação de aprendizagem. Uma aprendizagem que é decidida pelo "sujeito aprendiz" (que aprende) e que ganha forma na sua mente por meio da ação e da reflexão; uma aprendizagem que se torna conhecimento e competência por meio da representação e da troca.

Escuta portanto como **contexto de escuta**, no qual o sujeito se sente legitimado para representar as suas teorias e para contar as suas interpretações sobre uma determinada questão-problema. E, enquanto as representa, ele as re--conhece, isto é, permite que as suas imagens e intuições ganhem forma e evoluam, por meio da ação, da emoção, da expressividade, das representações icônicas e simbólicas (as "cem linguagens"). São o confronto de ideias e o diálogo que geram a compreensão e a consciência.

Nós não só representamos o mundo em nossa mente, mas tal representação é o fruto da nossa sensibilidade para a maneira com a qual o mundo é interpretado na mente e nas representações dos outros. É aqui que é evidenciada nossa sensibilidade de escuta: partindo dessa sensibilidade, nós formamos e comunicamos nossa representação do mundo, não somente de acordo com nossa resposta aos acontecimentos (autoconstrução), mas também de acordo com o que aprendemos sobre o mundo, a partir da nossa troca comunicativa com os outros.

A capacidade de transitar não é então somente uma potencialidade dentro da mente de cada um, mas é uma tendência à translação – à interação – entre mais mentes: enriquecemos nosso conhecimento e nossa subjetividade, graças a essa predisposição para acolher as representações, as teorias do outro; substancialmente, a escutar o outro, a acolhê-lo.

Essa capacidade de escutas e expectativas recíprocas, que torna possível a comunicação e o diálogo, é uma qualidade da mente e da inteligência muito presente na criança, principalmente na criança pequena. É uma qualidade que pede com força para ser compreendida e sustentada. As crianças são, em sentido metafórico, os maiores "escutadores" da realidade que as circunda. Elas possuem o "tempo da escuta", que não é só o tempo para escutar, mas é um tempo rarefeito, curioso, suspenso, generoso. É um tempo repleto de expectativa.

As crianças escutam a vida em cada forma e cor. E escutam os outros: os adultos e os seus pares. Percebem rapidamente como o ato da escuta – ou seja, observar, mas também tocar, cheirar, degustar, buscar – é fundamental para a comunicação. As crianças são biologicamente preparadas para se comunicarem, para estarem em relação, para viverem em relação.

A escuta aparece, então, como uma predisposição nata que acompanha a criança desde o nascimento, consentindo o seu processo de aculturação. A ideia de uma capacidade de escuta nata pode parecer paradoxal, mas o processo de aculturação deve possuir motivações e competências natas: o recém-nascido vem à luz com um "eu" alegre, expressivo e pronto para a experimentação, para explorar e usar os objetos, para se comunicar com outras pessoas. Mostra, desde o início, uma notável exuberância, uma criatividade, uma capacidade de invenção voltada ao externo e uma consciência autônoma e coerente.

A criança enfatiza muito cedo que tem uma voz, mas, sobretudo, que sabe escutar e que quer ser escutada. A socialização não lhes deve ser ensinada: as crianças são seres sociais. Nossa tarefa é apoiá-las e viver com elas a socialização, isto é, a qualidade social que a nossa cultura produziu. As crianças são fortemente atraídas pelas maneiras, pelas linguagens (e, por isso, pelos códigos) que nossa cultura produziu, assim como são atraídas pelas outras pessoas: crianças e adultos.

É um percurso que requer tempo, o tempo que as crianças têm e nós, com frequência, não temos ou não queremos ter. É um percurso difícil, que requer esforços, energia, fadiga, às vezes sofrimentos, mas que reserva maravilhas, estupores, alegrias, entusiasmos, paixões. É isso que a escola deveria ser: antes de tudo, um contexto de escutas plurais.

Esse "contexto de escutas plurais" da professora, mas também do grupo de crianças e do individual, que pode escutar e se escutar, muda a relação ensino-aprendizagem, levando a centralidade para a aprendizagem, ou melhor, para as autoaprendizagens das crianças e para a aprendizagem que o grupo de crianças e dos adultos realiza.

A criança, enquanto representa para os outros as suas imagens mentais, representa-as também a si mesma, ganhando uma visão mais consciente (escuta interior). Assim, transitando de uma linguagem para outra, de um campo de experiência para outro, e refletindo sobre esses trânsitos e sobre os dos outros, a criança modifica e enriquece as suas teorias e os seus mapas conceituais. Mas isso será verdade se, e somente se, a criança tiver a possibilidade de realizar esses trânsitos, essas transições, em um contexto de grupo, ou seja, *em* e *com* os outros. Se tiver a possibilidade de escutar e ser escutado, de contar a sua diferença e de colher a diferença do outro.

A tarefa de quem educa não é apenas consentir que as diferenças se expressem, mas tornar possível um negociar e alimentar-se no diálogo e na troca. Diferenças entre os sujeitos, mas também diferenças entre as linguagens (verbal, gráfica, plástica, musical, gestual etc.), porque é no trânsito de uma linguagem para outra, e também na sua interação recíproca, que seriam consentidas a criação e a consolidação dos conceitos e dos mapas conceituais.

Não só a criança, individualmente, aprende a aprender, mas o mesmo grupo se torna consciente de si como "lugar de ensino", no qual as linguagens se enriquecem, se multiplicam, se refinam, se geram e dialogam, se contaminam e se misturam, renovando-se.

O conceito de *scaffolding* (sustentação), que categorizou o papel da professora, também assume modos e significados diversos: são o contexto e a rede de expectativas recíprocas que sustentam os processos individuais e de grupo. A professora, além de ter um papel de apoio e mediação cultural (ofertas disciplinares, instrumentais etc.), se souber observar, documentar e interpretar os processos feitos autonomamente, poderá realizar, nesse contexto, a sua mais alta possibilidade de aprender a ensinar.

Documentação, portanto, como "escuta visível", como construção de rastros capazes não somente de testemunhar os percursos e os processos de aprendizagem das crianças, mas de torná-los possíveis porque são visíveis. Significa para nós tornar visíveis, e portanto possíveis, as relações que estruturam o conhecimento.

A DOCUMENTAÇÃO

Garantir o escutar e o escutar-se é uma das funções primárias da documentação: produzir traços-documentos capazes de testemunhar e tornar visíveis as modalidades da aprendizagem individual e de grupo; capazes de garantir ao grupo, e a cada criança, a possibilidade de se observar sob um ponto de vista externo enquanto conhece (tanto durante quanto posteriormente aos processos).

Uma rica documentação (vídeo, gravações, material fotográfico, anotações escritas etc.) é realizada e utilizada durante a experiência, tornando-se parte inseparável dela:

- permite dar visibilidade, ainda que de maneira parcial – por ser "parcial" – aos processos e estratégias de conhecimento que cada criança utiliza, fazendo com que os processos subjetivos e intersubjetivos sejam patrimônio compartilhado do grupo;
- permite, ao longo do tempo, reler, revisitar e avaliar a experiência feita; ações que se tornam parte integrante e irrenunciável do processo cognitivo;
- pode modificar a aprendizagem sob um ponto de vista epistemológico (consentindo também a avaliação, a autoavaliação epistemológica, que se

torna parte integrante do processo, pois o guia e orienta). É essencial para os processos metacognitivos e para a compreensão das crianças e dos adultos.

Em relação aos estudos recentes que enfatizam cada vez mais o papel da memória nos processos de aprendizagem e de construção da identidade, é possível presumir que os "reforços" oferecidos à memória por meio das imagens (fotografias e vídeo), as vozes e as anotações podem ser significativos; assim como a reflexividade (favorecida pela recognição, feita com o uso dos dados) e a capacidade de concentração e interpretação poderiam se beneficiar com esse material mnéstico. É só uma suposição, que mereceria, a meu ver, ser acolhida e debatida. Nesse movimento – que eu gosto de definir como espiral – que mantém unidas a observação, a interpretação e a documentação, é possível perceber como nenhuma dessas ações é, na realidade, separável das outras. A separação é só artificial e funcional para a discussão. Em vez disso, eu falaria de um "domínio" nos níveis de consciência e, consequentemente, de ação do adulto. De fato, é impossível documentar sem observar e, obviamente, sem interpretar.

Por meio da documentação do pensamento, ou melhor, da interpretação do documentador, se faz então matéria: torna-se tangível e interpretável. As anotações, as gravações, os *slides* representam fragmentos de uma memória que parece assim "objetivar-se". De fato, se cada fragmento está carregado da subjetividade de quem documentou, ele se oferece, porém, à subjetividade interpretativa de muitos, por ser conhecido ou reconhecido de novo, criado e recriado também como evento de conhecimento de muitos.

Torna-se, assim, um saber generoso, coparticipado, enriquecido pelo patrimônio de tantos. Naqueles fragmentos (imagens, palavras, sinais e desenhos), encontram-se o passado, o que aconteceu e o futuro – ou melhor – o que poderia ter acontecido se...

Estamos perante um novo conceito de didática: didática participada, didática como procedimento e processo comunicado e compartilhado. A visibilidade, a legibilidade, o compartilhamento se tornam evidentes como núcleos estruturantes, pois neles se baseia a eficácia comunicativa e, portanto, a eficácia didática. A didática se torna, por isso, mais assimilável para a ciência da comunicação do que para as disciplinas pedagógicas tradicionais.

Surge, a esse ponto, um aspecto problemático que estrutura a relação ensino-aprendizagem e que, nesse contexto, torna-se mais visível e explícito. No momento da documentação (observação e interpretação), o elemento avaliativo entra em campo contextualmente, ou seja, no contexto e no tempo em que a experiência (atividade) é realizada. Não é suficiente uma pre-visão que *a priori* – ou seja, antes de documentar – decida o que é significativo, o que tem valor para que a aprendizagem seja realizada; mas é necessário interagir com a ação, com o que ao longo da experiência é revelado, é definido, o que aparece como algo realmente significativo.

O eventual hiato entre a previsão e o acontecimento (entre os significados presentes e os que a/as criança/s atribuem na ação) deve ser colhido com prontidão e rapidez. O esquema de expectativa do adulto não é prescritivo, mas é uma orientação: a dúvida e a incerteza penetram o contexto, fazem parte do "contexto documentador". Essa é a verdadeira liberdade didática da criança, e também da professora. Nesse espaço entre o previsível e o imprevisto, é construída a relação comunicativa entre os processos de aprendizagem da/s criança/s e a professora. Nesse espaço, colocam-se a pergunta, o diálogo e o confronto de ideias; é organizado o encontro sobre "o que fazer", bem como o processo de avaliação (escolher o que "valorizar").

O problema é, então, considerar a própria criança como um contexto para si e para os outros e considerar o processo de aprendizagem como um processo de construção de interações entre o "sujeito em educação" e os "objetos de educação" (entendidos tanto como conhecimento, quanto como modelos de comportamento, sob o ponto de vista socioafetivo e axiológico).

Isso faz com que "o objeto de educação" seja visto não como objeto, mas como "lugar relacional". Com "lugar relacional" pretendo enfatizar a modalidade por meio da qual a professora escolhe e propõe (assumindo a responsabilidade) a abordagem cognitiva: uma construção de relações que nascem de uma curiosidade recíproca entre o sujeito e o objeto. Essa curiosidade é desencadeada por uma pergunta que "estimula" o sujeito e o objeto a "se deixar encontrar", mostrando-se nos seus saberes: o saber da criança – entendido como teorias e desejos de conhecimento – e o do objeto, na sua identidade cultural, que não se limita aos elementos imediatamente, mas também às elaborações culturais produzidas acerca dele e, sobretudo, que podem ser produzidas, nessa nova relação cognitiva. Este "re-conhecimento" do objeto não é só "histórico", ou seja, que replica o que já é culturalmente conhecido sobre o objeto (p. ex., a árvore nas suas interpretações disciplinares: biológica, arquitetônica, poética etc.), mas como organismo vivo, porque vive na vivacidade, no frescor, na imprevisibilidade desse encontro, no qual as crianças podem dar identidade vital ao objeto, fazendo-o viver em uma relação que também é metafórica e poética. A documentação é então esse processo dialético, afetuoso e também poético; não só acompanha o processo cognitivo, mas, em certo sentido, impregna-o.

A documentação não pode ser só interpretada, mas é ela mesma interpretação. É uma forma narrativa, uma comunicação *intra* e *interpessoal*, porque oferece a quem documenta e a quem lê uma ocasião reflexiva e cognitiva. E o leitor pode ser a colega, as colegas, a criança, as crianças, os pais e quem quer que tenha participado ou queira participar desse processo. É um material aberto, acessível, desfrutável, isto é, legível: na realidade, isso não é sempre verdade e, sobretudo, não é automático, nem fácil.

Uma documentação eficaz pede também um longo exercício de leitura e de escrita documentativa.

LEGIBILIDADE

A documentação é, então, uma forma narrativa. A sua força de atração está na carga problemática, de dúvida e de reflexão com que é recolhida e proposta aos outros: colegas e crianças. Esses escritos, nos quais diversas linguagens se entrelaçam (gráfica, visual, icônica), devem ter um código próprio, uma própria convenção interna no grupo que os constitui e que os utiliza: isso para garantir, ainda que parcialmente, a sua eficácia comunicativa. Os escritos devem ser legíveis até por quem não está presente no contexto, mas compreender, ao mesmo tempo, as "emergências" colhidas pelo documentador. São escritos "tridimensionais", capazes de restituir não tanto a objetividade do evento, mas o esforço "significativo", ou seja, de significar, de passar o significado que o autor da documentação lhe atribui. Estamos perante um escrito que não se despede do traço biográfico do seu autor; um escrito que é consciente da sua parcialidade e faz dela um traço qualitativo.

A tentativa é de dirigir um olhar cúmplice para os eventos, voltado a uma compreensão profunda deles e, ao mesmo tempo, buscar clareza comunicativa, o que é feito (e parece um paradoxo), dando à documentação realizada o sentido de incompletude e de expectativa que pode nascer, quando se tenta oferecer ao outro não o próprio saber, mas as fronteiras do próprio saber: ou seja, os seus limites que derivam do fato de que "o objeto" que será narrado é um processo, é um percurso de pesquisa.

AVALIAÇÃO – OLHAR QUE VALORIZA

Um "olhar que valoriza" é o que é oferecido aos processos e aos procedimentos das crianças e aos que juntos – adultos e crianças – colocam em ação. "Que valoriza" quer dizer que dá valor ao contexto e que assume alguns dos seus elementos como valor.

Esta me parece ser a gênese da avaliação, porque permite tornar explícitos, visíveis e discutíveis os elementos de valor (os indicadores) com que o documentador trabalhou, fazendo a documentação. Isso significa que a avaliação é parte intrínseca da documentação e, portanto, da *proggettazione*. De fato, a *proggettazione* se torna, mais do que um procedimento prescrito e predefinido, um proceder que se alimenta dos elementos de valor que surgem do próprio processo.

Isso pode tornar a documentação particularmente preciosa para as próprias crianças, que podem, dessa maneira, encontrar o que elas fizeram em forma de narrativa, do sentido que a professora conseguiu tirar do agir delas.

Isso pode significar aos olhos das crianças que o que fazem tem valor, tem "sentido". Descobrem, assim, que "existem", que podem sair do anonimato da invisibilidade e o que dizem e fazem tem valor, é escutado e apreciado: é valor.

É uma espécie de interface consigo mesmo e com quem entrar nessa espécie de hipertexto. Aqui o texto serve como vetor, dá suporte, dá pretexto para a atenção do espaço mental pessoal.

A COMPETÊNCIA DOCENTE

É evidente que o papel e a competência docente se qualificam de maneira diferente de como são definidos em um âmbito educacional que confia ao professor a tarefa de transmitir, de maneira tradicional, o saber disciplinar.

A tarefa não é achar (e ensinar) uma série de regras específica e nem apresentar algumas proposições organizadas em fórmulas que podem facilmente ser aprendidas por outros, ou ensinar um método que pode ser replicado sem modificações.

O que é definido como "a competência docente" se delineia mais como uma compreensão do que como um saber, um puro conhecimento. Indica aquele tipo de familiarização com os fatos relevantes que permite a quem a possui dizer o que é relevante e de fazer hipóteses sobre o que é adequado a cada situação; o que é conveniente para o sujeito que aprende em determinadas circunstâncias.

Qual é o segredo? Não existe nenhum segredo, nenhuma chave senão a de um confronto permanente com os próprios saberes, conhecimentos, intuições e com os dos colegas. Repito, não é uma "ciência" que pode ser transferida, é uma compreensão, uma sensibilidade para o conhecimento: a ação e os resultados da ação, em uma situação em que somente a superfície é visível, obterão sucesso parcial, graças ao sucesso dos atores (crianças e professora), ambos responsáveis, ainda que em um nível diferente, pelo processo de aprendizagem.

O proceder por tentativas e erros não rebaixa o percurso didático, mas o enriquece no plano processual (o processo e a consciência dele) e no plano ético. O que Karl Popper chama de método dedutivo tem, na documentação, um papel central. Mas há também um elemento de improvisação, uma espécie de "soar aos ouvidos", uma capacidade de tirar as medidas de uma situação, de saber quando se mover e quando parar que nenhuma fórmula, nenhuma receita geral pode substituir. Certamente também existem muitos riscos: imprecisão e superficialidade podem levar a confundir a documentação com uma série de imagens ou de anotações escritas que, sem a consciência do que se está observando, só criam desorientação e perda de sentido.

A esse ponto, a questão que surge com clareza é a formação dos professores. A cultura do professor deve ser ampla e variar em muitos âmbitos do saber, e não só o pedagógico e psicológico. Um professor culto não só "sabe" um saber multidisciplinar, mas, sobretudo, tem a cultura da pesquisa, da curiosidade, do trabalhar em grupo: a cultura do projeto. Existe a necessidade, sobretudo, de um professor que se sinta parte, isto é, participante do processo: como "professor", mas, sobretudo, como pessoa.

Um professor – como dizia Malaguzzi – que elaborou o pensamento pedagógico e filosófico que permeia a experiência reggiana, que algumas vezes possa ser o diretor, outras o roteirista, que seja cortina e cenário, que às vezes seja quem sugere. Que seja doce ou chateado, que seja o eletricista, o pintor e que seja até mesmo público: que seja o público que assiste, que às vezes bate palmas, que às vezes fica mudo, emocionado; que às vezes julga com ceticismo e, outras vezes, aplaude com entusiasmo.

7

Diálogos (1995-98)

Enquanto eu lia os vários capítulos do livro *Making Learning Visible*, antes de me dispor a escrever essas conclusões, pareceu-me que alguns aspectos eram tão evidentes, que me convenci a compartilhá-los com o leitor.

O primeiro é relativo ao processo de aprendizagem das crianças e dos adultos. Já há tempos, a genética epistemológica piagetiana demonstrou que, sob um ponto de vista específico e abstrato, as estruturas lógicas do adulto são diferentes das da criança. De acordo com essa perspectiva, quando um adulto e uma criança enfrentam o mesmo problema, têm a tendência a reagir e a se comportar de maneiras muito diferentes. Todavia, colocando adultos e crianças em situações concretas diferentes, mas que requerem um esforço cognitivo adequado às próprias potencialidades, observa-se que, depois de tudo, os processos colocados em ação não diferem de maneira significativa.

A meu ver, isso pode ser deduzido a partir de muitas coisas escritas no livro. Notamos de fato que, perante a necessidade de refletir e reformular os próprios conhecimentos – como acontece usando a documentação – adultos e crianças desenvolvem estratégias frequentemente comparáveis. São estratégias essencialmente voltadas à busca de uma "atitude" teórica, moral e, às vezes, até mesmo física, que consente ao indivíduo exercer um maior controle sobre as mudanças em ação: mudanças que se referem e que às vezes minam tanto os sistemas conceituais quanto os de valor, anteriormente formulados. A natureza da relação entre o problema que surge e o indivíduo que deve resolvê-lo é essencialmente análoga, assim como a natureza das estratégias que as crianças e os adultos colocam em prática para explorar, definir e formular hipóteses e também o envolvimento emocional, a paixão, o senso de humor e diversão que sentem pode ter conotações similares. Uma experiência de aprendizagem é, portanto, um "esforço educativo", independentemente do fato de envolver adultos, crianças ou ambos.

O segundo aspecto que considero que possa ser observado no livro é relativo ao trabalho das professoras. Graças aos colegas do Project Zero, às suas perguntas e à maneira com que, inexoravelmente, extraíram-nas das atividades cotidianas das nossas escolas, ficou ainda mais evidente que o trabalho "prático" das professoras é uma "teoria interpretativa", que integra histórias e micro-histórias de pesquisa com contextos da vida real. Esse enobrecimento do trabalho prático das professoras, no qual sempre acreditamos, agora ganhou ainda mais valor, graças ao fato de ser compartilhado com os colegas do Project Zero.

Esse projeto de pesquisa e o respectivo livro demonstram que, independentemente de como é visto, o trabalho das professoras – desde que não sejam deixadas a si mesmas, sem regras ou apoio colegiado – não só produz experiência e ação cotidianamente, mas pode também se tornar objeto de reavaliação crítica e de construção de teorias. Desse modo, a prática não é somente um campo de ação necessário para o sucesso da teoria, mas é parte ativa da própria teoria: contém-na, gera-a e é por ela gerada.

Um aspecto posterior que merece consideração atenta é a maneira com que se evoluiu o diálogo com nossos parceiros do Project Zero. Foi um processo complexo, às vezes mais difícil por conta das diferenças linguísticas e culturais. Ainda assim a língua, que inicialmente era vista como uma barreira, transformou-se em uma espécie de "fórum" que nos permitiu submeter nossos pontos de vista a posterior verificação e esclarecimento. Alguns termos, de fato, pareciam impossíveis de traduzir, pois os conceitos que expressavam não eram facilmente transferíveis entre as duas experiências.

Reggio construiu uma linguagem (originária de um microcosmo) que, mesmo estando aberta ao confronto de ideias e ao diálogo, é, ao mesmo tempo, gerada pela experiência e é geradora de experiência. O fato de que essa linguagem é extremamente visual e metafórica tornou-a com frequência objeto de muito interesse por parte dos nossos colegas do Project Zero, mas foi também fonte de algumas suspeitas compreensíveis.

Em primeiro lugar, está a ideia de que poderíamos tentar evitar o problema, ainda que momentaneamente, recusando-se a descontextualizá-lo. Talvez tivessem razão. Às vezes, éramos vagos demais, passando a impressão de que estávamos envolvidos em uma nebulosidade muito próxima à imprecisão. Outras vezes, porém, víamos as suas persistentes e meticulosas perguntas como uma espécie de desvio que, em nossa opinião, poderia gerar algumas deturpações filológicas e conceituais.

Sem dúvida, amamos muito a metáfora: principalmente porque as crianças gostam muito delas e a usam com frequência. Consideramos a metáfora não como instrumento retórico ou estilístico, mas como verdadeiro instrumento cognitivo. Como muitos estudos e pesquisas também confirmaram, notamos que as metáforas são especialmente úteis no momento em que, dentro do grupo de pessoas (portanto, também grupos de crianças) surgem novas ideias e é evitado o uso de conceitos e expressões anteriores, porque poderiam se revelar errôneos.

Nesse caso, a linguagem metafórica se torna, justamente porque é mais indefinida, alusiva e, às vezes, ambígua, ainda que aberta a novos conceitos, o único instrumento disponível para o novo conceito que tenta aflorar e ser escutado.

Talvez tenha sido devido ao fato de que tentávamos definir novos conceitos na área dessa pesquisa e que nos esforçávamos para entender em primeira pessoa que a metáfora (e com ela os exemplos) pareciam representar uma boa estratégia de apoio. Parece-me – e o leitor poderá julgar melhor – que fomos capazes de estruturar o que Kenneth J. Gergen (2000) chama de "diálogo transforma", ou seja, um diálogo capaz de transformar nossa relação e, portanto, de certa maneira, nossas identidades profissionais e de grupo. Em vez de adotarmos uma abordagem "do alto para baixo", com prévia definição de regras, éticas e práticas idênticas para todos, conseguimos nos deslocar para uma esfera de ação, na qual, indiferentemente, crianças e adultos podiam se confrontar, com aparente sucesso, com os problemas da aprendizagem no interior de um contexto múltiplo e conflitual. Preenchemos, então, uma espécie de "dicionário das experiências", que nos ajudou a refletir, deduzir, formular hipóteses e compreender.

Por tudo isso, desejo agradecer a Mara Krechevsky, Steve Seidel e Ben Mardell, pelas habilidades heurísticas, bem como pela capacidade de participar e permitir que participássemos do seu pensamento filosófico, conhecimentos e experiências. Gostaria de agradecer principalmente a Howard Gardner, porque, durante as reuniões conjuntas dos grupos de pesquisa do Project Zero e de Reggio, foi capaz de abalar os conhecimentos que tínhamos acumulado com uma só pergunta, obrigando-nos a nos comprometer com novos processos saudáveis de reflexão. Por último, gostaria de agradecer aos leitores pela confiança que nos depositaram e também porque, lendo o livro, nossa pesquisa se mantém viva.

8
O ambiente da infância (1998)

Eu escrevi o texto a seguir por ocasião da publicação da pesquisa realizada por Reggio Children em parceria com a Domus Academy, sob o título "Crianças, espaços, relações: Como projetar ambientes para a educação infantil" (Ceppi; Zini, 1998). Uma pesquisa e um percurso inesquecíveis, que nos permitiram compreender mais uma vez a riqueza de um diálogo que de interdisciplinar se transforma em intradisciplinar, favorecendo assim níveis de reflexão metacognitivos.

Mas quem é Domus Academy e por que essa pesquisa?

Domus Academy é um centro internacional situado em Milão, especialmente sensível à pesquisa e à inovação. Nós entramos formalmente em contato com eles em 1995, mas nossa relação tinha iniciado já há alguns anos, desde que começamos a sentir não só a necessidade de ampliar e aprofundar nosso saber sobre o espaço, mas também de recontextualizá-lo, modificando assim nossa maneira de pensar o espaço.

A experiência reggiana sempre foi muito sensível à temática do espaço e, em termos mais gerais, do ambiente educativo. Quando, em 1970, comecei a trabalhar nas Escolas de Educação Infantil Municipais, fiquei muito impressionada com o alto nível de conscientização sobre a importância da qualidade do espaço escolar. Em uma realidade nacional e internacional, na qual a sala de aula era considerada como uma caixa vazia, asséptica e anônima (onde era legítimo fazer uma escola em porões e em lojas), entrar em uma escola reggiana era, principalmente, uma emoção. Ali dava para sentir a vida vibrar e, ao mesmo tempo em que eram legíveis as sugestões do pensamento de Maria Montessori, Célestin Freinet e John Dewey, percebia-se claramente que a linguagem do espaço ia além, graças a um diálogo atento com a arquitetura e as artes visuais.

Já havia sido claramente intuída a relação entre a qualidade do espaço e a da aprendizagem. A definição do espaço como terceiro educador,*

---

* N. de R. T. É importante mencionar que nas escolas municipais de Reggio Emilia há dois professores para cada turma de crianças.

tão importante para Loris Malaguzzi, é uma boa síntese que representa o nível de consciência alcançado. Assim como já era evidente a força das declarações de Malaguzzi sobre o direito da criança a um ambiente de qualidade.

O direito ao ambiente e à beleza; o direito a participar da construção desse ambiente e desse conceito de beleza, dessa estética compartilhada: um direito para todos, crianças, professores e adultos em geral, que podia ser expresso somente por meio de um processo permanente de pesquisa. Uma pesquisa baseada, por um lado, em uma atenta e pontual observação do uso dos espaços e do mobiliário por parte da criança e do adulto; por outro lado, sobre quanto os estudos relativos à proxêmica, à percepção do espaço e da arquitetura em geral estavam evidenciando.

Lembro-me muito bem de um dos primeiros (e para mim fundamentais) grupos de estudos do qual participei em 1973. O grupo era composto pelos atelieristas (na época, parece-me que eram seis e muitos deles contratados há pouco tempo), por algumas professoras e pelo arquiteto Tullio Zini, amigo generoso e grande inspirador do conceito de ambiente e estética ambiental, elaborado em Reggio Emilia. Como estrutura para nossas observações, usamos um esquema elaborado por nós, que buscava conectar o tempo com o espaço; buscava conjugar o "o quê" com o "onde" e o "quando". Isso para colher o valor real atribuído àquele lugar e a sua capacidade de ser adequado ao que ali era vivido.

Um exemplo entre todos, o almoço das crianças.

Começamos a refletir sobre o almoço, sobre o significado dele em nossa cultura, sobre as reflexões da psicologia relativas a esse momento; mas também consideramos, com muita atenção, as observações feitas pelas professoras, as primeiras imagens fotográficas que mostravam como as crianças se comportavam durante o almoço.

As imagens e as anotações mostravam, de fato, como o almoço era, principalmente para as crianças, um momento de socialização e como eram capazes de serem autônomas, se fossem ajudadas a valorizarem as próprias competências. Consideramos também a densidade habitacional daquele momentâneo espaço "refeitório", procuramos entender como articulá-lo e insonorizá-lo, para tornar a acústica mais suportável. Mas como torná-lo mais pessoal e acolhedor? Certamente havia a necessidade de mesas menores (com, no máximo, quatro ou seis lugares), talvez também o deslocamento de algumas divisórias que diluíssem o "barulho" visual etc. Continuamos assim, com grande prazer e animação, nesse envolvente brainstorming.

Somente um exemplo, eu dizia. Depois daquela primeira experiência, os atelieristas continuaram a fazer hipóteses sobre novos móveis, a construí-los, a experimentá-los, enquanto se intensificaram as relações com Tullio Zini e outros arquitetos encarregados de projetar novas escolas de educação infantil e com os designers, *para repensar os móveis.*

Eu defini esse percurso como "pesquisa permanente", uma pesquisa que, mesmo com objetivos definidos, tem como compromisso primário a superação desses objetivos com novas interrogações.

Dessa forma, o percurso continuou até hoje, até o diálogo com Domus Academy, uma das pesquisas mais estruturadas e orgânicas entre as que foram realizadas por nós. De fato, de um lado, provocava-o com novas interrogações, colocando-o em crise e abrindo-o para uma nova consciência.

Como dito anteriormente, o texto a seguir foi escrito por mim para a publicação da pesquisa feita por Reggio Children. Porém, tal publicação (assim como essa minha intervenção) deve ser considerada como um resultado, uma síntese, um novo ponto de partida.

A poucos anos de distância, muita coisa avançou e mudou com relação ao que foi descrito e declarado no livro. Muitos outros estudos, publicações e projetos foram desenvolvidos a partir dele. Ainda hoje, porém, relendo aquelas páginas e pensando naquele percurso, há o prazer de se reencontrar perante um verdadeiro salto pragmático ao descrever e viver o espaço para a infância.

Não somente as escolas de educação infantil, mas os espaços onde as crianças e os adultos vivem, pedem grandes mudanças, precisam de mais metaprojetos, mas também de novas paixões e entusiasmos.

Projetar o espaço de uma escola de educação infantil, ou melhor, em termos mais gerais, projetar uma escola pode ser um ato de grande criatividade, não somente pedagógica e arquitetônica, mas social, cultural e política.

A instituição escolar pode, de fato, desempenhar um papel especial de produção cultural e de real experimentação sociopolítica, na medida em que esse momento (de *proggettazione*) e esse lugar (a escola) forem vividos não como espaços e tempos de reprodução e transmissão do saber, mas, principalmente, como espaços de criatividade.

O nosso é um tempo de *trânsito*, a nossa é uma geração de passagem, chamada para viver uma verdadeira "estação projetual": uma estação na qual é impossível usar os velhos parâmetros pedagógicos, arquitetônicos, de valor, sociais e educativos e em que é indispensável ousar o novo e projetar futuros. É certamente uma fase de possíveis desorientações, confusões, de grandes incertezas e contradições, mas, ao mesmo tempo, uma fase excitante e rica de possibilidades.

Muito de novo pode ser gerado se é abandonada a presunção de se possuir verdades inoxidáveis ou, pelo contrário, de estar "em crise" e, por isso, não ter identidade, valores para oferecer à mutação genética que está sendo produzida e que nos produz. "Mutação genética" como metáfora da profunda transformação que estamos vivendo: uma transformação que está modificando a essência, o modo de ser "sociedade e sujeitos", porque está transformando nosso modo de entrar em relação, de interagir e nosso conceito de espaço e de tempo.

Não nos sentiremos necessariamente mães ou pais do novo, mas nós também seremos filhos gerados por esse novo, se soubermos ir à busca do que une ao invés do que divide.

Por isso, projetar uma escola é antes de tudo realizar um espaço de vida e de futuro e requer a produção de uma pesquisa comum entre pedagogia, arquitetura, sociologia e antropologia: disciplinas e saberes chamados para declarar as suas epistemologias, a confrontar as suas linguagens e sistemas de sinais, em uma nova liberdade que nasce da vontade do confronto e do diálogo. Uma pesquisa que se abre para a contribuição da mais avançada experimentação, também no âmbito musical, coreográfico, do *design*, do espetáculo e da moda. Só assim será possível garantir que o projeto arquitetônico seja "projeto de pesquisa", capaz de se confrontar a cada dia com o seu sucesso, com a eficácia da própria linguagem, com a sua capacidade de dialogar com o processo do devir que está na base da autêntica educação. Isso significará construir um projeto que seja uma "metáfora do conhecimento", que testemunha e sugere possíveis mudanças e ações.

É evidente o contraste com tudo o que guiou o desenvolvimento do projeto e a construção de muitas das arquiteturas atuais de cada ordem e grau, tanto em nosso país quanto no mundo em geral.

Isso é evidente com um percurso pela história – ou melhor, pela não história – das arquiteturas que caracterizaram as instituições para a primeira infância. Uma não história, pois pouquíssimos exemplos merecem ser citados (portanto, de história). Muitas creches e escolas da infância foram construídas em edifícios aproveitados (ex-escolas primárias, espaços projetados para outros fins) e mesmo onde o projeto arquitetônico havia sido feito *ad hoc*, normalmente era o resultado de muitas casualidades e pouca consciência.

Geralmente, o desejo era somente "fazer" uma escola; em raros casos foi desenvolvido um projeto para "dar" uma escola, ou seja, um *lugar de sentido* para uma comunidade, uma sociedade. Com o "dar uma escola" me refiro ao fato de que a arquitetura não é pura montagem de espaços; mas implica uma filosofia, uma maneira de pensar a educação, a aprendizagem, a relação entre ensino e aprendizagem e o papel "da ação" nos processos de construção do conhecimento. O edifício escolar é projeto pedagógico e, por isso, deve ser o resultado de um atento e profundo diálogo entre as linguagens da pedagogia e da arquitetura.

Agora é tempo de produzir a simbiose entre arquitetura, pedagogia e as outras disciplinas, para buscar espaços melhores e mais adequados. Não espaços ideais, mas espaços capazes de conter a própria mudança, porque não existe um espaço, uma pedagogia, uma criança, um homem ideal; mas sim uma criança e um homem em relação com a sua história, o seu tempo e a sua cultura.

A qualidade da experiência se define na quantidade, na qualidade e na evolução dessas relações: favorecer a sua existência e o seu fluir será função primária de uma pedagogia e de uma arquitetura "relacional".

Uma relação que ganha substância em um estilo de pensamento baseado não tanto em dogmas filosóficos ou científicos, mas na possibilidade de permitir à criança e ao homem que sejam "sujeitos que conhecem" e, portanto, que consentem:

- fazer distinções, identificar limites, decidir, fazer escolhas: são todos elementos essenciais para o conhecer;
- ser protagonista do ato cognitivo, mas também ter a possibilidade de refletir e *comentar* os próprios processos de conhecimento. Deve ser possível a ação cognitiva, mas também a reflexão, a recognição. Prefiguramos, por isso, um ambiente que seja uma espécie de "superfície que reflete", que evoca ao protagonista e aos protagonistas da ação cognitiva os rastros do próprio agir e permite comentar como se está conhecendo;
- viver o conhecimento como prática, não tanto "para uma finalidade, mas para modificar a si mesmos" (Bateson). O pensar tem como condição essencial uma epistemologia operacional da ação que é, antes de tudo, um modo de agir e, na prática educativa, torna-se um modo de trabalhar "em laboratórios", de conceituar a escola como um grande laboratório, uma "oficina do saber e do conhecimento";
- expressar a dimensão estética como qualidade essencial do aprender, do conhecer e da relação. O prazer, a dimensão lúdica e a estética são essenciais em todo ato de aprendizagem e conhecimento. O que aprendemos deve nos agradar e principalmente nos seduzir e divertir. Por isso, a dimensão estética se torna qualidade pedagógica do espaço escolar e educativo.

Tudo isso veio à tona em muitos anos de experiência e de colaborações frutíferas dentro da pesquisa sobre o espaço, elaborada nas creches e nas escolas de educação infantil.

Quanto tudo isso pode oferecer à busca de uma nova epistemologia da arquitetura escolar? Alguns elementos pareceram fundamentais nessa troca.

São pressupostos de ordem psicopedagógica e antropológica:

- O espaço pode ser definido como uma *linguagem* que fala de acordo com concepções culturais específicas e profundas raízes biológicas. A linguagem do espaço é muito forte e condicionadora, enquanto analógica. O seu código, nem sempre explícito e reconhecível, é percebido e interpretado pelos indivíduos desde a mais tenra idade.
- Como qualquer outra linguagem, é, portanto, elemento que constitui a formação do pensamento.
- A "leitura" da linguagem espacial é polissensorial e envolve tanto os receptores à distância (como olho, ouvido, nariz), quanto os de imediata interatividade com o ambiente (como pele, membranas e músculos).
- As qualidades relacionais entre o sujeito e o seu *habitat* são recíprocas, por isso tanto o homem quanto o ambiente são ativos e se modificam reciprocamente.
- Além disso, a percepção do espaço é subjetiva e holística (tátil, visual, olfativa e sinestésica), modifica-se nas várias fases da vida e está profundamente ligada à cultura de pertencimento: não só falamos línguas diferentes, mas habitamos diversos mundos sensoriais. No espaço comum, os homens e as mulheres produzem uma elaboração pessoal dele, criando um território individual no qual têm grande relevância as variáveis do sen-

so de pertencimento, da idade e, como já mencionado, as culturais.

- Os meninos e as meninas revelam uma nata e altíssima sensibilidade e competência perceptiva, polissêmica e holística com relação ao espaço. Os receptores imediatos são altamente ativos, como não serão mais em outras fases da vida, e altíssima também a capacidade das crianças de analisar e distinguir a realidade através dos receptores sensoriais que não sejam somente visão e audição. Por isso, no desenvolvimento do projeto, são levados em grande consideração não só luzes e cores, mas também elementos olfativos, sonoros e táteis, que possuem uma grande relevância na definição das qualidades sensoriais dos espaços.
- A idade das crianças e a sua postura (as crianças que vão à escola de educação infantil de 0 a 3 anos passam muito tempo sentadas ou deitadas e se movem por certo período "de quatro", "engatinhando") fazem com que seja dada grande relevância a superfícies consideradas de passagem ou pano de fundo: o chão, os tetos, as paredes são estudados nessa pesquisa.
- É importante o esforço para a introdução de uma maior inteligência no espaço e nos objetos que nele estão colocados, na consciência de que os lugares em que hoje as crianças constroem a própria identidade e a própria história são múltiplos, reais e virtuais. A televisão, os eletrodomésticos e os computadores são instrumentos do cotidiano, assim como é cotidiana a convivência entre elementos reais, visuais, fantásticos, a tal ponto que modificam, de modo pouco imaginável para nós,

a definição do espaço e de si que a criança vai construindo gradualmente.

A IMAGEM DA CRIANÇA

Pretende-se aqui enfatizar o papel determinante que assume a definição da identidade, da imagem de criança, elaborada pela pedagogia na qual a escola de educação infantil se inspira. Muitas são as imagens de infância possíveis, que enfatizam o que a criança é e tem, o que pode ser ou pode fazer ou, ao contrário, o que não é e não tem ou o que não pode ser e não pode fazer. Trata-se, de fato, antes de tudo, de uma convenção cultural – por isso política e social – que pode consentir o reconhecimento ou o desconhecimento das qualidades e potencialidades da criança e construir expectativas e contextos que as valorizam ou, ao contrário, negam-nas.

A imagem da criança é, portanto, determinante na definição da identidade social e ética do sujeito, dos seus direitos e dos contextos educativos preparados para ela.

Um dos pontos principais da pedagogia reggiana, como escrevia Loris Malaguzzi, é a imagem de uma criança que, a partir do momento do seu nascimento, está tão envolvida em se sentir parte do mundo, em viver o mundo, a ponto de desenvolver um complexo sistema de habilidades, estratégias de aprendizagem e modos de organizar relações. Uma criança que é também capaz de criar mapas para a sua pessoal orientação social, cognitiva, afetiva e simbólica.

Uma criança competente, ativa, crítica; uma criança "incômoda", enquanto produtora de mudanças, de movimentos dinâmicos nos sistemas em que está inserida, sejam eles sociais ou familiares e escolares, produtora de cultura, de valores e de direitos; uma criança competente para viver e conhecer.

Uma criança capaz de fazer e desfazer realidades possíveis, de construir metáforas e paradoxos criativos, de construir símbolos e códigos enquanto aprende a decodificar símbolos e códigos. Uma criança capaz, muito cedo, de atribuir significados aos eventos e de buscar e compartilhar sentidos e histórias de sentido.

Os seus percursos e processos de aprendizagem passam, por isso, pela relação com o contexto cultural e escolar, que, em tal sentido, deve se fazer "ambiente de formação", lugar ideal de desenvolvimento e valorização.

As competências e as disponibilidades das crianças podem ser desenvolvidas ou inibidas, de acordo com a conscientização e o acolhimento dos contextos em que vivem. Muitos estudos enfatizam a importância do papel do adulto para o desenvolvimento da criança pequena, não somente por meio de ações diretas e com fins específicos, mas também indiretamente, quando cria contextos educativos que lhe consintam colocar em ação comportamentos competentes. Esta é uma importante indicação, tanto para o desenvolvimento do projeto ambiental, quanto para a organização dos espaços das escolas de educação infantil. Se, de fato, como afirma Shaffer (1999), a programação nata de cada criança estabelece continuamente novos objetivos, o seu alcance é um empreendimento conjunto da criança e do adulto, feito também com meios indiretos, como podem ser o espaço, a sua articulação, os seus limites, as cores e as luzes, os objetos e os materiais.

Elementos, estes, não isolados, mas colocados em um "contexto de significado": objetos que devem entrar em diálogo com as crianças, assegurando o compartilhamento do tema. O ambiente físico e o psicológico se definem para dar à criança o senso de segurança que deriva do se sentir esperado e acolhido e, ao mesmo tempo, para garantir oportunidade de desenvolvimento a todas as suas potencialidades relacionais. As creches e escolas da infância, antes de tudo, consistem em ambientes de vida que são continuamente atravessados e modificados por eventos e histórias pessoais e sociais.

Essas considerações levam a uma profunda reconceitualização e reorganização das arquiteturas escolares, dos espaços e da sua conjugação, da sua capacidade de acolher e sustentar o eu e o nós, o pequeno e o grande grupo, a memória individual e a coletiva; o agir e o refletir sobre o agir, a legibilidade (quando o espaço se deixa ser lido pelos seus habitantes); a transparência, mas também a opacidade, isto é, onde e quando é concedido à criança se subtrair do olhar do adulto e a sua privacidade é respeitada; a capacidade de ser um estímulo à curiosidade, ações e gestos, competências construtivas, manipulativas e, enfim, a sua eficácia comunicativa.

A ESCOLA COMO SISTEMA

Porém, nós erraríamos se enfatizássemos excessivamente o protagonismo e a identidade da criança, pois a centralidade é colocada na relação de crianças e adultos. Creches e escolas da infância não apenas como sistema, mas sistema de sistemas; um sistema de relações e comunicações entre crianças, professores e pais.

As relações, para serem realmente relações, deverão se traduzir também em relações espaciais. Seções contíguas entre elas e os serviços (banheiros, cozinhas, refeitórios) não separadas por corredores ou percursos isolados; amplos espaços (como salões ou "praças" comuns), mas também espaços mais contidos, capazes de favorecer a experiência de pequeno grupo e o gesto individual. Mas essas escolhas de sentido que favorecem a relação-interação sugerem também transparências: vidros internos que permitem a orientação do olhar e a manutenção da relação; assim como os voltados à área externa, que se deixam ver e percorrer, tornando-se assim parte integrante do espaço educativo.

O projeto pedagógico, que aqui tem uma interface com o arquitetônico, deverá ser organizado para apoiar os processos que acontecem ali: os processos do aprender, do ensinar, do compartilhar e do conhecer por parte de todos os protagonistas: as crianças, os professores e os pais.

A presença dos adultos (educadores e pais) requer a organização de espaços e mobiliários que sustentem e qualifiquem a sua profissão e a sua relação: salas equipadas para encontros, arquivo, biblioteca, estufas e instrumentos de trabalho essenciais para o agir cotidiano dos educadores e para a sua atualização, além de suportes indispensáveis para a participação e a cogestão da escola por parte dos pais. Consentir, então, a habitabilidade e, sobretudo, o "sentir-se bem" dos três sujeitos, crianças, professores e pais, autores e atores daquele espaço e do que lá acontece cotidianamente.

Uma instituição escolar – de educação infantil de 0 a 3 anos – percebida como "organismo vivo", que pulsa, modifica-se, transforma-se, cresce, envelhece. A questão que essa definição coloca é o que queremos definir como "processos entrópicos" ou a gestão da mudança: um organismo vivo nunca é igual a si mesmo. Analogamente, uma escola da infância e uma cre-

FIGURA 8.1 A praça na escola da infância municipal Diana, Reggio Emilia.

che nunca podem ser iguais a si mesmas ao longo do tempo. Elas devem poder garantir identidade na mudança, memória do passado e memória do futuro.

A creche e a escola da infância, abertas de manhã, são diferentes de como são encontradas à noite, justamente porque, durante o dia, acontecem mudanças que deixam rastros e memórias nos espaços. O espaço, os móveis e objetos têm o direito de envelhecer, de conter os traços do tempo e preocupam, em tal sentido, as tendências à utilização de materiais assépticos, impermeáveis ao tempo e ao desgaste (apesar da necessária atenção para questões de manutenção e higiênico-sanitárias). Deveriam, porém, ser evitadas todas as escolhas e soluções que tornam os edifícios escolares mais parecidos com lugares estéreis do que com ambientes de vida.

A mudança, assim como citada e desejada, é relativa também ao que acontece ao longo do ano, do mês e do dia. É o problema, por exemplo, de quantas possibilidades tem a criança, protagonista com outros de uma experiência e de uma história, de ver valorizada e significada a sua vivência: é o problema da memória, da narrativa e da documentação como direito, como qualidade vital do espaço educativo.

Refletindo-se sobre a creche e o seu espaço, é possível observar, em muitos aspectos, que ele se parece com o da infância. A exigência de segurança física, psicológica e de personalização é, na creche, ainda mais evidente e marcada: a idade das crianças, o seu desenvolvimento perceptivo, cognitivo e emocional sugerem atenção e qualidades arquitetônicas muito conscientes. Será acentuada a atenção para a articulação dos espaços (prevendo, na medida certa, nichos e espaços recolhidos); para as qualidades das superfícies (os materiais do chão, das paredes, dos tetos); para os aspectos perceptivos e sensoriais (audição, olfato, tato, luzes, cores); para a adoção de móveis e materiais que saibam corresponder ao máximo às necessidades de segurança e os desejos de autonomia expressos naquela idade. Com o máximo respeito pelas vistosas diferenças (de identidade, de tempos, de ritmos, de sexo, de hábitos) levadas pela criança, a arquitetura da creche deverá favorecer e satisfazer a exigência de novo, de descoberta, de morfogênese e de participação que também é forte, mas menos evidente na criança dessa idade, se comparada às crianças maiores.

Um ambiente, a creche, que eu gosto de imaginar e definir como "japonês" por tudo de simbólico, metafórico, leve, sensorial, mutável, acolhedor e dimensionado que parece ser o que caracteriza o ambiente, segundo a tradição japonesa. Mas tanto a creche quanto a escola da infância (e não só), por serem realmente lugares de produção, de conhecimento, de cultura e de experimentação sociopolítica devem ser construídas e concebidas como lugares do agir, e não somente do falar: uma verdadeira "fabbriceria",* com uma clara referência cultural ao Renascimento.

É agindo que a criança pode entender o percurso do seu conhecimento e entender a organização da sua experiência, dos saberes e o sentido das suas relações com os outros. É na ação, quando há reflexão, que é construída a diferenciação entre o que conhece, o objeto conhecido e os instrumentos do conhecimento.

---

* N. de R.T. "Fabbriceria" é um órgão que desde o período medieval se ocupa da administração e manutenção das catedrais (fonte: https://www.piazzaduomoparma.com/fabbriceria-della-cattedrale/).

SÍNTESE

O objetivo do desenvolvimento do projeto ambiental será construir e organizar espaços que permitam:

À criança

- expressar as suas potencialidades, as suas competências, as suas curiosidades;
- poder fazer e se comunicar com os outros;
- explorar e investigar sozinho e com os outros: pares e adultos;
- sentir-se construtor de projetos e do mais amplo projeto educacional que é realizado na escola;
- poder fortalecer a sua identidade (inclusive a sexual), a sua autonomia e segurança.

Ao professor

- sentir-se assistido e integrado na sua relação com as crianças e os pais;
- sentir-se apoiado na realização, organização e arquivamento de projetos;
- ser apoiado na atuação dos processos de formação e atualização;
- ser reconhecido na própria exigência de privacidade;
- ser favorecido nas suas exigências de se encontrar somente com adultos, colegas e pais pelos espaços e mobiliário apropriados.

Ao genitor

- ser acolhido, escutado, informado;
- poder se encontrar com outros pais e professores, em momentos e modos que permitam uma colaboração real.

Uma arquitetura processual, que veicula comunicações e é ela mesma comunicação. Uma forma que seja capaz de ser um suporte para aquele entrelaçamento projetual, aquele "sistema de sistemas" que são as escolas de educação infantis.

Um ambiente que dê prazer, que possa ser explorado e vivido com todos os sentidos; que seja uma inspiração para avanços posteriores na aprendizagem. Um ambiente que seja, de modo geral, empático, isto é, capaz de colher, mas também de dar sentido à vivência das pessoas que lá habitam.

9

As perguntas do educar hoje (1998)

De tempos em tempos, releio os textos das minhas apresentações e tenho um sentimento incômodo: quero sempre mudá-los, excluir partes, corrigir termos. Enfim, gostaria de adequá-los à atualidade do meu pensamento, àquilo que se modificou em mim. Ou seja, sinto-os inadequados.

Isso não acontece quando releio esta intervenção. Foi escrita em 1998, para um encontro com os pais. Queríamos lançar um percurso de reflexão sobre o educar, envolvendo todos os pais das escolas de educação infantil municipais (na época eram trinta e duas, frequentadas por aproximadamente 2.500 crianças e famílias). Eu era, naquele período, diretora das instituições municipais e me pediram para escrever o documento comum e o discurso introdutório. Decidimos – com os colegas pedagogistas da equipe de coordenação das escolas de educação infantil – que esse discurso deveria ser apresentado em uma assembleia de pais e professoras e que seria distribuído a cada um deles, para que pudessem dar início a reflexões e diálogos sobre esses conteúdos.

Os seus discursos, gravados e transcritos, foram apresentados para todos os pais interessados em um congresso que aconteceu no final do ano letivo e do qual os próprios pais foram ativos e extraordinários protagonistas, junto com as professoras.

Na experiência reggiana, de fato, a relação escola-família não é praticada somente como relação individual entre a professora e o genitor, ainda menos como uma relação de sujeição, na qual a professora diz ao genitor o que deve fazer, o que é certo ou errado; mas, pelo contrário, como um percurso comum para a construção conjunta dos valores e modos do educar na sociedade contemporânea, dentro e fora da escola.

Como dito antes, escrevi este texto como documento-plataforma, para favorecer o encontro e o debate. Muitas coisas mudaram em mim e à minha volta. Em poucos anos, o mundo mudou profundamente e, depois de 11 de *setembro de 2001,* vivemos em um contexto carregado de medos e de profundas perdas. E, ainda assim, acho que algumas dessas proposições, dessas perguntas, ainda são atuais e podem servir ao leitor como momentos de reflexão sobre os temas e as escolhas que o educar sempre impõe.*

Cada geração se interrogou, fez perguntas sobre quais valores e conhecimentos transmitir, mesmo que, durante séculos, tanto em nossa cultura como em outras, as perguntas tenham sido feitas por poucos e para poucos. E esses poucos definiam os valores e os lugares do educar para todos.

As transmissões das competências técnicas eram relativamente simples, feitas de pai para filho e de mãe para filha. Com o advento industrial, uma diferente definição do conceito de Estado e depois uma nova concepção de sociedade, o reconhecimento dos direitos do homem e do cidadão, criam uma nova ordem social e um novo conceito de democracia, que se expressa com o direito ao trabalho, ao voto, à escola e à instrução generalizada. Mas será somente no pós-guerra que essa nova organização social fará, em nosso país (em outros países isso já havia ocorrido antes), novas e profundas mudanças. Novos direitos (não só deveres) e valores se apresentam, mas, sobretudo, grandes transformações na identidade e definição do papel da família, da mulher e do homem.

As novas tecnologias e os fenômenos de globalização transformam e transformarão a identidade de muitos de nós como trabalhadores e como cidadãos, como mães, pais e como filhos. A sociedade consumista propõe e impõe novos valores, novas relações entre os homens, novos conceitos de tempo e espaço.

Não há tempo para a alegria, para o medo, para o luto, para a festa. Não há tempo para os indivíduos e para o grupo. O tempo seleciona a parte de humanidade que queremos viver e transmitir, que está cada vez mais ligada à dimensão do consumo e da produção.

Não quero continuar com uma análise que poderia ser só superficial e talvez cansativa. Gostaria apenas de introduzir este outro possível núcleo de reflexão para nosso percurso: "a família e as suas mudanças".

Dizem que:

- a família mudou nessas últimas décadas: como e o que há de diferente hoje? Por que mudou o papel da mulher na sociedade e, consequentemente, mudaram as expectativas com relação à mãe?
- Os indivíduos que compõem a família mudaram a própria consciência, a ponto de imporem uma nova definição e identidade da família?
- E o que mudou no papel do pai, que parece ser cada vez mais "maternal", como alguns dizem?
- Quem detém a autoridade? O que é hoje a autoridade em uma família? Autoridade? O que mais?

---

* N. de R. T. A data refere-se ao atentado terrorista contra as Torres Gêmeas, do complexo World Trade Center, na cidade de Nova Iorque, EUA.

- Como mudaram, se é que mudaram, as expectativas da sociedade com relação à família? E o direito de família? E as políticas familiares?

Famílias nucleares, famílias reconstruídas, relações parentais complexas: mas tudo isso não é suficiente (ou talvez sim) para entender a crescente declaração de solidão e de impotência que muitas famílias fazem. Famílias, no sentido de: mães, pais, avós, cuidadores...

Há cada vez mais a percepção de que existe uma espécie de renúncia a educar e a cuidar da criança. Preocupam-se com a criança, mas não se ocupam dela. Cada vez mais delegam a outros (escola, avós, esporte) o que deveria ser função dos pais. Ou não? Ou não é verdade o contrário, ou seja, que a família é uma entidade sozinha e fechada demais e que são escassos os apoios e os suportes culturais e econômicos?

Parece haver uma ausência de projeto educativo para o filho. Frequentemente, sabem o que gostariam para ele ou para ela, mas não quem é ele ou ela e, principalmente, do que ele ou ela gostariam.

Existe um medo dos filhos? Dos nascidos e dos só desejados? Ou é porque para eles se deseja o melhor e o melhor custa tempo e dinheiro? Mas o que é o melhor? Quem o estabelece? Com quais parâmetros?

Essa reflexão nos leva a outro possível e importante núcleo de reflexão: a relação entre infância e sociedade.

- O que é a infância?
- Quem a define?
- Como se define?
- Quais identidades, quais direitos lhe são reconhecidos?

É sabido que a infância é uma interpretação e uma construção cultural. Cada sociedade, cada período histórico define a sua infância, o que se pretende e se espera da infância.

Agora me parece indispensável propor à reflexão o que considero ser o núcleo central para definir a relação adulto-criança.

A questão fundamental (isto é, que fundamenta nossos discursos anteriores e a relação adulto-criança) é a elaboração cultural e individual que cada um de nós faz da criança. O que, em termos importantes para nossa experiência, é a imagem da criança, imagem como interpretação, como definição histórica e cultural.

A criança, substancialmente, é definida pelo nosso olhar, pelo nosso modo de vê-la. Mas, como vemos o que conhecemos, a imagem da criança é a que conhecemos e aceitamos dela. Essa imagem determinará nosso modo de nos relacionarmos com ela, nossa maneira de construir nossas expectativas com relação a ela, o mundo que sabemos que lhe será edificado.

Creio que já seja familiar a todos a imagem de criança competente, na qual se fundamenta a experiência das escolas de educação infantil reggianas. Competente no quê? Em se relacionar com o mundo. Não conhece o mundo, mas possui os instrumentos para conhecê-lo e quer conhecê-lo. Conhece-o e conhece a si mesma nessa relação com o mundo.

O recém-nascido já nasce preparado para estabelecer ligações com os seres humanos. É capaz de se orientar em direção ao rosto humano, busca o seio com a boca e, naquele momento, estabelece uma relação de profundo prazer, adapta-se ao corpo de quem o pega nos braços. E então manda sinais que são respostas e suscitam outras respostas em quem cuida dele. Sinais de prazer, bem-estar, dor, fome, tristeza, raiva, medo. Sentimentos que pedem para ser acolhidos e compreendidos. Dessa forma, são realizados léxicos familiares, afeições profundas, ou profundos incômodos, se esse léxico não for acolhido.

É competente porque possui um cérebro extremamente plástico, ou seja, inacabado: será completado de acordo com as experiências que terá. Nos primeiros anos, o seu cérebro tem um crescimento impetuoso, que caracterizará somente os primeiros 6 a 8 anos de vida. Há muitas possibilidades depois também, mas o melhor pode acontecer naquele período.

Será então determinante o "o quê", o "porque" e o "como", ou seja, a qualidade das ocasiões e das relações que serão oferecidas à criança. De fato, não será importante somente quantas coisas a criança faz, mas como e com quem as faz; o quanto isso pode refletir sobre elas, entender e compartilhar os seus significados e as suas razões.

Eu falava de criança competente. Competente porque tem um corpo que sabe falar e escutar, que lhe dá identidade e com o qual dá identidade às coisas. Um corpo dotado de sentidos, capaz de perceber a realidade. Um corpo que se arrisca a ser cada vez mais estranho aos processos cognitivos, se não são exaltadas as suas potencialidades cognitivas.

Um corpo que é inseparável da mente. É cada vez mais evidente que mente e corpo são inseparáveis, que formam algo único e se qualificam reciprocamente.

O conhecimento é feito com a mente e com o corpo, assim como com a razão e a emoção. Um corpo que é sexuado, ou seja, que tem um sexo. Não me refiro somente aos órgãos genitais, mas à identidade sexual que deriva do se ter um sexo. São homens e mulheres, meninas e meninos. E essa é uma profunda diferença. Não a única, certamente, mas uma das mais significativas. É uma condição para nós e é um recurso.

Os modos de interpretar, de construir relações com o mundo por parte das meninas são profundamente diferentes daqueles dos meninos, até porque é profundamente diferente o olhar e a expectativa com que olhamos as meninas. As meninas parecem mais precocemente autônomas e capazes de achar interesses próprios até nos momentos de dificuldade. E então nos surgem novas interrogações: achamos, de fato, outro importante núcleo sobre o qual refletir juntos.

- Como cultivar essa diferença? A sociedade parece nos direcionar para uma indiferença cada vez maior entre os sexos (moda, linguagens, experiências): qual tipo de diferença enfatizar e como mantê-la em diálogo com a outra?
- Como construir uma diferença sem indiferença? Na maneira de ser menina ou menino, em parte é construída a identidade da mulher e do homem de amanhã, da sociedade de hoje e de amanhã.
- Estamos indo talvez em direção a um futuro no feminino, como alguém afirma? Ou é o contrário?

Mas falar sobre a sexualidade infantil, sobre o modo como as meninas e os meninos descobrem a própria identidade sexual, quer dizer falar também sobre nossa identidade sexual, sobre como somos mulheres e homens, sobre como, na sociedade, nós falamos, vivemos, usamos e abusamos do sexo e da identidade sexual.

Educar é difícil, pois quer dizer, antes de tudo, refletir e falar de nós, dos nossos tabus, silêncios, hipocrisias, medos; dos nossos reais sentimentos e emoções com relação às crianças, aos filhos e a nós mesmos. Nunca o sexo e o corpo nu estiveram tão ao alcance de todos e, em certos aspectos, proporcionalmente, nunca foram tão desconhecidos. E não estou me referindo à *informação* sexual (como nascemos, como acontece a relação sexual etc.).

Eu gostaria, ao contrário, de convidar a refletir sobre a educação sexual, sobre a identidade sexuada, sobre a identidade da pessoa incluindo o corpo e o sexo. O corpo como lugar de conhecimento, de prazer, de afetuosidade e de desejos. Gostaria de convidá-los para falar sobre como ajudar os meninos e as meninas a aceitar o próprio corpo, apreciá-lo, amá-lo, respeitá-lo assim como se deve amar, apreciar, respeitar a si mesmo e aos outros. Um corpo do qual não ter medo, mas cuidado e respeito. Um corpo que seja fim e meio de conhecimento.

Conhecer através do corpo foi um percurso típico do homem e específico da criança: como sustentá-lo sem inibi-lo, protegê-lo sem negar-lhe liberdade de expressão e expansão, é a função não fácil que nos espera.

Não é fácil porque implica que nós também somos capazes de nos liberar, graças às crianças, dos enfeites culturais que frequentemente envolveram nosso corpo e nossa identidade sexual. Não devemos transmitir-lhes nossos medos, mas nossa coragem. Um corpo conhecido e amado é melhor e mais protegido e passível de proteção. Uma afetividade e uma sexualidade conhecidas e reconhecidas podem ser menos confundidas com carinhos e atenção equivocados.

Esse é também o problema dos limites, das regras entre o que é permitido e o que não é permitido.

Entramos no campo dos valores e da ética. No passado, a educação sexual devia lutar contra o mito do ocultamento, que transformava tudo o que tinha a ver com o sexo em "obsceno"; hoje, talvez, devamos combater os mitos de um aparente excesso de clareza tumultuosa e mercantilizada. Em ambos os casos, governa a ignorância: ignorância da beleza do corpo, do amor e dos sentimentos.

Certamente é questão de interpretações, avaliações, ou seja, valores, aquilo que é valorizado. O valor, dizíamos, identifica o que queremos que conte e que marca a fronteira.

A questão dos limites é uma grande questão. A criança competente, assim como a descrevemos, pode correr e nos fazer correr dois riscos:

- o primeiro é a antecipação, ou seja, atribuir competências e capacidades à criança que sustentam nosso desejo de que ela faça tudo, imediatamente e da melhor forma. Tudo o que pensamos que uma criança da sua idade deve fazer ou que gostaríamos que fizesse (*Luigi engatinha? O meu filho também deve engatinhar? Será normal?*);
- o outro risco é que, por medo de não ser capaz de escutá-lo, por medo de inibir as suas buscas autônomas de identidade e de vida, não nos sentimos na obrigação ou capazes de colocarmos limites.

De quais limites falamos? Daqueles que marcam a possibilidade da criança de se identificar como tal e com os seus similares, isto é, como indivíduo com direitos e identidades diferentes da dos adultos.

É o problema do *"Não, isso não se faz"*. O problema dos nãos: o que é considerado certo e válido para a educação e a saúde da criança e o que é errado ou pode machucar. É questão de cada família, mas também de cada escola e da sociedade.

Dizer não: mas como dizer não? Explicando as razões? Negociando as razões? Existem "não secos", nãos sem apelação? É a questão das regras: quem as estabelece e como? Regras de casa, regras da escola. São diferentes? Iguais? Qual é a coerência que devemos buscar? Quais diferenças?

As regras são difíceis, tanto para a criança quanto para o educador (professor e genitor): elas são discutidas, concordadas, explicadas, comentadas, superadas; mas, a meu ver, são necessárias. O problema de os adultos fugirem da responsabilidade de direcionarem progressivamente o crescimento infantil não pode ser resolvido somente pela escola: é um verdadeiro projeto educativo que só o diálogo entre escola e família pode produzir. Uma educação que não tem medo de termos como fadiga, esforço, concentração, erro, perder.

A fadiga e o esforço, a responsabilidade do educar e no educar, não são vocábulos somente da escola; são conceitos sobre os quais se refletir: existem responsabilidades exclusivas da família? O que significa responsabilidade?

Assim como será interessante refletir sobre os conceitos de segurança e risco: risco no crescer, risco no educar. A criança, para crescer, para se tornar adulta, arrisca.

O que queremos arriscar com ela e por ela?

O que queremos e podemos permitir-lhe arriscar?

Falo de riscos físicos, mas também psicológicos. Falo de valores para os quais arriscar-se. Os valores da amizade, da solidariedade, do respeito às diferenças, do diálogo, dos sentimentos, dos afetos, são, entre outros, valores que nos interessam muito, sobretudo porque trabalhamos em instituições para a infância. São valores transmitidos somente com a vivência. Vivendo a amizade, o respeito pelas diferenças, o diálogo e a solidariedade: estamos dispostos a fazer isso? Estamos dispostos a fazer isso em uma sociedade frequentemente governada pela prepotência, pelo isolamento, pela separação?

Pergunto a vocês e me pergunto: gradativamente, sem nunca deixar as crianças e os jovens sozinhos, estamos dispostos a educar com amizade, solidariedade, afeto, em um diálogo sem hipocrisias e ficções *(ou seja, dizer como deve ser feito e fazer o contrário)*?

É verdade que a infância e a adolescência estão cada vez mais imersas na prática da violência: às vezes sofrendo-a, às vezes praticando-a e, em muitos casos, alternando as duas coisas. O risco de nos sentirmos presas da impotência, de nos sentirmos limitados à utopia está ali, ao alcance das mãos. Por outro lado, a meu ver, não podemos nos lamentar das escolas-quartéis ou das regras rígidas de um tempo, nem podemos viver com nossos filhos no que chamamos de a *cultura do suspeito*, a cultura que o convida a olhar o outro como "hostil", "inimigo", "perigoso"; uma cultura que faz ler ou interpretar os outros e o mundo como entes hostis, que sempre tendem a abusar de você, da sua identidade física e psicológica.

Certamente, não é possível ignorar o que lemos e sentimos à nossa volta, em nossa e nas outras culturas a propósito das violências contra a infância. Será necessário aumentar nossa escuta, nosso diálogo e a atenção para as crianças; observá-las e estar mais perto delas, mas não observá-las, espiá-las, impedi-las de terem privacidade e, sobretudo, não impedir o olhar curioso e alegre sobre o mundo.

Devemos fornecer-lhes um apoio resistente, amoroso, sólido, paciente, que deverá ajudá-las a crescer em direção à liberdade da vida.

Devemos dar-lhes e dar-nos mais tempo para olharmos para nós, para dialogarmos com elas e com os outros, caso contrário vejo riscos enormes: crescer na suspeita, na solidão e na aridez. Sobreviver e não viver.

E tentem pensar se tivéssemos que nos orientar em direção a essa "cultura do suspeito", quais possibilidades para a autonomia das crianças, para a conquista difícil, mas maravilhosa da própria autonomia física e psicológica? Para a própria busca de sentido, busca de sentido da vida?

A conquista da verdadeira autonomia precisa da ajuda, do afeto, do apoio dos outros. Caso contrário, é individualismo e solidão.

Penso que deveríamos discutir muito mais sobre os valores, como eu dizia antes. Com quais valores educar, neste momento de grandes migrações de povos, culturas e religiões, de avanços científicos (biogenética), para colocarmos em discussão o próprio conceito de humanidade e de vida? Neste momento de globalização das economias e dos saberes, no qual é mais fácil o diálogo na internet com um desconhecido, de outro continente, do que com o seu vizinho de casa, que você encontra todos os dias, mas não sabe quem é?

Deveríamos falar sobre os valores e, entre eles, proponho-lhes falar sobre o valor dos sentimentos, falar sobre educação sentimental, ou seja, educação dos sentimentos e das emoções.

Podemos falar sobre esse tema, como mulheres e como homens, com frequência, pouco acostumados – estes últimos, os homens – a expressar, a dar voz a emoções e sentimentos. Pode-se ter valores e sentimentos, sem se saber o que fazer com eles e a quem dar-lhes. É um verdadeiro desperdício de humanidade. Nossas ações são, em grande parte, determinadas pelas emoções, e as emoções possuem as suas razões e as suas lógicas.

Existem as razões da mente e as razões do coração, que nem sempre coincidem. É importante saber conhecê-las e reconhecê-las, dar forma e legitimidade a ambas. Normalmente temos medo dessas razões do coração, desses sentimentos. Sentimentos como amor, paixão, medo, temor, tristeza, alegria, desilusão. As crianças não têm medo desses sentimentos: se as escutarmos, se as legitimarmos, elas falam sobre eles, os narram e os compartilham, a fim de dar-lhes forma para contê-los, para aceitá-los.

As emoções as ajudam a explorar o mundo, as ajudam a compreender e a ativar relações: emoções intensas e fortes que, às vezes, dão medo no adulto, que normalmente foge ou sorri, minimizando-as. Porque não está preparado para acolher as emoções e, principalmente, "aquelas emoções".

Marco (5,2 anos) diz: *"As dores e os males são a mesma coisa? Você está falando de males? Se fica chateado, que dor você tem? Se você fica bravo porque te bateram, tem uma dor nisso. Se você fica bravo porque a mamãe briga com você, tem outra dor. Quando acontece isso, você se esconde".*

Valentina (5,4 anos): *"Decepcionar quer dizer que alguém não fez mesmo uma coisa que tinha que fazer..."*.

Sara (6 anos): *"Quando eu tenho uma decepção, eu fico amarela e verde. Me passa em dez segundos. Nem para todos é muito rápido, porque cada um é feito do seu jeito. Se passa rápido, dá para fazer mais coisas e nos divertimos mais"*.

Laura (5,4 anos): *"Milo está apaixonado por mim, mas eu não gosto dele. Eu sou apaixonada por Samuele. Eu sei que parece ridículo que eu ame alguém com essa idade e também XXX (a professora) diz sempre isso, como se fosse uma brincadeira e a mamãe diz que não é importante porque eu sou pequena. Mas eu não gosto do que dizem, porque para mim é muito importante"*.

Os sentimentos (repito: raiva, amor, medo, confiança, tristeza, dor) não dão medo quando podem ser contados. É preciso aprender a ter também esse tipo de escuta: o desenvolvimento dos sentimentos e a educação sentimental nos permitem refletir de maneira nova, crítica e realizar uma suspensão dos valores adquiridos. O sentimento nos pede para assumir responsabilidades com relação ao próprio sentimento e requer coragem: coragem para admiti-lo e para descrevê-lo. Somente graças a isso pode surgir uma parte de identidade desconhecida, mas capaz de explodir em formas nem sempre educáveis.

Reconhecer nossos sentimentos permite abrirmo-nos aos outros e compreendermos as diferenças com os outros, mas também os sentimentos dos outros, as coisas que temos em comum, que nos consentem colocarmo-nos no lugar dos outros.

Trocas, escutas, compartilhamento de sentimentos e emoções é uma parte essencial do nosso diálogo com os meninos e as meninas, tão diferentes, mas também capazes, sobretudo nesta idade, de conhecer as "razões do coração".

Encontrar a proximidade certa, que é física e psicológica, com as crianças; fazer com que saibam e sintam que estamos com elas, com nossas capacidades e nossa falta de jeito; fazer com que conheçam não só nossas razões, mas também nossas paixões, nossos sentimentos (mesmo quando são de raiva ou de desaprovação) é a tarefa difícil, mas vital que nos espera.

Fazer com que percebam que estamos ali a esperá-las, sempre, aconteça o que acontecer, que a aprovamos ou não, mas estamos ali, não necessariamente para aprovar, mas para entender, para estarmos juntos. Estamos com as crianças e os jovens em uma busca do sentido da vida.

São muitas as coisas ditas, mas também muitas as que são caladas. Conforta-me saber que esse é o início de um percurso que precisa das contribuições de vocês e dos outros.

Uma coisa eu me permito acrescentar: a finalidade desse nosso percurso e dessa experiência educativa é formar indivíduos autônomos e capazes de participar de comunidades que saibam se transformar, sem necessariamente renegar a si mesmos. Indivíduos interessados na humanidade, nas suas forças e fraquezas. Pessoas convencidas de que o bem principal a ser perseguido é a humanidade compartilhada, a universalidade compartilhada, gente que sabe olhar para o universo, apesar das tribos e dos privilégios com os quais normalmente nos identificamos; que sabe olhar para o futuro com otimismo, com a coragem do otimismo que as crianças sabem ter e sabem nos dar.

10

Documentação e pesquisa (1999)

Como enfatizei na introdução em um dos capítulos anteriores, alguns temas e conceitos são recorrentes. Antes de tudo, porque são identificadores, ou seja, representam características que identificam realmente a nossa experiência. Mas também porque são mais difíceis de descrever e, provavelmente, mais complexos de compreender. Agarrar, de fato, a novidade desses conceitos requer uma mudança de paradigma por parte do ouvinte, mas, sobretudo, por parte daqueles que trabalham em situações de ação pedagógica.

Um desses conceitos é o de "pesquisa pedagógica", ou melhor, a compreensão do conceito de pesquisa na definição da relação ensino-aprendizagem, assim como estamos fazendo na ação cotidiana. Como explico no texto a seguir, não se trata de uma declaração arrogante, mas de uma tentativa de fazer justiça à criatividade e à riqueza em que nos debatemos todos os dias, quando tentamos compreender e apoiar o processo de aprendizagem da criança e da professora, por meio da documentação pedagógica.

Não é uma coincidência o fato de que esta apresentação tenha sido preparada para um congresso internacional que aconteceu em Reggio Emilia, em junho de 1999, com o título *Aprender a aprender*. Na época, eu era diretora das instituições municipais de Reggio Emilia, mas havia decidido deixar tal função para dedicar mais tempo ao estudo e à pesquisa. Este foi um dos motivos pelos quais eu senti, aliás nós sentimos, a necessidade de organizar um congresso que mostrasse o princípio racional que está na base de tal enunciado: a importância da pesquisa pedagógica.

Além disso, tudo acontecia em um momento em que, na Itália, era discutida a reforma escolar. E ainda mais importante era o fato de que, novamente, estávamos em busca de legitimação para as escolas de educação infantil que, com muita frequência, eram percebidas e descritas como serviços com demanda individual, em vez de lugares de educação. Quanto mais era discutido, nacional e internacionalmente, sobre o desenvolvimento da figura *do professor, sem dar ênfase suficiente para a importância do trabalho de grupo e da documentação, mais essa legitimação se tornava importante.*

A presença de amigos e colegas provenientes de diversas partes do mundo tornou esse evento realmente precioso. Cada um levou uma própria contribuição, que se entrelaçou com a de professores, pedagogistas e atelieristas das escolas de educação infantil de Reggio, que apresentaram projetos de pesquisa (realizados no interior das instituições) sobre temas considerados de grande interesse para o debate nacional e internacional, como, por exemplo: documentação e avaliação, a participação da comunidade, a cidade de Reggio Emilia, as novas tecnologias, a ética e a moral, o teatro, o espaço e o ambiente educativo, a linguagem musical, os direitos especiais. A tese que esses projetos apresentavam – mediante narrativas por palavras e imagens – propunha o conhecimento como uma entre as várias formas de ação: assim como a ação não pode existir sem conhecimento, da mesma forma não pode existir conhecimento sem a ação. O conhecimento entra no circuito da ação de modo permanente, modificando-a continuamente e, ao mesmo tempo, sendo modificado. Era explícito, dessa maneira, o significado profundo da pesquisa pedagógica.

— — — — — — — — — — — — — —

Eu sinto muita alegria, aliás, todos nós, de Reggio Emilia, em poder compartilhar com vocês essa experiência de vida. Sim, experiência de vida, pois considero esses dias não somente uma ocasião de formação, mas, sobretudo, um encontro entre pessoas que estão buscando o sentido do ensinar, do ser professor.

Tentaremos compartilhar com vocês nossas experiências e, especificamente, as razões e motivações que nos levam a viver cada dia como um dia único, especial, repleto de possibilidades e novidades. Saber que cada dia não é uma caixa fechada e pré-fabricada que os outros prepararam para você, mas, ao contrário, um tempo que deve ser construído com os outros (crianças e colegas); uma busca de sentido, que só as crianças podem ajudá-los a encontrar, é a coisa mais bonita que realizamos em nosso trabalho e que gostaríamos de compartilhar com vocês.

Tudo isso é o que nós definimos como pesquisa pedagógica.

E é justamente na documentação e na pesquisa que acreditamos que se encontra a força geradora que faz de cada dia um dia especial. Permitam-me, então, agora, fazer algumas reflexões que poderão, assim espero, ajudá-los e nos ajudar a entender melhor.

A primeira reflexão, que relanço a vocês, chegou até mim a partir de uma leitura de algumas páginas de Maria Montessori. Eis o que escrevia a doutora Montessori no início do nosso século, o mesmo século que caminha para a sua conclusão.

- "Partir sempre da criança [...] com a capacidade de acolhê-la como é, livre de mil rótulos com que hoje se presume identificá-la [...]."
- "Deslocar concretamente, e não só verbalmente, a ação da escola do ensino

à aprendizagem, favorecendo o agir construtivo e colaborativo das crianças e a presença da professora como uma ajuda sempre disponível, mas nunca iminente e invasiva [...]. O que as crianças sabem fazer juntas hoje, amanhã saberão fazer sozinhas [...]."

- "Construir, também junto com as crianças, um ambiente educativo para a aprendizagem [...] através da preparação de espaços, mobiliários, materiais, instrumentos, percursos, encontros, colaborações, diálogos, trocas [...]."

Eu me perguntei e pergunto a vocês: o que mais e o que de diferente podemos nos dizer e dizer a quem nos olha e escuta com interesse e curiosidade? O que mais podemos oferecer à criança e às crianças que já não esteja contido nesses pensamentos de Maria Montessori? Eu sei muito a partir dessas páginas de Maria Montessori e do que depois foi escrito, especificado, enriquecido e pontuado.

Era diferente o contexto em que Montessori agia, eram diferentes as suas imagens. Pesquisas ricas e argumentadas, em vários e também em novos campos do saber e do conhecimento, permitiram-nos falar de *scaffolding*, de aprendizagens de grupo, de interdisciplinaridade, de expressividade e de linguagens, de reciprocidade entre aprendizagem e ensino. Mas temo, e gostaria muito de ser desmentida, que pouco, muito pouco tenha mudado no fazer e no ser da escola, no cotidiano dela; tanto que as palavras de Maria Montessori arriscam ser, em muitas situações, na Itália e no mundo, uma conquista que ainda deve ser alcançada.

São muitas as causas, e aqui poderíamos listar diversas delas: causas políticas, culturais, sindicais etc. Uma, porém, parece-me determinante e levada poucas vezes em consideração: o continuar a falar de escola, da aprendizagem, do ensino, usando muito frequentemente palavras mudas, que não sabem mais falar. Continuar com a formação e atualização de gerações de professores, sem nunca refletir não somente acerca do quanto foi descoberto sobre a aprendizagem e sobre a relação com o contexto, mas renunciando a buscar novos modos, novas linguagens para consentir às professoras viverem, compartilharem, narrarem, explicitarem eventos de aprendizagem.

Esses modos, essas linguagens, essa contaminação entre linguagens teriam consentido novos horizontes (assim como aconteceu em outras áreas disciplinares) e novos protagonismos: o das crianças e o das professoras. As professoras seriam, assim, promovidas de executoras a autoras dos processos pedagógicos; poderiam contribuir para a superação, ao menos na área pedagógica, da arrogante ideia de continuar separando a teoria da prática, a cultura da técnica. Poderiam, as professoras, parar de se perceberem e serem percebidas como executoras de teorias e decisões elaboradas em outro lugar.

O permanecer dessa ideia é um absurdo que deve ser superado, fruto de um mal-entendido, intelectual e errado conceito de pesquisa, de pedagogia e de educação. O poder refletir e dialogar sobre os modos por meio dos quais a criança e o homem conhecem – enriquecendo assim a própria e a nossa humanidade – é uma grande possibilidade e necessidade que a escola não soube e não quis conceder.

É tempo de mudar.

Os lugares de pesquisa sobre a aprendizagem devem se estender às escolas, devem consentir a professores e alunos a reflexão, no cotidiano, sobre os modos de aprender e conhecer. Certamente, estou me referindo à documentação, assim como a elaboramos na experiência reggiana: não como documentos arquivados, não como "painéis" pendurados nas paredes ou como série de belas fotografias, mas como rastro visual, como procedimento que apoia o aprender e o ensino, tornando-os recíprocos, pois são visíveis e compartilháveis. Creio que isso tenha sido, e poderia ser mais, no futuro, uma contribuição importante da experiência reggiana à pedagogia nacional e internacional.

Mas creio que devemos ir além.

Documentação como escuta visual, como construção de rastros capaz não apenas de testemunhar os percursos e os processos de aprendizagem das crianças, mas de torná-los possíveis porque visíveis. Uma rica e articulada documentação atuada e utilizada *in process*, isto é, durante o percurso:

- torna visível, de modo parcial, a natureza dos processos de aprendizagem e as estratégias cognitivas usadas por cada criança. A professora, mas sobretudo a própria criança, poderá, assim, refletir sobre os modos do próprio proceder quando aprende, enquanto constrói o seu conhecimento. Não documentação de produtos, mas de processos, de percursos mentais;
- tudo isso consente leituras, revisitações e avaliações no tempo e no espaço. Assim, esse ler, refletir, avaliar e se autoavaliar se tornam parte integrante do processo cognitivo da criança.

Poder refletir sobre como está acontecendo a aprendizagem significa poder basear o ensino não no que a professora quer ensinar, mas no que a criança quer aprender. A professora poderá, assim, aprender a ensinar; poderão, assim, professora e criança, procurar juntos a melhor forma de proceder.

O que, de fato, vamos documentar – e, portanto, fazer existir – é o sentido comovente da *busca* de significados que crianças e adultos estão vivendo juntos. Um sentimento poético que uma linguagem poética, metafórica, analógica pode construir e devolver na sua plenitude holística.

Um segundo elemento que acredito ter inibido, e até sufocado, as declarações sobre a aprendizagem importantes para Montessori – mas também para Dewey, Piaget, Vygotsky, Bruner e para muitos outros – foi a negação à escola, e na escola, do acesso ao conceito de *pesquisa*.

Bem conscientes do que significam pesquisa científica e debate em ação sobre as assim chamadas ciências "duras" e "moles", experimentais e históricas, consideramos que possa emergir um novo conceito de pesquisa, mais contemporâneo e vivo, se é legitimada a utilização desse termo como aquele capaz de descrever a tensão cognitiva que acontece todas as vezes em que são realizados processos autênticos de aprendizagem e de conhecimento.

Pesquisa para descrever o percurso individual e comum em direção a novos universos de possibilidades. Pesquisa como o abrir-se e o revelar-se de um evento. Pesquisa como arte: a pesquisa, de fato, acontece quando, como na arte, busca-se o ser, a essência, o sentido. Com esses significados, utilizamos o termo pesquisa – ou melhor, pesquisas – na tentativa de descrever o esforço vital que pode ser comum a crianças e adultos, dentro e fora da escola. Devemos criar uma cultura da pesquisa.

Estou convencida de que essa "atitude de pesquisa" é a única que pode ser proposta como atitude existencial e ética, em uma realidade cultural, social e política sujeita a mudanças, rupturas e hibridações de raças e culturas, as quais são positivas, mas também potencialmente arriscadas. Em tudo isso se encontra o valor da pesquisa, mas também da busca de valores.

11

Continuidade nos serviços para a infância (1999)

O *motivo pelo qual pensei em aproximar os dois textos que seguem – Continuidade nos serviços para a infância e Criatividade como qualidade de pensamento – apesar de tratarem de temas muito diferentes, não é somente a proximidade em termos temporais, mas também o fato de que foram preparadas duas conferências na Itália, em Parma e em Pistoia. É justamente este elemento que eu gostaria de enfatizar: a relação entre a experiência de Reggio Emilia e outras experiências italianas. Considero oportuno, de fato, evidenciar dois aspectos dessa relação.*

Há o caráter essencial de Reggio (de "essência" no sentido de identidade), que pertence à história pedagógica e política dos serviços para a primeira infância na Itália. Reggio é um dos muitos lugares que expressam a vitalidade, a riqueza, a qualidade da pesquisa pedagógica na Itália (principalmente da pedagogia ativa) e o corajoso investimento feito pelos municípios a favor dos serviços para a primeira infância.

Porém, ao mesmo tempo – em parte pelo efeito do diálogo com muitos contextos nacionais e internacionais e, em parte, por determinadas escolhas estruturais de nível pedagógico e político – Reggio cultivou e afirmou uma identidade que torna as suas diferenças substanciais e apreciadas. Entre os vários elementos de diferenciação, é possível recordar: o projeto de continuidade zero-seis (de 0 a 6 anos, afirmado e colocado em ação desde 1972); o valor atribuído à criatividade como qualidade do pensamento humano, declarado também por meio do ateliê e da figura do atelierista; o valor da relação inseparável entre teoria e prática, simbolizado pelos grupos de trabalho de professores e pedagogistas; o valor da reflexão como elemento formativo, realizado pela documentação pedagógica. Foi inovadora a perseverança no declarar o belo como um dos direitos das crianças e a estética como qualidade relacional e elemento de participação.

Tais elementos, que provavelmente suscitaram o interesse de muitas pessoas, brotaram também da troca e do compartilhamento com colegas italianos e com contextos diversos, a partir do início dos anos de 1960. Lembro-me de viagens de carro ou de trem com Malaguzzi e colegas (que logo se tornaram amigos), em direção aos mais variados destinos, tanto do norte quanto do sul do país. Entre as muitas localidades que visitamos e as numerosas, ricas e generosas realidades que encontramos, lembro-me principalmente de Pistoia e Parma por vários motivos, alguns diferentes, alguns similares.

Pistoia é uma cidade da Toscana que se parece com Reggio Emilia com relação à dimensão, orientação política e cultura das escolas municipais. Com eles havíamos instaurado um diálogo sobre o tema da criatividade e sobre o projeto zero-seis (0-6), ou seja, sobre a relação entre creches e escolas da infância, sobre o papel da pedagogista e, em termos mais gerais, sobre a organização. Creio que, graças a esse diálogo, conseguimos construir nossas diferenças e, portanto, nossas identidades corajosas e nossa paixão comum pelos temas da educação para a primeira infância.

Parma representa, para mim, a riqueza de diálogo dentro de uma mesma região, a Emilia-Romagna, em parte por mérito do importante trabalho realizado ao longo dos anos pelas administrações e pelos operadores. Em 1972, fui a Parma pela primeira vez com Loris Malaguzzi. Lá também estavam discutindo um regimento municipal para a organização e a consolidação dos serviços para a primeira infância e, entre os problemas centrais, havia aqueles relativos à continuidade entre as creches e as escolas da infância. Reggio (como eu dizia antes) havia optado pelo projeto zero-seis, dando muita ênfase à continuidade. Parma, em vez disso, optou por separar as duas experiências, e tal escolha foi caracterizada pelo fato de diferenciar os dois tipos de serviço, tanto do ponto de vista da orientação pedagógica quanto organizacional. Era curioso para mim, com trinta anos de distância, ter sido convidada a participar de um seminário para produzir uma reflexão sobre a continuidade pedagógica entre tais instituições, tema que hoje, na Itália, é ainda mais interessante e urgente do que no passado. Quando a creche é separada da escola da infância, de fato, corremos o risco de ver negada a própria identidade educativa e de sermos reduzidos à simples solução para satisfazer as exigências e as emergências sociais. Ao mesmo tempo, as escolas da infância correm o risco de perder a centralidade da brincadeira e da criatividade nos processos de aprendizagem das crianças.

E talvez seja também por esse motivo que os esforços feitos em Pistoia para colocar a criatividade no centro dos processos recentes de desenvolvimento profissional ganham uma relevância especial. A amizade que tinha sido consolidada entre nós e os motivos que descrevi aqui induziram-me a aceitar o convite de Annalia Galardini para falar de criatividade em Pistoia. Em uma ocasião posterior, Vea Vecchi, atelierista, apresentou as próprias experiências realizadas na escola da infância Diana. Lembro-me daquele encontro com grande prazer e gratidão, a mesma sensação que se tem com relação a quem procurou construir a própria identidade junto conosco, mesmo através das diferenças.

A contribuição que trago é baseada na minha experiência em Reggio Emilia, onde trabalhei por muitos anos e onde foi elaborado um projeto para trabalhar com crianças de 0 a 6 anos de idade nas escolas de educação infantil. Enfim, o significado da experiência está ligado a uma série de características distintas, entre elas: uma única Secretaria Municipal, a Secretaria do Ensino, da Instrução e do Desenvolvimento Profissional, responsável por todo o projeto; uma única estrutura de suporte e coordenação pedagógica; serviços que compartilham todos os mesmos valores, a mesma epistemologia, pedagogia e organização (ou seja: mesmo horário de abertura, mesmo total de horas trabalhadas).

Por que um projeto *zero-seis*? Baseado em quais considerações? Que tipo de continuidade buscamos estabelecer com esse tipo de escolha? O quanto esta problemática é atual? Por que ainda é necessário afirmar o valor e o significado desse projeto?

Refletir sobre uma série de conceitos e quesitos pode facilitar a compreensão e a discussão da escolha que fizemos em Reggio e, ao mesmo tempo, contribuir também para nossa reflexão sobre o tema.

O CONCEITO DE CONTINUIDADE

Por que continuidade? Continuidade de quem? Continuidade do quê? Uma continuidade de pensamentos e ações que, por sua natureza, não pode ser identificada com os encontros – ou seja, os diálogos que caracterizam as fases de desenvolvimento – independentemente de qual seja a importância deles. Uma continuidade que não pode ser resumida com as reuniões, ainda que sejam significativas e importantes, entre as professoras da creche e da escola da infância e os pais.

A continuidade é um fenômeno mais complexo e complicado do que simples trocas de informações sobre os níveis alcançados pelas crianças. Faz referência a uma qualidade intrínseca à própria vida, ao homem, à sua busca de significado: o significado do seu passado, presente e futuro.

A continuidade buscada pela criança tem a ver com o participar e estar empenhada em um projeto; um "projeto de vida", onde as várias partes dele e os lugares da sua educação (família, escolas de educação infantil e contexto social) se conhecem e dialogam, partindo das próprias diversas identidades, para ajudar a criança a buscar identidade e significado. Continuidade, sobretudo, como direito da criança e qualidade da própria escola, o que significa diálogo dentro da escola e com o mundo exterior; tudo isso no espaço e no tempo.

O CONCEITO DE MUDANÇA

A mudança é um valor? Qual mudança? De qual mudança falamos? Eu considero importante a mudança que define a vida do homem, a mudança que gera e é gerada pela descontinuidade como fator de transformação; um inegável dado biológico e valor cultural. Mudança como transição de um "estado", o do ser, para outro, o do ser capaz de ser; a mudança que induzimos e pela qual somos influenciados; a mudança que se refere à criança e à qual a criança não quer e não pode renunciar. A mudança, ainda que não fácil e, às vezes, até dolorosa, é vital. Vital em relação à vida, porque a vida é mudança e os primeiros anos de vida são um período de grande transformação.

Falamos sobre o direito à mudança: a mudança é tanto um direito quanto um valor. É uma qualidade de vida e do viver que requer consciência para dar-se uma direção. É necessário dar significado e acompanhar a mudança. As crianças nos pedem isto também: para acompanhar as suas mudanças e a sua busca de novas identidades na mudança; é a própria busca de significado da mudança. É questão de observar, ler, interpretar a mudança através dos olhos de outras crianças e adultos para entendê-la, avaliá-la e apreciá-la.

NOSSA IMAGEM DA CRIANÇA E DA INFÂNCIA

Essas são imagens que levamos dentro de nós. São adquiridas pelo sistema de representações que cada grupo social desenvolve ao longo da própria história. São as expectativas dirigidas à criança pelo seu contexto social. A relação de cada sociedade e de cada indivíduo com as crianças é feita por meio dessas imagens e representações.

A meu ver, nossa época – a virada do século – e a área cultural em que vivemos são caracterizadas por uma profunda discrepância entre o que é descrito na literatura psicopedagógica e experimentado em algumas situações e o que realmente é feito e experimentado na maior parte da vida cotidiana. Muito foi dito e escrito sobre a criança competente (que tem a capacidade de aprender, amar, comover-se e viver), uma criança rica de potencialidades, uma criança potente em relação ao que é e pode ser desde o momento do nascimento. Na prática, porém, pouco foi feito para levar essa imagem a sério.

O CONCEITO DE APRENDIZAGEM

Muito já foi dito sobre a construção do saber por parte do indivíduo, sobre os seus contextos temporais, os seus métodos e a construção de identidade. Na prática, porém, a maneira como interagimos e nos relacionamos com a criança revela uma completa negação dessas possibilidades.

Muitas abordagens pedagógicas, muitas políticas e instituições que têm a ver com a infância são inspiradas e legitimadas pela ideia de criança frágil e fraca. Além disso, quanto menor é a criança – sobretudo abaixo de 3 anos –, mais parece ser legítimo o desconhecimento das muitas possibilidades e qualidades que a identificam.

Foi verificada uma ruptura entre os primeiros 2 ou 3 anos de vida e os 3 anos posteriores. Foi feita a hipótese de que as diferenças entre esses grupos de idade, embora sejam importantes para caracterizá-los, comportam uma completa desvantagem da criança menor, levando a uma verdadeira erosão e distorção dos seus direitos. Assistimos a uma real negação social, cultural e política da criança pequena na sua identidade pública de cidadã e portadora de direitos. Dessa forma, é escondida a identidade da infância.

Talvez essa seja a única maneira de justificar as argumentações que sustentam um tratamento diferente das creches. Os seus custos – indubitavelmente elevados – nunca são considerados como investimento social e cultural, mas sempre e somente como despesa. Eis porque questões como a diferença de remuneração dos educadores das creches e das escolas da infância ou as recentes decisões sobre a formação profissional universitária* exigida somente para os professores das escolas da infância não são mais uma surpresa para ninguém. É também o único modo para explicar (mas não justificar) a atitude dos professores das escolas da infância, que frequentemente recusam o diálogo e as trocas com as das creches, provavelmente por medo de serem arrastados para baixo.

O crescente risco de padronização das escolas de educação infantil e a tentativa de torná-las sempre mais parecidas com as escolas de ensino fundamental gera uma abordagem completamente distorcida com relação entre as creches e as escolas da infância. O escasso número de creches no país, a escassa visibilidade que possuem e o baixo nível de reconhecimento dado a elas (social e culturalmente) arriscam acentuar a lacuna que existe com relação às escolas da infância, com o risco de isolar a creche de todos os outros componentes do sistema educacional.

As pesquisas conduzidas nas creches, mostrando a sua qualidade e o seu valor, foram pouco eficazes. Aos olhos da opinião pública e do governo nacional, elas aparecem muito frequentemente como lugares de "cuidado" e "assistência social", um lugar caro, mas sem relevância educacional.

Existem muitas razões de natureza política, econômica e cultural que são um obstáculo para o desenvolvimento real do conceito de continuidade na faixa etária de 0 a 6 anos. Porém, parece óbvia a exigência de quebrar o círculo vicioso no qual a creche caiu, começando não só por uma perspectiva econômica e ocupacional, mas pela imagem da criança, em um contexto estimulante, para identificar as qualidades educacionais dessas instituições.

É necessário então que seja feita uma reflexão, começando pela criança e pelas estratégias que lhe darão, com maior probabilidade, a possibilidade de se expressar plenamente. Só então poderemos começar a negociar e enfrentar os problemas econômicos (custos), sindicais (condições de trabalho do pessoal) e as exigências que derivam da organização social (horário de trabalho das famílias etc.), para se chegar a soluções flexíveis e compatíveis com as exigências e os direitos de outros sujeitos (pais e professores). Somente assim, procedendo dessa maneira, poderemos falar ou refletir sobre a continuidade e acordarmos um novo significado para o termo.

Em primeiro lugar, continuidade entendida como projetualidade em longo prazo, em um arco temporal que seja suficientemente longo para consentir não só a busca do significado, mas também as diferenças e analogias entre identidades em mutação (as das crianças e das instituições).

Um diálogo entre creches e escolas da infância será possível somente na medida em que elas forem capazes de expressar o que as diferencia e o que têm em comum. É comum entre elas a escuta das crianças, o valor do diálogo e da participação. Todavia, possuem estratégias e formas de organização diferentes. Por exemplo, a maneira com que o ambiente é organizado para uma criança de 6 meses é di-

---

* N. de R. T. À época em que este capítulo foi escrito, havia uma obrigatoriedade de formação do ensino superior somente para os professores das escolas da infância.

ferente de como é organizado para uma criança de 4 anos: ambos são inspirados por um alto nível de atenção para a criação de um contexto capaz de encorajar os processos de aprendizagem e interação nas crianças e entre as crianças.

Continuidade entendida não no sentido de padronização, mas como desenvolvimento coerente e coordenado do processo educativo. Isso não deveria levar à erosão de métodos e meios, mas, ao contrário, à busca de diferentes estratégias e contextos que visem à construção de valores em conjunto e a um objetivo comum, ou seja: consentir que cada criança e cada adulto (professores e pais) compartilhem significados comuns, criando escolas de educação infantil que não preparem para a vida, mas que *sejam* a própria vida. Não são lugares onde os professores tentam transmitir informações, mas onde professores e crianças busquem se compreender reciprocamente e compreender o mundo e a vida juntos.

Isso pode, em última análise, garantir a identificação das diferenças e das analogias necessárias entre as duas instituições, em uma relação de estima e respeito recíproco. Tal relação deriva do compartilhamento de significado, conhecimento, desenvolvimento e dos processos que os favoreçam, ou seja, o processo educativo, o papel das instituições para a primeira infância e o significado do ensino em relação à aprendizagem. Em outras palavras, significa explicitar as teorias de referência e torná-las objeto de reflexão, discussão, confronto de ideias e troca.

Essas hipóteses e esses objetivos permitiram à minha cidade, Reggio Emilia, organizar e acompanhar processos educativos comuns que consentem a instauração do diálogo, partindo das diferenças. Diferenças conscientes que são objeto de discussão e, por isso, passíveis de redefinição, mediante troca e mudança. As escolas de educação infantil podem tirar disso uma notável e recíproca vantagem, não só em termos de diálogo, mas também em termos de identidade e consciência.

A continuidade – entendida como projetualidade de grande alcance e com possibilidades estendidas em escala temporal prolongada (seis anos) – é importante não somente para a criança, seus processos e seu desenvolvimento, mas também para a formação do professor (que deve se concentrar no projeto para crianças de 0-6 anos de idade); para a relação com as famílias (os programas em um período de tempo de seis anos influenciam o desenvolvimento da experiência parental); para o impacto social, cultural e político dessa experiência. A creche é apresentada como lugar não único, mas de importância primária para desenvolver "a imagem da infância". Uma forte imagem da infância e da escola da infância equivale a uma posição contratual mais forte.

Continuidade significa, nesse sentido, continuidade de valores, ou seja:

- valor da *formação profissional* como autoformação;
- valor da *educação* como construção de saber e identidade por parte de crianças, professores e pais juntos, subentendendo o valor da subjetividade, por meio da recognição dos percursos e dos processos individuais, das memórias, dos documentos e dos rastros;
- significa a construção de um currículo que saiba oferecer continuidade nos processos de aprendizagem;

- valor da *participação* e da *colegialidade* como confronto de ideias, troca e negociação;
- valor do *contexto* em termos de espaço, contextos temporais e materiais.

Em Reggio, a continuidade se traduziu em uma organização que reconhece o máximo respeito pelas diferenças, permitindo que se expressem as características distintivas de cada instituição. Ao mesmo tempo, nossa organização promove o diálogo e a comunicação em todos os níveis, mediante a copresença das professoras (mais professoras que trabalham ao mesmo tempo com o mesmo grupo de crianças); encontros colegiados de atualização e formação profissional; encontros com a participação dos pais; formação contínua realizada com encontros entre instituições e sujeitos culturais diversos.

A FASE DE TRANSIÇÃO ENTRE AS CRECHES E AS ESCOLAS DA INFÂNCIA

Partimos da ideia de que as crianças – e não só – nos pedem e querem, por sua vez, fazer previsões que lhes ajudem na compreensão e estruturação do evento da transição. Com frequência, o que é definido como egocentrismo da criança (mas também do adulto) é efetivamente um fenômeno de *desorientação*. Temos que ajudá-las e ajudar a nós mesmos a prever as regras, os papéis e as expectativas que permeiam o contexto.

Consequentemente, nos últimos anos da creche (mas também da escola da infância), fazemos um esforço mais intenso para desenvolver contextos previsionais para crianças, pais e professores. É importante para os três sujeitos, mesmo considerando as respectivas e diversas preocupações, serem capazes de administrar o período de transição por meio da compreensão, o sentirem-se esperados, da percepção de que a própria identidade individual é reconhecida (reconhecendo o medo do anonimato, sobretudo por parte dos pais), do terem a sensação de serem escutados (nas próprias esperanças, desejos e ânsias); sintetizando, é o se sentirem respeitados e acolhidos.

É nesse sentido que uma série de iniciativas ganha valor e significado; iniciativas como as visitas dos pais junto com as crianças à escola da infância, podendo passar uma manhã inteira em grupo; os encontros do grupo de pais com as professoras para explorarem expectativas juntos (e a continuidade); o fornecer informações básicas e tranquilizadoras (incluso material informativo, panfletos e pequenas publicações nas quais as crianças de 5 anos contam as próprias experiências às outras crianças que estão próximas a começar a escola da infância, utilizando palavras, desenhos e fotografias).

Outras oportunidades são oferecidas por uma espécie de "carteira de identidade" da escola da infância e do novo grupo da seção, com os nomes dos futuros amigos e das professoras, e por um convite (feito às crianças que vão iniciar a escola) para se lembrar de como foi o verão, o que significa recolher histórias e narrativas pessoais. Esse pequeno "diário das férias" ficará com a criança durante os primeiros dias de escola e poderá facilitar a passagem de um contexto para outro.

Todo esse material é entregue em junho, durante um encontro organizado e promovido pela escola com as "novas" crianças, as suas famílias e as professoras: tomar um sorvete ou um chá em conjunto é um bom pretexto para um primeiro encontro para se definir como grupo, como identidades individuais que o constituem e para se contar o percurso que se pretende seguir. Em agosto, são realizadas as reuniões individuais e outro encontro, novamente todos juntos, poucos dias antes do começo da escola, no qual pais e professores procuram fazer previsões e identificar estratégias. Além disso, estão previstas reuniões com cada família e encontros entre as professoras de ambas as instituições, organizados na creche, para valorizar as suas documentações: rastros individuais e de grupo que são testemunhas das experiências da criança.

É preciso ter a consciência de que tais encontros não descreverão *quem é* a criança e que a criança não será avaliada com uma avaliação final, mas serão narradas as experiências naquele contexto – o da creche –, por meio de documentos que falam da criança. É uma conversa que tem o objetivo de dar ao/à colega da escola da infância – que usa as mesmas linguagens da professora de creche e com quem compartilha valores e significados nos âmbitos sobre os quais eu falava antes – uma orientação sobre a melhor maneira de criar um ambiente acolhedor. A história e os rastros do trabalho da criança são organizados em um álbum: alguns são documentos individuais, outros de grupo.

Por último, mas não por isso menos importante, para dar apoio à continuidade, estão previstas sessões e encontros para as professoras de ambas as escolas, separadas e em conjunto, para a preparação do "evento", a passagem de uma instituição para outra, inclusa a festa de despedida e de boas-vindas para as quais as professoras são reciprocamente convidadas.

Existem muitas outras coisas que acontecem com o avançar do outono, quando, após um período inicial de ambientação, as professoras têm a oportunidade de se encontrarem novamente para outras trocas, para fornecerem sugestões e conselhos. São muitas ações, muitos pensamentos com um só objetivo: fazer com que a criança e a sua família sejam autores da própria história, abertos à mudança, gratos ao passado, mas plenos de "nostalgia para o futuro".

12

Criatividade como qualidade de pensamento (2000)

Creio que algumas das perguntas mais importantes que devemos nos fazer como professores, mas também como educadores e adultos, são estas:

- Como podemos ajudar as crianças a encontrarem o sentido do que fazem, do que vivem e do que encontram?
- Como podemos conseguir dar uma resposta às suas perguntas de sempre, aos seus "porquês", aos seus "como", às suas buscas do que queremos chamar não somente de sentido das coisas, mas o próprio sentido da vida, uma busca que começa com o nascimento, desde o primeiro silencioso "por quê" da criança até o que para nós, adultos, é o significado da vida?

Estas são, a meu ver, perguntas centrais.

É uma busca muito difícil, sobretudo para as crianças e os adolescentes de hoje, que possuem, na vida diária, mil referências diferentes: a experiência da família, da televisão, dos muitos e diferentes locais de encontro. Existe, por parte da criança, a necessidade de juntar todos esses fragmentos, às vezes desconectados, que encontra ao longo da vida, mas também ao longo do mesmo dia. E nessa busca, às vezes, as crianças são deixadas sozinhas pelas famílias e, com frequência, pela própria escola. Mas uma criança (ou um adolescente) continua fazendo a sua busca, com teimosia, com fadiga, errando; continua até mesmo sozinha, mas continua. Parar significaria encerrar qualquer possibilidade, qualquer esperança; fechar a si mesmo a possibilidade não somente de ter um passado, mas também de se dar um futuro. E a criança intui isso, sabe disso desde muito cedo.

Essa busca do sentido da vida e de si mesmo nasce com a própria criança e é por isso que a definimos como "competente e forte": para essa busca em direção à vida, em direção aos outros, em direção às relações entre si e a vida. É uma criança não mais considerada frágil, sofredora, incapaz; é uma criança que nos pede para ser vista com olhos diferentes para dar força ao seu direito de saber, de achar – sozinha ou com as outras – o sentido da vida. De fato, é diferente nossa atitude com uma criança que sentimos ser ativa e que, conosco – e não só nós com ela –, busca a cada dia entender algo, tirar um significado de algo, um pedaço de vida.

O grande problema é compreender o significado do que estamos definindo; entender o porquê, procurar razões e respostas. E isso não está ligado a uma idade específica da vida, acredito que esteja ligado à nossa qualidade humana. De fato, está no homem, é do homem – e portanto da criança – a ideia de se possuir consciências diversas, mas direitos iguais.

Com muita frequência, as "teorias", ou seja, as explicações de sentido expressadas pelas crianças são vistas como "erros" ou definidas como "teorias ingênuas" e, por isso, não dignas de serem escutadas e respeitadas. Isso coloca a criança em um nível inferior, que a considera "imperfeita" e a sua contribuição de pensamento é vista como não significativa. Pelo contrário, nós sabemos muito bem o que quer dizer sentir-se companheiro de viagem de uma criança nessa sua incessante busca de sentido. Os significados que produz, as explicações que procura para tentar dar e se dar respostas são de grande importância e grandes reveladoras das maneiras pelas quais a criança sente, interroga, interpreta a realidade e as próprias relações com ela.

Essas teorias, essas explicações que as crianças dão normalmente são muito ternas: "*Está chovendo porque o homem da televisão diz que está chovendo*"; e ainda: "*Está chovendo porque Jesus está chorando*"... Eu acredito que elas não devem, absolutamente, ser interpretadas com aquele termo que, na cultura pedagógica, é chamado de mal-entendido, ou seja, algo que deve ser corrigido, mas como algo muito importante. A atitude de se fazer perguntas começa cedo e nos faz entender muito, por exemplo, sobre a parada da criança por dez minutos para observar uma flor, sobre o seu encantamento com a chuva nos vidros, sobre as suas maravilhas e sobre os seus porquês.

Quando a criança se pergunta "por que", é também o momento mais gerador: de fato tenta, desde muito pequena, produzir teorias interpretativas, dar respostas. Ingênuas e *naïve*, alguém dirá, mas pouco importa: o importante é valorizar e, sobretudo, entender o que há por trás e por trás há algo realmente extraordinário. Há essa intenção de produzir perguntas e buscar respostas: uma das coisas mais peculiares e extraordinárias da criatividade.

A criança competente é uma criança que tem um adulto que a vê como tal: o nível de expectativas é determinante. Creio que para nós, em Reggio Emilia, tenha sido fundamental romper com o esquema da observação objetiva, afastar a objetividade para dar vantagem à subjetividade, mas, sobretudo, dar possibilidade de olhar a criança com amor, com olhos cúmplices. Uso o termo "cumplicidade" para significar uma espécie de aliança, de solidariedade que faz com que crianças e adultos sintam que estão juntos, unidos em um desejo comum de compreensão e conhecimento e capazes de lutarem e de se alegrarem juntos. Então, esses olhos cúmplices podem também fazer nascer a suspeita de que por trás desses olhares existam porquês, ou seja, interpretações, tentativas de se explicar por que uma flor é assim, por que a mamãe diz "flor" e o que é uma flor. Mas, em uma flor, existe o sentido da vida e, na relação com uma flor, existe a busca do sentido da vida.

Eis porque eu gostaria de propor uma reflexão sobre o que definimos, talvez de modo não original, uma "pedagogia da relação e da escuta". Uma pedagogia que nasce justamente da suspeita de que a criança é pesquisadora por excelência, porque do pesquisador, ela tem a curiosidade e a capacidade de produzir teorias interpretativas. Parece possível identificar aqui a origem dessa pedagogia da relação e da escuta, mas também de uma possível origem da criatividade relacional.

Tanto para o adulto quanto para a criança, como dito antes, *entender* significa elaborar uma interpretação – a que nós chamamos de "teoria interpretativa" – ou seja, uma teoria que dê sentido aos acontecimentos e às coisas do mundo. Teoria como explicação satisfatória: pegamos o termo teoria, tão difícil, e o transformamos em um direito cotidiano que reconhecemos à criança, definindo-a como "competente".

Uma criança de 3 ou 4 meses pode elaborar teorias? Eu gosto de pensar que sim, pois sinto que dessa convicção pode nascer uma atitude diferente com a criança e, sobretudo, pode nascer esse conceito de teoria da escuta e da criatividade relacional. Uma teoria, portanto, como explicação satisfatória, ainda que provisória, mas que é algo mais que uma ideia ou um conjunto de ideias. "Uma teoria que deve agradar, deve nos convencer, deve nos ser útil e capaz de satisfazer nossas exigências intelectuais, afetivas e também estéticas." (Alberto Munari, 1993). Isto é, deve nos dar o sentido de uma completude que gera sentimentos de satisfação e de beleza. A estética do conhecimento faz parte da qualidade do pensamento, é isso que nos faz dizer: "Acabou, está completo".

Sob alguns aspectos, se possível, ela deve agradar também aos outros, precisa da escuta dos outros. Isso permite transformar um mundo que é intrinsecamente nosso em algo compartilhado: o outro constrói o meu conhecimento e a minha identidade.

O compartilhamento das teorias é a resposta à incerteza e à solidão. Vamos dar alguns exemplos:

"O mar nasce da mamãe onda." Aqui, essa criança de 3 anos quer dar uma explicação, criou um conceito e está elaborando a ideia de que tudo tem uma origem. E faz isso unindo, de maneira criativa, diversos elementos que possui; formula uma explicação satisfatória e, enquanto a conceitualiza, compartilha-a com os outros.

"O tempo nasce do temporal." Aqui a criança faz uma associação – tempo/temporal – e espera somente ser escutada e não negada. Sua capacidade é a de criar representações combinadas com linguagens e aproximações incomuns.

"O vento nasce do ar e tem a forma de bater." É com frases como essas que a palavra da "criança competente" ganha plena dignidade.

"Mas quando alguém morre, entra na barriga da morte e depois renasce?" Eis o que quer dizer busca de sentido e formu-

lação de teorias: aqui a criança juntou todos os elementos que possuía e também a sua angústia. Existe, em primeiro plano, a ideia da proximidade entre gravidez-morte, a ideia geradora.

A palavra escuta, não somente em sentido físico, mas também metafórico, começa assim a não ser mais uma palavra, mas uma atitude fundamental para a vida.

Eis o que entendemos como escuta: a escuta é uma atitude que requer a coragem de se abandonar às convicções de que nosso ser é uma pequena parte de um mais amplo conhecer; a escuta é metáfora de disponibilidade, de sensibilidade para escutar e ser escutado com todos os sentidos. É uma palavra que não pede para ser dirigida somente à criança, mas também ao outro; escuta significa principalmente conceder a si mesmo e ao outro o tempo para escuta. Por trás de cada escuta existe um desejo, uma emoção, um acolhimento das diferenças, dos valores e dos pontos de vista.

Devemos, então, escutar e valorizar as diferenças, os pontos de vista do outro – homem, mulher ou criança – e, sobretudo, recordar que por trás de cada escuta há a criatividade e a interpretação por ambas as partes. *Escuta* significa então *dar valor*, ainda que não se esteja de acordo. Saber escutar é um empreendimento difícil; é necessário abrir-se aos outros, todos nós precisamos disso. Uma escuta competente é uma abertura profunda e uma predisposição para a mudança.

A escuta é premissa para qualquer relação de aprendizagem, que é um ato subjetivo e individual, mas, como se sabe, é o que transforma a aprendizagem em um nível mais alto, é a possibilidade de ação e de reflexão sobre a própria aprendizagem. É dessa maneira que se torna conhecimento e competência, graças, sobretudo, à representação e à mensagem. Representar nosso processo de aprendizagem e saber compartilhar com os outros é indispensável para a reflexão que gera conhecimento. Desse modo, imagens e intenções são reconhecidas pelo sujeito, ganham forma e evoluem por meio da ação, da emoção, da expressividade e das representações icônicas e simbólicas. Aqui são geradas as linguagens, a aprendizagem e a criatividade.

O conceito citado antes "do mar e da mamãe onda" é, provavelmente, expresso após uma pergunta e, em um contexto, essa ideia pode se tornar ainda mais bonita e forte se a criança conseguir organizá-la e se lhe for oferecida a representação gráfica dela. Não é só o conceito que se consolida: o modo de pensar também muda. Todas as crianças, mais cedo ou mais tarde, aprendem a comunicar, mas é a qualidade de como comunicam que importa; é justamente aí que a qualidade do pensamento é colocada em jogo e é gerado o processo criativo.

Mais explicitamente: peguemos como exemplo o desenho de Federica (3 anos e 2 meses) e vejamos como a menina resolve o problema do correr (Fig. 12.1).

Federica sabe que o cavalo tem quatro patas. Então ela vira a folha e as desenha do outro lado (Fig. 12.2).

Ela conseguiu unir linguagens e aprendeu a codificá-las, com expressividade e criatividade. Outra menina de 5 anos chegou à mesma solução. Pegou o desenho, foi para a janela e fez um decalque do outro lado da folha.

Aqui estamos diante de um problema que muitas crianças se colocam: como criar a tridimensionalidade na bidimen-

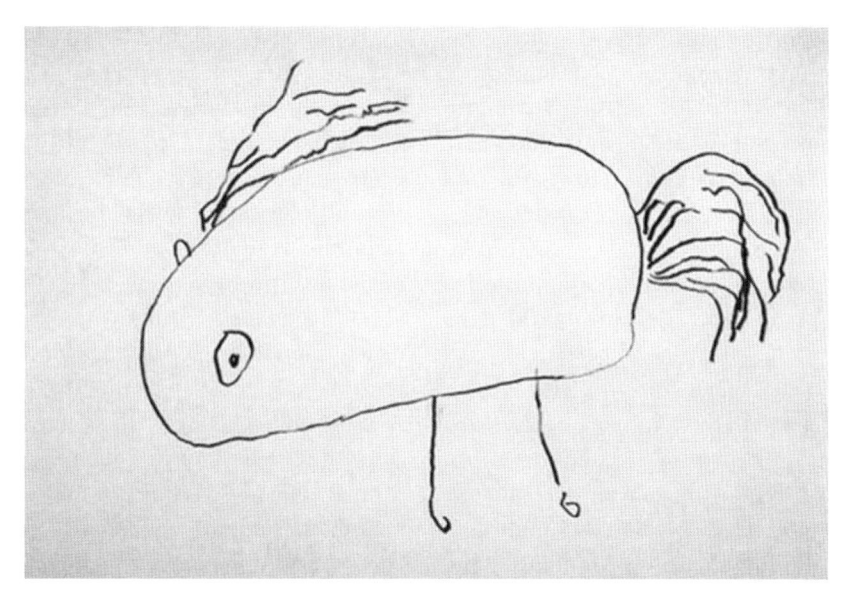

FIGURA 12.1

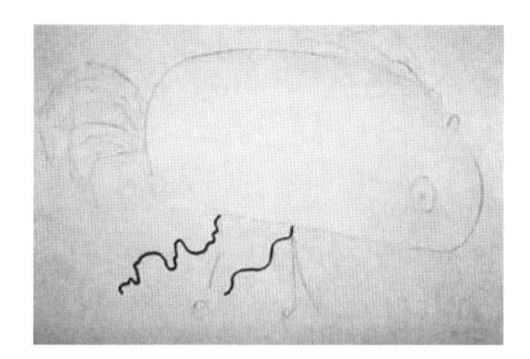

FIGURA 12.2

sionalidade. É um momento extremamente criativo, tanto no plano cognitivo quanto no plano expressivo.

O que emerge de modo claro desses exemplos é uma imagem especial de criança, além de uma cultura de escuta. De um lado, pode estar um adulto que não escuta, porque tem um programa a seguir e busca corrigir imediatamente, dar soluções rápidas ao problema e não dá tempo para as crianças criarem as suas respostas. De outro lado, pode estar um adulto que pensa ser apropriado escutar com mais atenção e propor outras ocasiões, outros contextos nos quais as crianças possam continuar as suas pesquisas, para que haja um avanço tanto no plano cognitivo quanto no comunicativo.

O que é extraordinário na mente humana não é somente a capacidade de transitar de uma linguagem para outra, de um código para outro, de uma "inteligência" para outra, mas também que seja capaz de realizar uma escuta recíproca, que faz com que a comunicação e o diálogo sejam possíveis. O maior e extraordinário ouvinte é a criança, que codifica e decodifica, interpretando os dados com uma criatividade extraordinária; "escuta" a vida em todas as suas faces e nos seus aspectos multiformes; escuta os outros com generosidade, com expectativa; percebe rapidamente como o ato de escutar é um ato fundamental da comunicação.

Como se sabe, as crianças são biologicamente preparadas para a comunicação e para a relação com os outros. É por isso que temos sempre que lhes proporcionar ocasiões para poderem representar as suas imagens mentais e para poder apresentá-las aos outros.

Dessa forma, transitando de uma linguagem para outra, de uma *mídia* para outra, de um campo de experiência para outro, a criança pode apreciar e crescer na ideia de que o outro é indispensável para a sua própria identidade e para a sua existência. Este é um conceito de valor de base no qual devemos escolher caminhar ou não. Percebemos que o outro (o que chamamos de intersubjetividade) não só se torna indispensável para nossa identidade, para nossa compreensão, para a comunicação e para a escuta, mas também que o aprender em conjunto gera prazer em um grupo e que o grupo se torna lugar de aprendizagem. Criamos o que chamamos de "audiência competente": sujeitos capazes de escutar, de se escutarem e de se tornarem sensíveis às ideias dos outros para poderem enriquecer as próprias e para gerar novas ideias de grupo. Eis então a revolução que devemos colocar em ação: desenvolver a sensibilidade natural da criança para apreciar e elaborar as ideias do outro, compartilhando-as.

Esta é a raiz do trabalho em grupo: na universidade e no ensino médio já é tarde, mas na escola de ensino fundamental também; temos que atuar é na faixa etária de 0 a 6 anos. Aprender com a criança quer dizer também e, sobretudo, aprender o valor dessa aprendizagem de grupo. Escolher algumas estratégias educativas em vez de outras, algumas metodologias em vez de outras é determinante para a socialização e a capacidade de ação.

É por isso então que gostamos de considerar o processo de aprendizagem como um processo criativo. Como criatividade quero dizer a capacidade de construir, entre pensamentos e objetos, novas conexões que levam à inovação e à mudança, pegando elementos conhecidos para criar novas interpretações.

Criatividade é uma palavra muito usada, abusada; é um caráter do comportamento e do pensamento humano. A criatividade está para o pensamento como a água está para a vida, é parte essencial dele. Portanto, ela não pode ser ensinada, somente apoiada. Pode-se favorecer o seu desenvolvimento, porque é intrínseca à própria identidade humana.

Eis outro exemplo. Um menino de 3 anos está brincando com um pedaço de

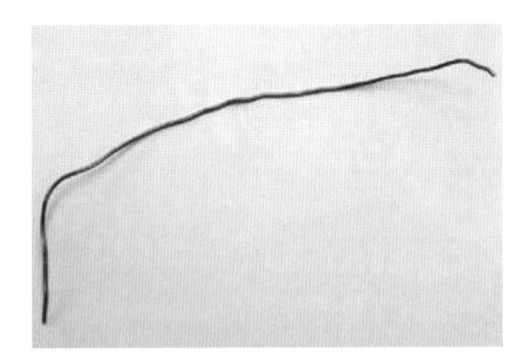

FIGURA 12.3

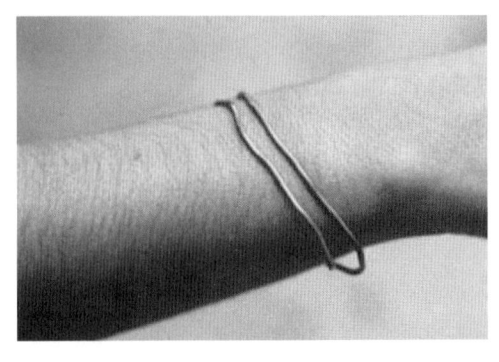

FIGURA 12.4

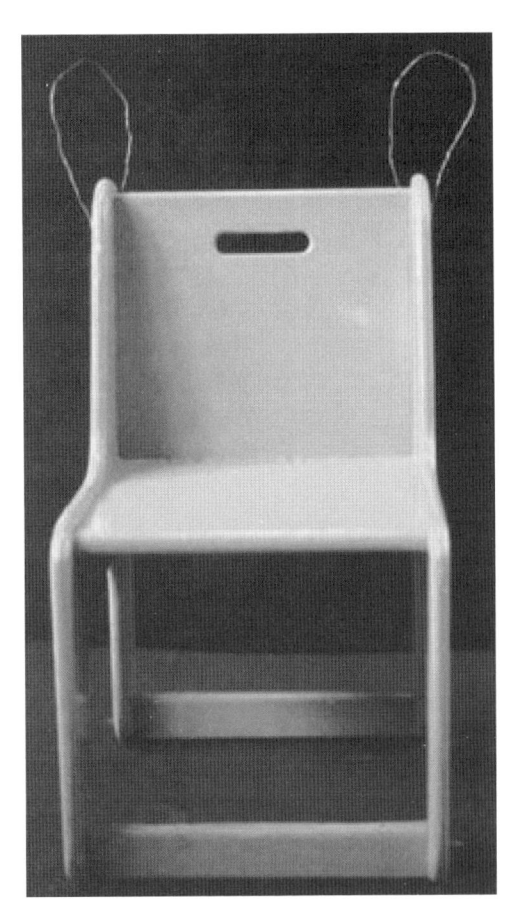

FIGURA 12.5

ferro: primeiro faz uma pulseira, depois, com o encosto de uma cadeira, o ferro se torna um cavaleiro que cavalga o seu corcel, transformando-se, enfim, na orelha do cavalo (Figs. 12.3, 12.4 e 12.5).

Portanto, a criatividade se apresenta como a capacidade de criar coisas novas e novas conexões, que levam a invenções e mudanças de pensamento para a criança e para o adulto.

Como se sabe, há duas formas de pensamento das quais somos dotados: o pensamento convergente, que tende à repetitividade, e o pensamento divergente, que tende à reorganização dos elementos.

O pensamento divergente é o que vimos no último exemplo, é a combinação de elementos inusuais que a criança coloca em ação com muita facilidade, porque não possui culturas teoréticas e relações fixas. Mas, pelo contrário, por que nós temos tanta dificuldade para irmos em direção ao pensamento divergente? Primeiramente, porque o pensamento convergente é cômodo, está bom para nós; mas também porque mudar de ideia muitas vezes representa uma perda de poder. Mas as crianças buscam o poder mudando de ideia, na honestidade que possuem com relação às belas ideias, aos outros, na honestidade da escuta. Porém entendem rapidamente que ter ideias divergentes daquelas dos professores ou, às vezes, dos pais, e expressá-las no momento errado não é sempre positivo. Então o pensamento criativo não morre, mas morre a legitimação da criatividade do pensamento. A criatividade é relacional, precisa ser aprovada para se tornar um patrimônio comum. Mas muitas vezes temos medo dessa criatividade, até mesmo da nossa, pois nos torna diferentes.

Como diz Piaget, na brincadeira, a criança pega a realidade para tomar posse dela; descompõe-a e a recompõe com liberdade, consolidando essa qualidade do pensamento convergente e divergente. A brincadeira lhe servirá para ter um pensamento criativo e para escapar de uma realidade às vezes muito opressora. É aqui que são feitos alguns dos nossos erros mais dramáticos. A dimensão do brincar (com as palavras, com o pregar peças e assim por diante) é, portanto, um elemento essencial do ser humano. Se nós tirarmos da criança (e do adulto) a dimensão lúdica, nós lhe tiraremos uma possibilidade de aprendizagem;

romperemos com a díade brincadeira-aprendizagem.

A criatividade não é só a qualidade do pensamento de cada indivíduo, mas é um projeto interativo, relacional e social: precisa de um contexto que lhe permita existir, expressar-se, comunicar e tornar-se visível. É determinante também o contexto de escuta, no qual a criatividade se expressa: na escola, deve poder se expressar em todos os lugares e em todos os momentos. É desejável uma aprendizagem e um professor criativo, mas não uma hora de criatividade. Por isso, o ateliê deve dar suporte e garantir todos os processos criativos que podem acontecer em qualquer lugar na escola, em casa e na sociedade. Basta lembrar que não existe criatividade na criança, se não existir no adulto: a criança competente e criativa existe se houver um adulto competente e criativo. E assim a escola se torna ela mesma "um grande ateliê", metáfora de um lugar no qual a construção do conhecimento de cada criança é um processo em que as linguagens científicas, expressivas, lógico-matemáticas desempenham um papel que é a própria episteme do conhecimento.

Pensemos na relação com a arte: a arte foi, com muita frequência, separada da vida e não foi, como a criatividade, reconhecida como direito do cotidiano, como qualidade de vida. O desenvolvimento disciplinar das ciências trouxe não só vantagens, mas também inconvenientes, como a especialização e a fragmentação do saber. Em geral, nosso sistema social adere a essa lógica da separação e da fragmentação dos níveis de poder. Muito frequentemente, ensina-se a separar o que está unido, a descompor ao invés de compor as disciplinas, a eliminar tudo o que leva à desordem. Por isso é absolutamente indispensável reconsiderar a relação com a arte como uma relação com os processos artísticos e, portanto, como uma relação essencial do pensamento humano. Uma arte do cotidiano, assim como uma qualidade do cotidiano devem ser um direito de todos. Arte, portanto, como parte da nossa vida, do nosso esforço para aprender a conhecer.

Concluo este percurso fazendo uma homenagem ao inspirador deste nosso discurso, Gianni Rodari, com uma frase extraída da *Gramática da fantasia:* "Todos os usos da palavra para todos" – parece-me um bom lema, com um belo som democrático – "não para que todos sejam artistas, mas para que ninguém seja escravo".

13

Professor como pesquisador: a formação em uma escola da educação (2001)

*F*iz esta apresentação em uma conferência que aconteceu em St. Louis, nos Estados Unidos, organizada pela Reggio Children e pela associação St. Louis Reggio Collaborative, criada por um grupo de professores, diretores de escolas e docentes universitários que, há alguns anos, decidiram desenvolver naquela cidade um sistema de escolas inspirado na experiência educativa de Reggio Emilia.

Entre as muitas iniciativas que organizou em 2001, a St. Louis Reggio Collaborative decidiu dedicar uma conferência de três dias a este tema: o professor como pesquisador. Um tema que tem uma importância particular para nós, de Reggio Emilia, e sobretudo para mim. Acolhi, então, com grande prazer o convite para estar presente no evento e, preparando a minha apresentação, tive a oportunidade de aprofundar outros aspectos do conceito de professor como pesquisador. Mais adiante, no mesmo ano, voltei a St. Louis como professora visitante na Webster University, convidada pela Professora Brenda Fyfe.

Por que deveríamos falar de formação pessoal e profissional na conclusão dos nossos trabalhos? Creio que o motivo é bem claro: porque falar de documentação e pesquisa – ou melhor, de documentação como componente essencial da didática e componente pedagógico – significa falar sobre a formação e sobre a educação pessoal e profissional, as quais, assim como a educação, não deveriam ser consideradas como qualidades estáticas ou imutáveis, adquiridas de uma vez por todas, mas sim como um processo, como percurso contínuo desde o nascimento e por toda a vida, hoje mais do que nunca. Formação pessoal e profissional e educação são, de fato, coisas que construímos em relação com os outros, de acordo com valores escolhidos, compartilhados e construídos em conjunto. Isso significa viver e se viver em um permanente processo de pesquisa.

E aqui a palavra "valor" é uma palavra importante, pois o termo "educação" está firmemente ligado ao termo "valor", onde educar é também – e, sob alguns aspectos, principalmente – educar os valores intrínsecos a cada indivíduo e a cada cultura, para torná-los visíveis, conscientes e compartilháveis.

Mas o que é um valor?

É um termo decisivamente polissêmico; assim como os termos "educação", "formação", "subjetividade" são conceitos contextuais, pois podem ser definidos somente em relação ao contexto cultural, político e histórico. Uma primeira consideração é que o termo "valor" parece não vir do âmbito filosófico, mas de um âmbito econômico e cultural.

Uma possível definição poderia ser: os valores são os ideais aos quais o homem aspira na sua vida, que lhe servem como referência nos seus julgamentos e na sua conduta e a partir dos quais alinha (ou não) as suas relações com o grupo social de referência (comunidade, sociedade, cultura).

Os valores definem as culturas e estão entre os fundamentos das sociedades: todas as comunidades compartilham valores. Os valores são, portanto, relativos e estão relacionados à cultura de pertencimento: determinam-na e são determinados por ela. Os valores não são universais, nem eternos. Somos nós, como indivíduos, que escolhemos nossos valores, confirmando-os e sustentando-os. Mas são também as sociedades e os seus lugares públicos que criam valores, que lhes dão prioridades, que os enfatizam e os transmitem.

FIGURA 13.1 Professores no ateliê, encontro coletivo.

Para nós, de Reggio Emilia, a escola é um desses lugares, um lugar onde os valores são transmitidos, discutidos e criados. Esta é uma das maiores responsabilidades das escolas e de todos nós, e precisamos ter consciência disso. Quanto menor for a criança, mais a escola e os seus professores devem ser conscientes dessa importante tarefa e ter um profundo senso de responsabilidade.

Mas de quais valores estamos falando?

Dissemos, anteriormente, que cada sociedade, cada comunidade, define constantemente os próprios valores. Da nossa experiência nas escolas de educação infantil municipais de Reggio podemos recordar alguns dos valores que representaram os traços de constituição e os elementos que guiam a própria experiência.

O primeiro é o *valor da subjetividade* como inteireza e integridade (valor holístico). Escolhi o termo "subjetividade" entre outros possíveis – como "pessoa" e "indivíduo" – pois, comparado a esses dois, parece-me enfatizar melhor os aspectos de correlação e de reflexividade; aspectos, estes, que constroem o sujeito. O sujeito é, portanto, uma construção (autoconstrução e construção social) que se define em um contexto e em uma cultura.

Há tempos, muitos estudos sobre o cérebro tornam evidente, de uma maneira clamorosa, a unicidade e a irrepetibilidade de cada indivíduo e da sua construção como sujeito. Muito sabemos sobre como o indivíduo se define em relação ao contexto ambiental e a forte influência das interações sociais no destino de cada um de nós (principalmente nos primeiros anos de vida). Por isso, é importante e necessário sermos receptivos, reconhecendo e sustentando "essa subjetividade".

As implicações de ordem metodológica desse valor podem ser bem reconhecidas em nossas escolhas e estratégias cotidianas, como a observação e a documentação, o trabalho em pequeno grupo, a organização do espaço, a presença e o uso do ateliê e dos miniateliês e assim por diante. Em todas essas escolhas, nós procuramos consentir que a subjetividade de cada criança e de cada professora possa emergir, de acordo com a sua relação pessoal com os outros e com o contexto. E aqui gostaria de, mais uma vez, enfatizar o alcance do valor da subjetividade, assim como a descrevemos. A relação entre subjetividade e intersubjetividade é, a meu ver, fundamental, não somente no plano cognitivo (e psicopedagógico), mas, sobretudo, nos planos político e cultural. A questão me parece ser fundamental para o futuro da humanidade: a relação entre o indivíduo e os outros, entre si e o outro, em minha opinião, é uma questão-chave para nosso futuro.

Decidir se a minha construção de sujeito é independente dos outros ou se é feita com os outros e através dos outros, não é só resolver a antiga controvérsia entre Piaget e Vygotsky, mas entre imagens de homem e de humanidade; entre sociedades orientadas para o individualismo e a competição e sociedades baseadas na construção do indivíduo em relação aos outros, que procura e precisa dos outros. É questão de escolhas políticas e econômicas que podem influenciar todo o sistema escolar e também o social. Estas são passagens nas quais podemos perceber o quanto as ciências – e, em primeiro lugar a pedagogia – não são neutras, mas sim parciais. E a nossa, como vocês sabem, é uma pedagogia parcial, ou seja, que participa de determinados valores.

Esse valor da subjetividade, com as respectivas afirmações sobre a unicidade e a irrepetibilidade de cada indivíduo está amplamente conectado com o *valor da diferença* – diferença de sexo, de raça, de cultura, de religião. Diferença porque somos indivíduos, porque somos todos diferentes. Mas a diferença por si só não é um valor; pode se tornar se conseguirmos criar um contexto, uma cultura, uma estratégia, uma escola das diferenças.

A diferença é incômoda, difícil, propõe alteridade, mas também estranhamento; às vezes, é dolorosa. Somos mais atraídos pela igualdade, pelo que nos torna iguais. Mas este é o grande risco e, por isso, as interrogações que são abertas são de enorme alcance:

- O que nós fazemos com as diferenças?
- Como evitar os grandes riscos da homologação?
- Todas as diferenças são aceitáveis? Se não, quais?
- Qual é a finalidade de um projeto educativo que deseja acolher as diferenças? Para homologá-las?
- Qual é o conceito de igualdade que estamos elaborando?
- A finalidade é tornar todos iguais ou dar a todos as oportunidades para desenvolver, interagindo com os outros, a própria subjetividade (e portanto a diferença), que é dada por elementos comuns e por aspectos disformes?

É uma questão muito relevante em termos pedagógico e político. É um risco que estamos correndo não apenas como experiência educacional, mas como cultura ocidental que está se abrindo a grandes fenômenos migratórios (migração de homens, raças, culturas, religiões). A globalização, favorecida pelos extraordinários sistemas de comunicação (internet, televisão etc.), pode gerar um fenômeno maciço de homologação e favorecer a construção de estereótipos culturais; nesse sentido, não inferir é o dano que a escola pode produzir, favorecendo uma "cultura da normalidade", concretizando aquela necessidade de "normalidade", ou seja, de "norma", que se respira no ar. Precisamos das nossas diferenças, apesar do risco que corremos, também na Itália, e que deriva de qualquer forma de fundamentalismo, onde as diferenças se tornam fatores que dividem, separam e isolam.

Em nossas vidas, de certa maneira instintiva e sem *input* educativos, começamos a reconhecer a alteridade. Todavia, bem cedo, ao longo da vida, temos a tendência a desenvolver o conceito de "certos outros" (sobretudo com relação àqueles que são "mais outros" e mais externos), que valem menos que nós e, por isso, as suas diferenças são percebidas como algo negativo, que deve ser eliminado, negado ou recusado.

Para educarmos a nós mesmos, devemos procurar entender as diferenças e não ter a pretensão de cancelá-las. Isso quer dizer entrar com delicadeza nas histórias e na história de cada um. Escutá-las (pedagogia da escuta), mas também escutar e aceitar nossa mudança, o que é gerado pela relação, ou melhor, pela interação.

Quer dizer renunciar as verdades que são propostas como absolutas, buscar a dúvida e exaltar a negociação como estratégia do possível.

Quer dizer – ou melhor, pode querer dizer – maiores possibilidades de mudança oferecidas a nós, sem que, por isso, nos sintamos desagregados.

É nessa definição do valor da diferença que encontra uma mais rica e contemporânea definição o valor da participação, ou melhor, *participação como valor*.

Em nossa experiência educacional, o se sentir parte e participante não abrange somente as famílias – ainda que seja processo fundamental –, mas é um valor e uma qualidade de toda a escola e deve prever espaços, linguagens e, em termos mais gerais, organizações e estratégias que a tornem possível. Requer que as finalidades educativas e pedagógicas sejam declaradas, mas, ao mesmo tempo, a participação também precisa de indefinição e de espaços de possibilidades.

Estas reflexões nos levam a declarar outro valor que nos pertence, o de democracia, já expresso no conceito de participação: participação das famílias, das crianças e das professoras no projeto educativo da escola.

Mais uma vez, a relação entre o indivíduo e a comunidade na qual vive pode ser regulada e orientada de maneira a exaltar os protagonistas ou as delegações. É este o debate que atravessa nosso país e todos nós. Nunca devemos esquecer que a escola está estreitamente relacionada com a sociedade em que vive. A questão é se a escola se limita a transmitir cultura ou pode ser, como nós aspiramos ser, um lugar de construção de cultura e de democracia atuada.

Enfim, entre muitos, gostaria de citar um valor que talvez seja questionável assumi-lo como tal, mas que sinto ser fundamental para nós e, sob alguns aspectos, é a base da nossa experiência: o *valor da aprendizagem*.

A aprendizagem – realizada pelo sujeito em tempos e maneiras não passíveis de programação – é e pode ser um valor se for considerada como um "lugar de relação", que ajuda na reflexão sobre o próprio significado de educação e estimula a busca de novas vias na educação e na formação. Isso significa, na práxis da relação educacional, acolher a complexidade, os conflitos, a imprevisibilidade da aprendizagem humana, onde quer que se realize, dentro e fora dos contextos institucionais que trabalham com formação e educação.

Toda a escola italiana hoje – com dificuldades, contradições e muitos riscos – está envolvida nesse processo evolutivo: de uma escola do ensino a uma escola da aprendizagem.

A aprendizagem é o brotar daquilo que antes não existia, é uma busca de um, de outro, de outros que se encontram em volta de um sujeito. O educar se modifica em relação ao aprender. Tem a ver com o se colocar perante o mundo, criar um evento, habitar as situações. Tem a ver com o educar-se.

De fato, quem participa de um percurso educativo, põe em jogo o próprio crescimento e faz isso de acordo com as próprias expectativas e o próprio projeto. Existe uma constante recursividade relacional entre quem educa e quem é educado, entre quem aprende e quem ensina. Existe participação, paixão, emoção. Existe estética e mudança.

Neste sentido, gostaria também de mencionar o *valor da brincadeira*, da diversão, das emoções, dos sentimentos, reconhecidos como elementos essenciais para qualquer processo cognitivo e educativo. Então, o conhecimento se torna valor pela sua força de sintetizar o indivíduo e o seu contexto, dentro de uma relação de afeto, emoção, curiosidade, ironia entre quem aprende e o que é aprendido.

O ato de conhecer se torna, para cada um de nós, um ato criativo, que comporta tomada de responsabilidade, autonomia e liberdade. O conhecimento, ou melhor, o saber subjetivo se tornam responsabilidades individuais, para que sejam realizados, necessitam de otimismo e de futuro.

Mas então o que é formação para nós?

- É aprender: nossa profissão é aprender, porque somos as/os professoras/es.
- É estar distante do equilíbrio, do que já foi decidido, pré-constituído, do certo.
- É estar perto do entrelaçamento entre objetos e pensamentos, fazer e refletir, teoria e práxis, emoções e conhecimentos.

Talvez a única via seja a de buscar, sem nunca encontrar, o equilíbrio entre regras, condições (algumas indispensáveis) e a emoção, a paixão do conhecimento.

Eu descrevi alguns dos valores que inspiram e orientam a vida cotidiana das escolas de Reggio e de alguns outros lugares do mundo. São, porém, valores muito distantes dos que prevalecem hoje, à nossa volta: individualismo, egoísmo, carreira, sucesso, dinheiro e assim por diante – valores aos quais não é tão fácil se opor e, acredito, não o será nem mesmo no futuro. Eis porque as escolas, começando pelas crianças menores, devem ser antes de tudo lugares de educação para os valores e nos valores. Esse tipo de escola requer de nós coragem e coerência; requer paixão e emoção, razão e sentimento, comprometimento e trabalho duro. Mas também pode nos dar muito; mais do que qualquer coisa, pode nos dar o sentido profundo do que significa ser professor.

14

A organização, o método: uma conversa com Carlina Rinaldi, por Ettore Borghi (1998)

Quando Ettore Borghi me telefonou para esta entrevista, senti uma grande emoção e uma grande confusão, por vários motivos. O primeiro deles era a profunda ligação de afeto e estima que eu tinha com ele. Ettore Borghi, além de ter sido um dos secretários mais atentos da minha cidade, também era um filósofo e historiador de genuína profundidade e generosidade. Antes de conhecê-lo como Secretário da Educação e da Cultura, eu tinha aprendido a apreciá-lo como professor de filosofia no Liceu Clássico* da minha cidade. Poucos professores tinham sido tão amados, respeitados pelos alunos e reconhecidos pelos colegas como um ponto de referência moral. Quando começou o seu mandato como Secretário, eu já era pedagogista nas escolas municipais há vários anos e fiquei impressionada com a atitude que ele tinha assumido desde o início: um alto grau de escuta e respeito pela nossa experiência e seus protagonistas.

Foi especialmente rico e interessante o seu diálogo com Malaguzzi (era início dos anos de 1980) e foram fascinantes nossas discussões sobre temas pedagógicos, filosóficos e culturais.

A sua capacidade de historiador e a sua curiosidade pelo percurso das escolas municipais como lugar cultural e político, antes que pedagógico, brotaram com força e clareza, solidificando, assim, cada vez mais, a relação entre a cidade e as suas escolas.

Eis porque muitos anos depois, em 1998, Ettore Borghi foi convidado para ser o curador do primeiro livro sobre as escolas municipais de Reggio Emilia. Os protagonistas daqueles anos foram os primeiros a convidá-lo: administradores, professores e pais que desejavam declarar, em um documento histórico, os valores que tinham inspirado o início da experiência e que tinham guiado as suas escolhas e paixões.

---

* N. de R. T. O Liceu Clássico na Itália equivale ao Ensino Médio.

Em uma comissão criada ad hoc *para a ocasião, foi decidido entrevistar representantes das diversas categorias que tinham "construído" a história da experiência reggiana: educadores, pais, administradores, outros cidadãos. Tais entrevistas não deviam ser somente "uma viagem através das lembranças", mas uma busca de significados e dentro dos significados que tinham sido construídos durante aquela longa viagem. Por isso, senti emoções tão diversas e contrastantes quando o professor Borghi me telefonou.*

O medo de recordar, de me abandonar a recordações tão doces e cruéis foi logo eliminado pelo crescente prazer de uma conversa que me dava a possibilidade de reconceitualizar pensamentos e viagens de vida e de trabalho.

As perguntas eram precisas e incomuns; a conversa foi gravada e depois transcrita. Quando li a transcrição, fiquei impressionada com a qualidade insólita do texto; havia muito pouco a ser corrigido ou modificado.

Esta é a prova da reciprocidade que havia caracterizado a conversa e foi, provavelmente, o fato de a entrevista ter sido bem conduzida que a tornou digna de ser inserida no volume "Una storia presente", com edição da Istoreco (Istituto Storico per la Resistenza), importante instituição reggiana dedicada aos estudos históricos [conforme Borghi et al., 2001]. O livro tinha sido desejado e sustentado pela Associação Amigos de Reggio Children, um projeto que reunia todas aquelas pessoas da cidade que não só haviam tido alguma experiência nas escolas reggianas, mas que as consideravam uma das expressões mais vivas da identidade da cidade.

Para a realização do livro foram necessários grandes esforços. O comprometimento conjunto de secretárias mulheres que foram protagonistas da experiência, como Loretta Giaroni, Eletta Bertani, Ione Bartoli e Sandra Piccinini, e de professoras, pessoal auxiliar, pedagogistas e pais doou à cidade e a cada um de nós uma das histórias mais bonitas que uma comunidade pode escrever: a narrativa de um ideal e de uma utopia que nunca se completou totalmente e, portanto, que está aberta à contribuição de cada um de nós.

Carlina, se você concordar, eu gostaria de interrogá-la sobre a história de uma experiência que conhece bem, já que foi protagonista dela em primeiro plano. Eu escolheria organizar os pensamentos em relação à longa história daquelas que, tempos atrás, chamavam-se "asili*". Para sermos mais precisos, em relação às ca-*

---

* N. de R. T. No início do atendimento de 0 a 3 anos, em Reggio Emilia, as creches eram denominadas "asilo nido". Ao longo da experiência passaram a ser denominadas oficialmente "Nido della infanzia", para garantir um conceito que unisse o cuidado e a educação e não somente assistencial, característico dos "asili nidi".

rências, quando não às ausências, com as quais aquela história, sobretudo em nosso país, foi tecida. A primeira constante desse percurso é uma falta conceitual que se traduz em uma grave negligência; estou me referindo à concepção assistencial ou simplesmente de caridade das casas para as crianças com menos de 6 anos, confiadas por décadas à esporadicidade da filantropia privada e que dependiam, com extravagante coerência, do Ministério do Interior, capaz somente de realizar a sua genérica e burocrática vigilância. A afirmação do caráter de escola, de lugar educativo na sua plenitude, para as escolas municipais de Reggio, já era clara no momento da sua entrada ou se iluminou gradativamente? Em todo caso, este princípio ganha substância com quais aspectos?

Parece-me poder dizer que já era claro, e digo isto, sobretudo, à luz de algumas reflexões que tive a oportunidade de fazer com o próprio Malaguzzi e memórias de análises que pude escutar justamente em relação à seriedade do título "escolas municipais *da infância*". A ênfase era colocada nessa ideia de "escola" como lugar educativo e de "educação" enquanto processualidade – tema ao qual poderemos eventualmente retornar – isto é, uma educação como processo que acompanha não só as crianças, mas também os adultos: os professores e os pais. Uma educação como processo permanente comportava também um acesso a um conceito de escola bem incomum para a época (estou falando do início dos anos de 1970). Sobretudo este famoso "da infância", fruto de longas discussões que enfatizaram a sua importância, demonstra que alguns conceitos já eram muito claros nas suas origens. Digo isso porque a fórmula "da infância" foi discutida em diversas ocasiões por Malaguzzi com Bruno Ciari, Giorgio Bini e alguns outros. A alternativa era entre "escola da infância" e "escola para a infância" e prevaleceu a convicta afirmação de que a escola era *da infância*, isto é, que o sujeito de direito protagonista (estas palavras são posteriores, originam-se de 1975-76, mas o conceito me parece já estar presente então) da escola é a criança. Mas – como aprendi a dizer muito cedo e talvez a entender um pouco mais tarde – a criança *em relação*, em relação à sua história, à sua família, ao seu contexto cultural e, consequentemente, às outras histórias que a escola daria a ocasião de encontrar e construir. Então, o protagonista, o sujeito de direito é a criança, mas não avulsa do contexto histórico-cultural, aliás, sujeito-protagonista-cidadão de direito. E parece-me que este é o valor daquele "da" ao qual, naquela época, pretendíamos nos referir. O outro termo é "infância", também como declaração daquilo que hoje amo definir – com certeza, aprendi naquela época, mas eu o elaborei ao longo do tempo – como uma categoria social, que não existe se não for declarada, no sentido de que cada cultura, cada momento histórico traduz *a sua* infância e esquece, mais que a sua infância, a sua *imagem da infância*, para a qual são profundos os seus tratamentos civis, jurídicos e, diria também, de *status* e de bem-estar. Eu entrei no momento da redação do regimento nos anos de 1970, portanto, no momento caloroso em que Malaguzzi, Marta e Carla, mas também outros sujeitos protagonistas, tinham que, muitas vezes, anotar os termos e escolher. Eu pude participar das argumentações, por isso creio poder dizer que, ao menos no início dos anos de 1970, com o regimento – este conceito de escola, de educação como fato público participado, como procedimento permanente, como lugar no qual a cultura não é só transmitida, mas produzida (e cultura não apenas da infância, mas do homem), já estava claro. Posso então pensar – talvez aqui comece a parte na qual eu tenho menos certeza, mas tenho uma forte sensação – que já nos anos de 1960, época em que a primeira escola municipal foi aberta, o conceito de escola como lugar de direito da infância já estava presente. Não posso afirmar isto por testemunho direto, mas, a partir dos contos e de um conjunto de percepções que tive, parece-me que o conceito já estivesse claro, mas, ao mesmo tempo, que tenha sido renovado continuamente pela capacidade de duvidar que, para mim, estava dentro do pensamento original. E não era por acaso que Malaguzzi amava recordar a gênese, ligada à escola de Villa Cella e à declaração que ainda está escrita na escola, aquele lugar onde a paz é construída pela educação das novas gerações.

Por mais de um século a falta, ou o reconhecimento muito tardio – cultural e político – da importância educativa dos primeiros anos de vida, comportou a subestimação do problema da equipe e da sua preparação cultural e profissional, até o ponto de registrar um apagamento quase completo do estado das específicas escolas magistrali* *instituídas com leis próprias (para não falar das implicações ligadas à escolha de relegar essa equipe a um nível de preparação menos exigente com relação ao reservado aos professores do ensino fundamental). Eu erro se penso que a rede das escolas de educação infantil em Reggio tenha funcionado em primeiro lugar como uma máquina para a formação em serviço da equipe, muito além da meta, já apreciável por si só, de uma recuperação de qualidade e de suplência com relação a quanto a situação nacional podia oferecer? Em caso afirmativo, quais sujeitos e quais fatores colaboraram para esse empreendimento? Não me parece, de fato, que nisso esteja em jogo somente a mudança de algumas ideias estritamente pedagógicas.*

Concordo profundamente com a sua afirmação e espero ter colhido toda a essência dela. Creio que essa ideia de ser um lugar educativo e formativo também e, sobretudo, para o pessoal estava, pelo menos quando comecei a experiência, muito clara e presente. Com certeza, os rastros da história passada, as mais cultas, como podiam ser as originárias da escola montessoriana ou da própria escola agazziana, algumas páginas até hoje preciosas da literatura pedagógica italiana, mas também estrangeira (penso, por exemplo, em Piaget, com certeza em Dewey, em Bruner, mas também na sua própria experiência de professor e psicólogo) faziam Malaguzzi cada vez mais convicto da ideia de quanto era importante a formação do pessoal. Então, quando eu comecei, estava bem claro que esse era um dos momentos que qualificavam a escola e que era capaz de garanti-la como lugar de verificações, como dizíamos antes. Era uma formação que, acredito, tinha a sua origem na ideia de uma escola na qual a pesquisa e a processo – processo como capacidade de estar em diálogo com o tempo e com a

---

* N. de R. T. Equivalentes ao curso antigamente conhecido e denominado Magistério, etapa do Ensino Médio.

cultura não só transmitida – estivessem dentro da própria identidade da escola e tivessem que ser garantidas justamente pela formação do pessoal. E acredito que as suas origens estavam no valor cultural que, na época (falo dos anos de 1960-70), tendiam a dar para esses processos de formação permanente em geral, que saíssem do álveo mais tradicional da escola, para o qual a preparação dos docentes era feita *una tantum* e estava ligada ao currículo escolar anterior. A consciência sobre o próprio saber, mas, sobretudo, a capacidade de pensar no próprio saber e de pensar em como estimular a participação por parte da criança e do adolescente da construção cultural – o que quer dizer como se preocupar com uma possível construção cultural da própria maneira de pensar, de pensar-se como aprendizes, de pensar-se *pensantes* – era algo que me parece que não fazia parte dos debates daquela época. Existia, mas ainda não era parte das práticas, senão por aproximação. Não é por acaso que, naquela época, tivemos cursos de formação, tivemos o diálogo com Mario Lodi e, até quando foi possível, com Bruno Ciari, em Bologna, assim como com Gianni Rodari e uma série de outras figuras. Sobretudo, considero importante enfatizar duas coisas: a convicção – que deriva também do que você chama de formação eclética de Malaguzzi – de que a formação do professor é *cultural*, certamente possuindo raízes em uma consciência do passado, mas no mundo contemporâneo deve ser feita sempre com duas pistas. Uma é relativa ao grande debate cultural sobre o homem, o ser homem, o ser cidadão; a outra se refere ao discurso relativo à criança e à pedagogia, à pesquisa pedagógica. Porém, aqui intervém outra coisa, a ideia de que essa abordagem holística pudesse ter, na figura do atelierista (e você sabe melhor que eu), uma alta promoção, uma provocação permanente, que quase significava um desejo cotidiano de romper com um monopólio pedagógico (mas de uma *história* da pedagogia, não de uma pedagogia ativista, como aquela da qual falávamos). Há então a proposta permanente de encontros não apenas sobre matérias estritamente pedagógicas, mas também em um espectro mais amplo. Acredito que existam ainda hoje manifestos e outros rastros de todas as iniciativas feitas (desde o maio pedagógico até os encontros com os pais nos anos de 1960 etc.) com personagens do mundo da cultura contemporânea, do teatro à história, à etologia, à etnologia, à arte... Todas essas disciplinas deviam fazer uma interlocução com a professora, a qual devia renovar, acima de tudo, a própria curiosidade com relação à criança e aos seus processos. A criança não como sujeito estático, mas como sujeito em permanente modificação e evolução. A palavra "pesquisa" nesse sentido sai – ou, melhor, pede para sair – dos laboratórios científicos, deixando de ser privilégio de alguns (da universidade e de outros lugares destinados a tal fim) para se tornar a atitude, o comportamento com o qual professores e crianças se aproximam do sentido da vida. É claro que a contribuição da escola para a busca de sentido da criança não deve satisfazer somente a pergunta, mas, acima de tudo, alimentar o prazer. Portanto, busca de sentido justamente no significado original do termo, para o qual há muitos anteriores, mas poucos exemplos – e aqui me reconecto à pergunta – aplicados à formação do professor e, sobretudo, do educador da criança pequena e do adolescente. Para retomar uma consideração feita algumas vezes, acho que a grande força da experiência de trabalho coral consiste na busca de um sentido comum da escola, de um sentido comum da escola *na sociedade*, que acredito que quem nos olha de fora acha extraordinária. Há menos de uma semana, na Suécia [a gravação foi feita em 12 de dezembro de 2000], enfatizaram-me a extraordinariedade das nossas professoras como pessoas que continuamente buscam entender por que as coisas são feitas, por que fazê-las, por que propô-las à criança e procuram dar à criança essa busca de sentido.

Obrigado. Enquanto você falava, vinha-me à mente que, enquanto era verificada com vocês essa ampliação dos estudos sobre psicologia e etologia (você fez uma grande lista), o mesmo estava acontecendo na cultura italiana "alta", até aquele momento fechada a todas essas pesquisas e experiências pelos vetos idealistas e, por isso, ficou atrasada, devendo se recuperar em todo o âmbito das ciências humanas. E isso não somente com relação à qualidade da pesquisa e do editorial, mas com relação à própria identidade do perfil cultural do professor, como se dizia há algum tempo, "de cada ordem e grau". Não sei se você concorda.

Esta sua observação me parece importantíssima. Talvez em algum lugar da pesquisa de vocês deverá ser levada em conta. De fato, nessa história, uma das coisas mais extraordinárias que eu, pessoalmente, reconheço em Malaguzzi, desde os primeiros momentos, é uma visão sistêmica, uma capacidade de gritar, de juntar, de misturar todas as perguntas tão atuais e que encontram rastros e marcas desde as origens. Não sei se estou criando uma narrativa bonita a partir da minha história, mas, com toda a honestidade, creio que as coisas foram como na minha descrição dessa experiência. Não acho que sou a única que pode descrever essa espécie de cosmogonia... lembro-me que fazíamos cursos para falarmos de estrelas e de astronomia (eram relações tão incomuns!) e não era para explicar sobre as estrelas às crianças, mas para que as professoras sentissem, e pudessem colher junto com as crianças, a alegria, o estupor, a maravilha como qualidades que a infância requer. Repito, a minha narrativa pode ser romântica e poética, mas eu gosto dessa ideia... e eu gosto de transmiti-la!

Ao me ocupar com a creche da villa Gaida, fundada pelo município em 1912, encontrei a informação de que o salário de uma zeladora-cozinheira era pouco mais de um terço do salário da professora. Deixo de lado a consideração de que, então, era muito apropriado elevar o nível de remuneração das professoras, até mesmo para corrigir o fenômeno difuso da fuga para a escola de ensino fundamental da equipe dotada de títulos adequados. Penso, porém, no valor simbólico daquela proporção, que evidentemente subentendia uma clara subestimação do papel daquela que, para todos os efeitos, era vista como uma "atendente". Você poderia interpretar a função do pessoal auxiliar na experiência das atuais escolas municipais?

Muito bem. Peço porém, antes de ir à pergunta, só um momento para voltar a um pensamento comentado antes: uma qualidade que reconheço em Malaguzzi e, acredito, em todos nós que trabalhamos com ele (mas que quero reconhecê-la antes de tudo como sendo dele) era a capacidade de escutar, em sentido amplo, sobre a qual também tentei escrever. Malaguzzi era muito curioso e, talvez por isso, tenha sido capaz de escutar muito profundamente a nós e às professoras. Talvez você conheça uma estratégia bastante conhecida na época, a dos "diários" das professoras. Elas eram convidadas a escrever não só o que acontecia, mas um ou mais episódios, frases das crianças que as haviam tocado. São os primeiros rastros, para mim, do que depois se tornaria a documentação, essa capacidade de deixar marcas sobre as quais refletir, pensar, mas também o hábito de dar voz àqueles que são os verdadeiros protagonistas, aqueles que deram ainda mais significado às palavras "pesquisa", "reflexão pedagógica" e "pesquisadoras pedagógicas". Seria necessário pensar em se aprofundar o sistema da documentação, como foi elaborada de maneira original em Reggio e que nasce, acredito, mais uma vez, não de uma ideologia, mas de uma atitude muito original de escutar e, desse modo, fazer com que as pessoas sejam conscientes dos próprios saberes e dos próprios pensamentos. As professoras já sabiam disso e é algo que me permite dizer que Malaguzzi foi uma pessoa que muito soube trabalhar em grupo, esperar e dar voz aos diversos protagonistas. Creio, portanto, que ele foi realmente um antecipador do trabalho de grupo. Recentemente, nós recordávamos também, com algumas professoras digamos "maduras", o quanto esses encontros, esse seu perguntar, convidar a refletir e esse seu escutar ajudaram a entender o que você fazia e que o que você tinha feito podia ser interessante. Aqui está a gênese da documentação, como eu dizia, mas também a gênese de um trabalho de grupo e, depois, de um trabalho com as crianças...

Sim, até porque não era necessário que aparecessem, nesses interlocutores, pedigrees *ou licenças particulares; o que contava era a humanidade...*

Absolutamente. Era o aspecto da humanidade, mas também um silogismo talvez simples, mas, a meu ver, muito eficaz: se a escola é o lugar educativo, todos os lugares da escola, todas as pessoas são educativas, são "educantes". Portanto, como não existem espaços "de série A" e "de série B" – neste sentido, a arquitetura mostrava cozinhas visíveis e transparentes, eliminava corredores e vãos de escada e colocava tudo no mesmo plano, em sentido real, mas também metafórico – assim, consequentemente, as cozinheiras e o pessoal auxiliar tinham uma função específica a realizar "no interesse dos usuários", mas, ao mesmo tempo, tinham uma consciência da ação de grupo e ofereciam então uma maior participação não apenas no trabalho dos outros, mas no próprio significado. Lembro-me de atualizações feitas sobre teorias pedagógicas com o pessoal auxiliar, lembro-me das discussões sobre o motivo pelo qual não era bom que uma construção fosse destruída por causa da limpeza e como conseguir mantê-la e preservá-la, mas não como regra vinda de fora, como compartilhamento de um significado. E me lembro, sobretudo, das preciosas contribuições que essas pessoas davam, talvez pela sua capacidade, originária de funções e formações diversas, de escutar as crianças, com olhos e por diversos ângulos, em espaços diversos, com grande intimidade, porque eram pessoas que compartilhavam com as crianças algumas situações, como ir ao banheiro (havia crianças que tinham mais dificuldade ou que faziam xixi na calça)...

Enfim, o corpo não era negligenciado de maneira alguma, naturalmente...

Essa era outra grande inovação, que não havia a mente e o corpo – nos anos de 1970 era uma coisa nova –, mas que tudo fazia parte da mesma identidade: valor da pessoa, valor da escola e, portanto, valor de todos os protagonistas da escola.

Sabe, eu penso que a creche nos ajudou muito nisso. De fato, não deve ser esquecido que, justamente no início dos anos de 1970 (1970-71, para sermos exatos), nascia a primeira creche municipal. Um evento principalmente de ordem política e cultural muito grande, até mesmo para nossa cidade, que já possuía uma tradição no campo educacional. E foi uma extraordinária ocasião para se refletir mais uma vez sobre o projeto pedagógico (e cultural, obviamente). A criança pequena e a sua imagem entraram de maneira explosiva e nos propuseram novas perguntas e uma importante ocasião de reflexão. Nossa cultura pedagógica devia corajosamente deixar-se ser revisitada. As poucas certezas adquiridas naqueles anos sobre a organização, ou seja, os tempos, os espaços, as funções na escola da infância se transformavam em dúvidas e interrogações quando olhávamos para a creche.

Não existia "história" das creches, mas, ao contrário, hostilidades e suspeitas... a criança pequena devia ficar em casa com a mãe... era ainda a imagem dominante daqueles tempos. Mas foi justamente graças à creche que fomos capazes de ver até no fundo as grandes potencialidades da criança, um papel diferente, mas altamente significativo da professora e, sob certos aspectos, do pessoal auxiliar. Nasceu assim o "Projeto zero-seis", único ou um dos poucos na Itália que previam continuidade pedagógica e institucional entre o trabalho educativo de 0 a 6 anos, mas, sobretudo, tivemos uma grande ocasião para também refletirmos com profundidade sobre os perfis profissionais.

Eis aqui a importância da declaração daquela época – talvez não tão apreciada hoje – do mesmo número de horas de serviço da equipe (professoras, cozinheiras, auxiliares) e do mesmo número de horas de formação, com a possibilidade, aliás, com a obrigação e o direito de participar de formações comuns dentro da escola, mas também de formações específicas. Nossas cozinheiras fizeram uma formação totalmente particular e antecipatória (os detalhes, creio, podem ser encontrados ainda hoje), mas também nosso pessoal auxiliar, que tinha e tem uma especificação própria e era preparado, por exemplo, para reorganizar o ambiente da melhor maneira, não somente pelo significado que as crianças (e nós, junto com elas) davam ao espaço, mas também pelo que a higiene pode representar para a qualidade e o bem-estar das escolas de educação infantil. Creio, portanto, que tal declaração – sempre nos anos de 1970 – muito presente, tanto que apareceu no regimento, fosse totalmente clara. Depois, nossa tarefa era continuar, junto com elas, encontrando e atualizando os significados. O que era bonito, mas também difícil e doloroso, é que nenhuma conquista era *certa,* nunca! A participação das famílias também será outro capítulo onde é evidente como o grande processo – com relação a alguns valores – foi conseguir entender com quais estratégias declará-los valores e *se* declará-los valores.

Gradativamente, estamos fazendo aparecer um universo variado de pessoas adultas que agem no sistema de relações aos quais as crianças pertencem, por sua vez, como atores. A contratação de figuras masculinas teve somente o papel simbólico de ruptura com o estereótipo "materno"?

Sim, compartilho a ênfase das crianças como "atores". Creio que a introdução da figura masculina tenha tido, sim, algumas vezes, a função de ruptura com o estereótipo materno, mas que tenha sido também o reconhecimento do direito da criança de ter ao seu lado, em um tempo e em um espaço tão importantes, protagonistas portadores de uma identidade diferente, como a masculina. Portanto – gostaria de esclarecer – antes de tudo isto: um reconhecimento do direito da criança de também ter ao seu lado, em um tempo tão longo como o da escola e em uma idade tão importante para a construção de uma identidade, uma figura masculina. Isso não vale somente para os meninos, mas também e indubitavelmente para as meninas, sob certos aspectos, sobretudo para elas, frequentemente delegadas a um harém. Obviamente, era também uma ação provocatória com relação àquela escola que devia ser tão maternal, que substituísse tanto a família. E, ainda mais, para evocar questões já comentadas, foram também os estudos da psicologia que fizeram surgir a problemática da construção da identidade. São anos em que se fortalece cada vez mais o debate com o feminismo sobre a identidade da mulher e, consequentemente, sobre a identidade masculina e feminina. Então, provocado-

ramente, mas também creio que muito obviamente, a escola da infância percebeu a existência dessa lacuna. O problema é que não se batalhava contra um estereótipo ligado a essa escola, mas contra um estereótipo cultural que persiste até hoje, ou melhor, com o qual devemos ainda acertar as contas, na medida em que poucas, pouquíssimas figuras masculinas entram na escola. Muitas das dúvidas de então são iguais às de hoje e são iguais em quase todas as culturas. Quero dizer que encontramos, na Europa, de maneira não tão acentuada, mas forte, o fenômeno da dificuldade em se ter figuras masculinas principalmente nas escolas das crianças pequenas, como já argumentávamos, ligado, com certeza, a uma imagem de criança pobre, frágil e, ainda, uma imagem carregada da necessidade da figura feminina, "materna". Na definição da identidade paterna de hoje, pode-se verificar uma forte transformação; culturalmente, o pai que cuida do filho é muito mais aceito. Porém, com relação à escola, ainda não vimos essa mudança, muito menos na creche. Tal fato está ligado provavelmente à imagem social que essas escolas possuem, está ligado também ao salário mais baixo e ao comprometimento desproporcional, já que são professores que trabalham por mais horas e ganham menos. Enfim, em uma cultura na qual o salário importante é o masculino, onde é o homem que garante à família a parte econômica mais significativa, são raras as pessoas que aceitam porque veem um sentido naquilo, um sentido cultural. Enfim, em Reggio – mas também na Itália e na parte do mundo com a qual tive a oportunidade de dialogar – não tivemos aquele número significativo de figuras masculinas que, à luz de uma pedagogia reconhecida, pensávamos que obteríamos. Foi então uma declaração muito importante e que ainda representa um problema atual.

Pelo menos, no perfil simbólico, ainda é significativa!

...também é significativa no perfil real, porque, onde pudemos observar duplas, existe uma positividade se a dupla não é só masculina ou feminina. As crianças são muito sensíveis a isso.

O universo se enriquece: atelierista, co-presença e interação "em público" de mais figuras adultas. Nisso, vocês eliminaram as armadilhas da relação professor-aluno que a própria pedagogia idealista preparou, criando álibis retóricos para o substancial individualismo dos comportamentos, confortado pela rotina tranquilizante.

Quero enfatizar o elemento extremamente inovador da copresença das duas professoras, além da outra figura que veremos [o atelierista]. A copresença das duas professoras, mesmo sendo dois perfis profissionais análogos, apontava para a diferença e creio que estava impregnada da ideia dos diversos pontos de vista, do diálogo e da troca como uma qualidade essencial da educação e do educador, que atrai a sua sensibilidade com relação à criança e a sua identidade, graças a um exercício de nível muito alto que é convidado a fazer, que é obrigado a fazer no diálogo com o colega. E aí nasce, em minha opinião, o sentido profundo do coletivo – hoje poderíamos falar do "trabalho em grupo". E acredito, aqui também, de modo muito antecipatório, justamente por causa dessa concepção sistêmica e da relatividade da criança, o valor da diferença é introduzido justamente com a copresença das duas figuras. Fato que, na escola italiana (mesmo na estatal), até o momento não foi elaborado e implementado, até porque ainda existe uma grande confusão entre liberdade didática e individualismo. Acredito que, por trás dessa liberdade didática, ainda existem toda a solidão e todos os abusos – feitos e sofridos – da professora só. Essa dupla é uma dupla que propõe o diálogo com o externo e se abre à outra figura, a do atelierista, que carrega em si uma diferença desejada e calculada, na qual a metáfora das cem linguagens é representada também pela sua formação, com um *background* voltado às linguagens visuais. Porque é nos anos de 1970 que surge a teoria das cem linguagens e o ateliê – talvez no início poderia não ser tão claro – se declara sobretudo como o lugar das cem linguagens: a linguagem gráfica, pictórica, da escultura, plástica, matemática, poética e muito mais. Ou seja, aquelas que nascem no diálogo com os diversos mundos disciplinares e culturais, na unidade do sentir e do perceber, como entenderíamos melhor depois. Portanto, essa figura que carrega em si outra diferença, que quer exaltar ao máximo as diferenças, pede uma pedagogia que vá cada vez mais em direção à subjetividade da criança e, por isso, quer propor o mais amplo leque de possibilidades e que aproveita esse lugar, o ateliê, como metáfora de referência. Por isso, agora eu gosto de dizer (e, por sorte, não só eu) que toda a escola deve ser um grande ateliê, onde o fazer, o refletir, a ação, a sensorialidade junto com o virtual, o local junto com o global, possam encontrar, na escola transformada em um grande laboratório de pesquisa e de reflexão, a sua própria expressão. Mas, dizíamos, depois da copresença de duas professoras, o atelierista é o outro sujeito. Mas então as outras colegas, o pessoal auxiliar se tornam interlocutores de uma dupla que busca o ponto de vista do outro. Mas nada foi dado de presente: foi difícil, foi sujo do pó de todos os dias, das contradições de todos os dias. Houve quem depois nos abandonou, no sentido de que não conseguiu sustentar o confronto; aconteceram e ainda acontecem tensões, porque aprender a negociar, assumir o ponto de vista do outro é arte difícil e nunca óbvia, mas era exaltada – mais uma vez – até a arquitetura, que mesmo especializando os lugares, evitou, como dissemos antes, corredores, barreiras reais e metafóricas de qualquer gênero, mas também até a participação. Isto é: a partir da dupla, da copresença (exaltação da troca, da diversidade como mudança) até a participação que encontra o outro polo, máximo, desse valor do diálogo que aconteceu. Até agora eu falei pouco sobre isso, mas gostaria que a entrevista fosse plena, sensível à dificuldade que tudo isso representou. Foi uma história de dificuldades, mas de satisfações, de alegrias, na qual nunca, pelo menos para mim, aconteceu de perder o sentido daquilo que estávamos fazendo.

Se eu entendi bem, nenhum desses caminhos foi um atalho, mas sempre escaladas.

Sempre escaladas, como quando aconteceu o episódio de Radio Selva...

Vi que você comentou sobre a participação e gostaria de aproveitar o tema. Até agora, consideramos as figuras "internas" e profissionais. Mas não encerramos o tema. Existe, de fato, a participação, que funcionou e dura até hoje, ao passo que, nos outros níveis da escola pública, sempre sofreu e agora está definhando. Houve então uma diferença essencial.

Eu consigo falar sobre isso a partir das últimas reflexões que fiz e que, portanto, não são elaborações feitas na época. Recentemente, falando com Paola Cagliari, ambas enfatizamos como a ideia da participação já era, desde a origem, relegada ou relegável somente à participação dos pais, porque a escola, por si só, já é um lugar *participado*, de participação das crianças, dos professores, das famílias em um projeto educativo baseado, orientado em valores que devem encontrar conforto em uma ação cotidiana. Portanto, a participação é participação no projeto por parte das crianças, que têm a possibilidade de encontrar o sentido do motivo pelo qual vão à escola, e dos professores, que sabem por que todas as manhãs atravessam o limiar da escola e, então, *participam* de algo. Eis então o diálogo anterior, as diferenças, eis enfim a participação das famílias que é, talvez, o aspecto visto com maior interesse, e também com algumas suspeitas, pela outra escola na Itália e também no exterior. Uma das coisas que suscita mais curiosidade é como conseguimos, nesses anos, manter esse diálogo com as famílias e com a cidade. Esta também é uma história não fácil, não simples, às vezes equivocada, às vezes feita de batalhas, de diferenças que se resolveram e outras que não se resolveram. Acredito que a centralização na criança, na sua imagem e na educação seja um dos valores para os quais o homem é sensível. A prova dos nove foram esses anos de história, nos quais não creio que pudéssemos ter falado de colapso, mas de transformação, situação de escolas em crise, maior ou menor satisfação... muitas são as adjetivações, mas nunca perdemos o diálogo com as famílias sobre questões essenciais. Outra prova dos nove, se necessário, foi-nos dada pela experiência de Washington, uma experiência feita no exterior. Estou falando daquela de Washington para não falar da experiência de Saint Louis, onde (falando de Washington) o *background* cultural é inacreditavelmente diferente: uma escola realizada, em termos quase filantrópicos, no que não se diz, mas é um gueto "negro". Não é chamado assim, mas para que possamos entender...

Uma etnia que é mais fechamento do que abertura pluralista.

Sim, infelizmente ali, o termo "gueto" ainda possui um significado. São áreas em que, quando a escola começou, seis ou sete anos atrás, pessoas brancas não eram aconselhadas a entrarem, sobretudo em certos horários. Amelia, que coordenou a escola por alguns anos, teve, no início, não poucas dificuldades para ser aceita enquanto branca... Bem, essas pessoas levaram seus filhos à escola, sentiram que a escola lhes estimava e, sobretudo, estimava os seus filhos, valorizava as suas crianças, e responderam em termos extraordinários de presença e de sensibilidade.

Parece-me que em Reggio, assim como em Washington, o fato de poder falar com o próprio filho sobre as crianças, a escola, discutir sobre as perguntas do educar hoje (o que quer dizer educar), sobre o ser genitor, as próprias contradições e também sobre a busca de sentido do ser criança, de ir à escola, do ser genitor, creio que continuem encontrando um significado nessas escolas. O que, infelizmente, teve que ser constatado nos anos dos primeiros insucessos dos "decretos delegados" é que a excessiva burocratização, em contraste com a escola da educabilidade, colocou essa paixão de lado. Assim o medo do conflito. Se puder interessar, eu notei uma coisa: que um traço da nossa cultura, não sei dizer se italiana ou reggiana, é a aceitação do conflito como parte do diálogo. Dizem que um reggiano (talvez um italiano) começa a dialogar quando um americano ou um sueco para. E isso está dentro de grandes estruturas culturais: a elaboração do conflito, a elaboração do erro, a elaboração do perdão ou da aceitação das diferenças declaradas e não dar origem a inimizades. É um traço da nossa cultura reggiana, é um traço da nossa cultura italiana, é um traço exaltado sobretudo por essa escola, como se dizia? O que eu posso dizer é que, ao longo dos anos, continua firme esse interesse, diria que é quase biológico, dos pais na educação do filho e essa disponibilidade para transitar do filho para a escola, para a educação. Todos os pais? Não. Sempre? Não. Igual por toda parte? Não. Porém, é uma tensão que sempre nos acompanhou.

É importante porque, assim, não prevalece a lógica de confiar ao "especialista" e é legitimado o princípio que, em alguma medida, todos são especialistas e que até um genitor o é, não apenas na sua separação privada, mas também em forma de interação.

Exatamente: participante, portador de um ponto de vista e de valores. E é claro que a escola deve reconhecer a sua identidade e saber até que ponto negociar.

Eu ainda gostaria de partir da escola de Gaida. Foi um episódio isolado, que não teve prosseguimento, porque a guerra e o fascismo não consentiram que fosse o ponto de partida de uma rede. Uma verdadeira pena, já que, nos administradores daquele tempo e no diretor Giuseppe Soglia, era clara a prevalecente função educativa (até mesmo no sentido de procurar instrução) dos chamados "asili". Essas considerações me levam a interrogá-la sobre a importância de que nossas instituições sejam colocadas em rede, começando pela conexão entre elas, das próprias escolas municipais de Reggio (entre as quais, as creches) e depois com as experiências análogas em outros municípios. Eu chego a pensar que o próprio exemplo da escola "Diana" não teria tido a mesma história se tivesse ficado em um "esplêndido isolamento".

Estou absolutamente de acordo com esta afirmação. Sobre a questão da rede, existe um lindo comentário de Jerome Bruner sobre a experiência de Reggio, que diz que a coisa excepcional é a sua longa duração e ser, sobretudo, uma expressão cultural de uma cidade, que são serviços públicos "normais" de uma cidade que os gerou e se espelha neles. Porque eu estou convencida de que a alta valência política e o valor real e simbólico que essas instituições possuem reside não somente no fato de serem um serviço, mas, como dizíamos antes, na declaração do lugar em que a cultura elabora a sua imagem de infância; e isso me parece fundamental. Não só isso, mas, a meu ver, uma comunidade deve ter lugares onde pode elaborar a sua imagem de criança, a sua imagem da infância. Portanto, valência cultural e política muito alta, creio que posso dizer. Mas o estar em rede significa também estar dentro de um sistema onde você ganha identidade no diálogo com os outros. Eis porque vivemos com alegria e também com certo embaraço e dificuldade o reconhecimento à escola Diana, não tanto pela escola Diana, mas tivemos que explicar a muitos que o verdadeiro valor não estava somente na escola Diana em si, mas como emblema representativo de uma rede de mais de trinta instituições para crianças de 0 a 6 anos. Acredito que também seria interessante entender por que a mídia, e não só, quis porém enfatizá-la como uma escola "experimental". Howard Gardner dizia que o mérito de Dewey foi também o de criar uma escola sua, mas foi uma e durou quatro anos; essas são trinta e tiveram a coragem de resistir através de gerações de cidadãos da mesma cidade e também de gerar diálogo e interlocução com outras experiências municipais, e não apenas na Itália, mas também no exterior, e de serem geradas por esse diálogo, de terem o diálogo e a troca como parte integrante delas. E depois de gerar novas formas de gestão, como agora estão aparecendo (creches cooperativas e coisas do gênero), que acredito serem importantes, justamente porque o fato de estarem dentro de uma rede – cada escola é uma rede e as escolas entre elas são uma rede – criou uma forte cultura da troca e da mudança. As próprias delegações, as próprias pessoas que vêm nos encontrar – não é retórica dizer isto – são um compromisso formativo muito importante, porque o olhar e a pergunta do outro são extremamente importantes para a estruturação do conhecimento, da reflexão sobre si mesmo, para alcançar aquele nível de consciência que quer dizer um nível de responsabilidade e quer dizer um nível de ética que é difícil manter; e a rede pode ajudá-los a fazer isso. Portanto, para voltar à declaração anterior, deve ser enfatizada a importância de serem percebidas como rede, percepção que deveríamos conseguir dar a quem nos observa de fora, mas também a quem vive dentro, alargando essa rede. Acredito que seria muito interessante ver o seu mapa, estendido ao mundo todo: quem faz parte dele já se sente ligado a algo que é simbólico, mais que uma realidade geográfica. Existe essa nova geografia cultural, de pessoas que compartilham, que aceitam compartilhar valores, que vai além das fronteiras geográficas e cria uma rede entre pessoas que possuem sensibilidade e ideais comuns. E isso, creio, porque essas escolas foram conceitualizadas em rede, não só porque a primeira e depois a segunda escola começaram a fazer percursos de formação comum, unido a experiência de uma e da outra e depois das creches, mas igualmente porque os primeiros congressos nacionais e internacionais em Reggio também são declarações de vontade de estar em rede. E Malaguzzi que vai para a Suíça e conhece a escola piagetiana e outros percursos que fizemos...

Não deve ser esquecido que, em Reggio, nasceu o Gruppo Nazionale Nidi e que, desde o início dos anos de 1970, rodávamos a Itália, participando de congressos e apresentando a experiência reggiana. Fizemos amizades com algumas realidades italianas que duram até hoje, como Pistoia...

Uma rede quer dizer sistema, portanto, certo grau de centralização e de hierarquia funcional: eis o papel da direção e da equipe nas conexões e na programação.

Existem páginas de Malaguzzi inesquecíveis para nós sobre o valor da organização (da organização como valor), que é incrível que seja definida como a Cinderela da escola, mal entendida pelo seu valor estruturante. Na organização, cada elemento é inspirado no valor e possui objetivos, mas encontra argumentações próprias e busca continuamente as razões de existir, até se colocar em crise. Por exemplo, a organização do dia, que nós fazemos de maneira tão detalhada, não é para tirar a liberdade, mas para dá-la, como compartilhamento de significados e de gestos, para mostrar o significado dos gestos. Aqui também existe uma busca de equilíbrio entre a organização social, a organização familiar, mas também uma organização escolar que saiba dar valor, por exemplo, ao momento do encontro, à passagem simbólica entre a família e a escola. Então, organização como estrutura *que dá valor*. Ou seja, é inútil falar do valor do diálogo entre casa e escola, se você não consegue fazê-lo agir e reagir no cotidiano. Então, a atenção dada na entrada da manhã e a atenção dada na saída, o procurar, na organização dos horários para a equipe, na organização dos espaços da escola, mais uma vez, tempos e maneiras que possam reconhecer à criança o seu direito de ser querida e bem cuidada de manhã, a se despedir bem da sua família, mas também respeitando a auxiliar que deve limpar, tentando, como eu dizia, fazer uma organização não de horários, mas de valores, dos quais os horários possam descender e ser compartilhados. Recentemente, uma delegação sueca não acreditava que cada escola pudesse não ter uma diretora. Agora devo dizer honestamente que cada escola, em geral, tem uma figura de liderança reconhecida de fato, mas o importante é que todas as figuras sejam reconhecidas por um valor e uma valência pedagógica, além da função, e que sejam exaltadas e qualificadas. Então, há aquela que tem capacidades extraordinárias para os horários, para cuidar do caixa etc., e é bom que possa ter aquelas determinadas tarefas, assim como é bom que haja a pessoa que tem o encargo de projetar as atualizações semanais ou de cuidar do arquivo, tudo baseado no valor que a pessoa pode levar. Depois, chegamos à equipe, que tem um papel fundamental. É uma espécie de "lugar" metafórico, que favorece o diálogo entre as escolas e nas próprias escolas, é o lugar que orienta, deve possuir o sentido e o papel de responsabilidade cultural e pedagógica, mas também política, com relação às escolas e à cidade. Por isso, deve ser um lugar não somente de palavra, mas também de escuta. É, mais uma vez, um *link*, um anel entre teoria e prática. Porém, de onde pega inspiração? Das escolas! Das escolas e da cultura, aliás, das culturas e das mais avançadas pesquisas em todos os campos disciplinares. A grande capacidade da equipe é ser capaz de se manter à frente, mas porque soube estar atenta às vozes de todos. Deve saber escutar a voz das auxiliares, dos pais, das professoras, deve saber falar com eles. Acredito que, se relançássemos a palavra "humildade" – sem implicações conformistas –, como a humildade da responsabilidade, o sentido do próprio limite, faríamos algo que vai no sentido da organização como valor, do qual falávamos.

Desculpe-me se banalizo a coisa com um comentário à margem, mas é como retomar o apólogo de Manenio Agrippa, invertendo-o: ninguém é só mente, ou estômago, ou membros, mas, nessa troca, não existe hierarquia nas figuras fixas e nos papéis pré-constituídos, mas só hierarquia dos valores em jogo.

Certamente, é claro que existem responsabilidades bem específicas e a questão decisiva se refere justamente às estratégias de gerenciamento delas. Como cada operador, cada professora é responsável, então é justo que cada um possa desenvolver as suas tarefas da melhor forma e que, porém, também existam diferenças e que elas, por sua vez, devem ser levadas em conta. Claro, deve haver uma hierarquia de responsabilidades, mas não deve haver uma hierarquia que acabe com o diálogo, a troca e, sobretudo, o respeito. Se, falando de responsabilidade, tem-se em mente uma professora que, às oito da manhã, pega uma criança de 6 ou 7 meses e que cuida dela por cinco, seis, sete horas, é esperado que não pense demais na quantidade de responsabilidade que é assumida diariamente! Mas, então, essa responsabilidade, como a da equipe e da direção, deve ser reconhecida e reconhecível, mas também respeitada e, sobretudo, participada, no sentido que deve tornar as pessoas participantes e conscientes. E isso não é muito difícil, mas é necessário, se você quiser que as suas professoras se tornem participantes com as colegas, as crianças e os pais.

São então problemas de reconhecimento, os que você enfatizou com muita clareza. Mudando de assunto, há também a rede das afinidades e das trocas culturais.

Estou errado ou, na definição dos métodos e dos objetivos, a contribuição da pedagogia acadêmica contou menos que o aporte de figuras individuais ou experiências que não podem ser enquadradas facilmente, como Bruno Ciari, Gianni Rodari e outros? Qual importância, na fase inicial, você atribui às sugestões da pedagogia ativista e da obra de Piaget? Mas, depois, muitas outras coisas aconteceram no horizonte da pesquisa, não é verdade?

Mais uma vez concordo com o que você diz. A contribuição da pedagogia acadêmica não foi relevante, com exceção do grande reconhecimento pela pedagogia de Montessori, do ativismo de Dewey, das próprias irmãs Agazzi, mas não a chamaria, não pode ser chamada da mesma maneira que a acadêmica, universitária...

É a parte pedagógica do universo cultural do século XX?

Exato. Acredito ser verdade o que você diz: foram levadas em conta figuras como Ciari, como Rodari, e – nominavam-no antes – Lodi, mas também figuras de artistas que não vou listar. Penso também no forte impacto com a arquitetura e também com a neurociência. Estivemos entre as grandes matrizes de inspiração para uma pedagogia que não era *história da pedagogia*. A crítica que eu sempre ouvi de Malaguzzi, e que a tornei minha, era que a pedagogia da universidade italiana se reduzia à história da pedagogia e não era uma pedagogia ativa. Certamente que, até a morte de Malaguzzi, ouvir dizer que a sua era uma pedagogia "caseira" fala muito sobre a dificuldade de reconhecer que nossa escola (e também outras, obviamente) é uma escola onde a pedagogia *vive*. Além de Piaget, a escola pós-piagetiana, Bateson, Bruner, Vygostsky e outros e também a epistemológica, a neurociência e outras disciplinas em plena ebulição de pesquisa tornaram-se interlocutoras para uma pedagogia que devia prestar contas para a realidade cultural contemporânea. O diálogo com os docentes universitários foi muito mais longo, muito mais frutífero no exterior: Estocolmo, as universidades americanas... Certamente existem as devidas exceções, mas... Talvez *nemo propheta in patria*, talvez não soubemos como falar. A reprovação de certa academia italiana era: Reggio escreveu pouco...

É uma crítica que eu ouvi. A impressão é a de que esperavam um receituário, como para a cozinha, para que pudessem realizar sobre isso conferências, comparações abstratas...

Exatamente. A acusação é que não existe nada de "acadêmico", nada de oficial, não existe um livro que seja uma "suma". A nossa ainda é uma academia que valoriza somente a língua escrita. Nós respondemos com a mostra sobre as cem linguagens, propondo outra escrita, outra linguagem.

Essas considerações nos aproximam da questão do "método", em volta da qual foi constituída, se não erro, uma verdadeira disciplina pedagógica e acadêmica: a metodologia. A tal propósito, a impressão que fornecem as habituais tratativas sobre a sucessão histórica dos "métodos" (Aporti, Froebel, Agazzi, Montessori etc.) é que eles constituem, vez por outra, um compacto organismo de pensamento do qual derivam procedimentos codificados. Ou melhor, uma parte "filosófica" (deixemos para lá o quanto é profunda) e uma parte aplicativa. Na via reggiana (esta me parece a tradução mais apropriada: método como via, analogamente ao "Tao" chinês) as coisas vão de modo diferente, mesmo sendo ela tão distante do sensato empirismo e da confiança ao infalível instinto materno. A coisa me parece inédita e desconcertante. Você quer me esclarecer o mistério de um método aberto e, todavia, unitário e coerente (se for lícito dizer assim)?

De acordo com o meu ponto de vista, nessa formulação você também percebeu o que para mim é uma diferença, entre as muitas possíveis, obviamente. Mas tenho que confessar que não tive tempo de refletir suficientemente sobre essa pergunta (o esquema da entrevista havia sido submetido a Carlina alguns dias antes da gravação) e me reservo o direito de voltar a ela na revisão ou em um segundo momento, porque é importante dar-lhe uma resposta adequada. Creio que a questão da "via", que você enfatiza – método como via – possa nos ajudar a perceber que não é verdade, como dizem, que, nas escolas de Reggio, não existe um método, pois sem um método a experiência não poderia existir. Há, porém, um percurso que pede – e é provavelmente a beleza e a dificuldade dessa história – para ser continuamente falsificado em termos popperianos. E então é um método que quer continuamente tentar gerar as próprias dúvidas. Portanto, o que pensei para a entrevista de hoje é sobre a ideia de documentação, ou seja, aquela estratégia identificada para tentarmos ser coerentes com o valor da subjetividade e da unicidade de cada indivíduo. A grande necessidade de sermos coerentes e, portanto, de produzirmos continuamente mudança – é o paradoxo dessa exigência – nasce e foi cada vez mais comprovada pelas discussões feitas em todos esses anos e pelas últimas contribuições das neurociências, que estimulam buscar o máximo de personalização nos modos e nos tempos da aprendizagem. O modo com que o processo da educabilidade acontece é determinado e determinante nas culturas. Nós acreditamos, por exemplo, que todos os indivíduos podem aprender a ler e a escrever, mas a qualidade desse resultado será dada por quanto essa aprendizagem de ler e escrever será feita nos tempos e nos modos da pessoa e dentro de um contexto de grupo. Então, o que tentamos fazer foi focalizar uma metodologia que exaltasse a possibilidade de perceber as estratégias de cada sujeito para aprender e a aprender dentro de um contexto, portanto, em relação a um grupo. Essa abordagem teve seu eixo na documentação, à qual não é dada muita ênfase, mas que deve ser-lhe reconhecida essa maneira de procurar perceber as subjetividades que interagem em um grupo, para criar processos que possam favorecer não tanto o ensino no sentido tradicional, mas a constituição de contextos para a aprendizagem.

Então, o que você diz, o mistério de uma via aberta e, ao mesmo tempo, unitária eu encontro nesse *esforço de coerência* no procurar oferecer a cada um no grupo e a cada grupo como soma de subjetividade, a possibilidade de adquirir valores e culturas (valores expressos em cultura), de acordo com as próprias subjetividades, mas também com o respeito de ser parte de um grupo. Isso quer dizer que todo ano pedimos às nossas professoras para escreverem uma nova "declaração de intenções", isto é, o que pretendem propor e por que, para ser compartilhada com as colegas, com os pais, tentando não fazer dessa declaração de intenções um plano rígido, mas como uma rota progressiva de aproximação, negociada na vida de todos os dias com o grupo de trabalho e as famílias.

Enquanto você falava, vinha-me à mente uma espécie de aproximação metafórica: se, em uma pessoa, a identidade se bloqueasse na identidade, para se aniquilar. Da mesma maneira, na sua descrição, acho reconhecida a coerência, a continuidade, mas também a necessidade de viver, portanto, a disponibilidade para mudar. Por isso, enquanto em certo tipo de escola institucionalizada pretende-se a uniformidade e a previsibilidade, ou, pelo ponto de vista oposto, é praticada a improvisação "artística", aqui não nos encontramos nem em um, nem no outro caso...

De fato, há algo na aprendizagem que tem a ver, em um certo sentido, com a poesia e, sem querer cair no misticismo, com o imprevisto. Vou dar um exemplo, muito banal, substancialmente: em uma escola, fizeram todo um caderno para recolher memórias do verão, um para cada criança, pensando em desenvolver, em setembro, o tema da sensorialidade; então foi feito esse caderno, no qual as crianças eram convidadas a recolher os perfumes, a registrar os barulhos etc., tudo equipado, tudo preparado e, quando perguntamos qual era a coisa mais interessante que lhes tinha tocado no verão – e estávamos prontas para ouvir: o sol, a luz, as flores, o mar; estávamos prontas para acolher tudo isso – aparece um menino e diz: "A multidão!", desorientando completamente todas as expectativas.

E todos os outros diziam: "Sim, sim, sim! Verdade, verdade, verdade!". Eles saíram para ir aonde nem tínhamos imaginado ir! E assim mudamos tudo para essa coisa aqui... O imprevisto faz parte da vida, aliás, estou entendendo que é a própria vida.

Por último, eu voltaria ao conceito de "rede". Não posso ignorar a trama cada vez mais densa de relações internacionais. A sua autêntica importância me parece exposta ao risco de interpretações apressadas e banais, talvez alinhadas à ideia de exportação de um "produto", portanto, fungível, como qualquer produto, serial etc. Nesse ponto, um esclarecimento me parece necessário.

Além de quê, como eu dizia antes, o encontro com essas outras culturas é, acima de tudo, importação de perguntas e de curiosidades, um lugar de percursos formativos e de reflexões realmente de uma riqueza extraordinária, essas diferenças culturais, certas vezes, o levam a viajar em mundos interiores que você não imaginava possuir, em experiências que não pensava ter feito naquele nível. Então, nós importamos, sobretudo, muita curiosidade e muitas possibilidades de troca. Quisemos absolutamente nos opor à tentação de partir preparando e colocando em circulação uma espécie de caixas pré-confeccionadas, com uma forma equivocada de aplicação de *business* na pedagogia. Então foi impedida uma abordagem equivocada ao conceito de método, fato que seria verificado com a divulgação do "método Malaguzzi" ou o "método Reggio" como, infelizmente, aconteceu com outras experiências, por meio da qual você compra um *kit* de cadernos, de móveis etc. e estava em ordem. Foi um debate, para não dizer outra coisa, não fácil, que foi realizado também em nosso interior, porque não estávamos armados para argumentar muito e, sobretudo, não sabíamos aonde isso nos levaria. Depois, devagar, o discurso se tornou mais claro, voltando às origens e à palavra "educação", que acho que está ligada a valores éticos e, como tais, não exportáveis. Pelo contrário, eles podem ser, nós pensamos, a origem de trocas e de reflexões, por isso hoje o discurso é que cada cultura deve elaborar uma estratégia própria no campo da escola. Podemos *juntos* ver e compartilhar valores que são universais, mas, no próprio contexto, cada um deverá – na Suécia, como no Japão, como na Austrália – tentar elaborá-los por conta própria. Nem mesmo é uma semente que pode ser exportada e transplantada. Alguém amava a imagem da semente; Reggio, no máximo, pode se prestar à metáfora do espelho, no qual você pode encontrar uma imagem de si; a mostra é outra ocasião para refletir sobre a sua identidade, sobre a sua cultura, sobre os seus valores, sobre a sua imagem de escola. A outra coisa que podemos compartilhar, no sentido de que nós não a criamos, é a imagem de criança competente. Este – assim como o da professora competente – é um daqueles valores que Reggio não inventou, já se encontra em páginas famosas de Dewey...

Ideias que já têm um século...

Exato, têm um século, e tivemos a coragem, Malaguzzi e nós (esse nós coral que você enfatizou), de pegá-las, vivê-las e dar-lhes suporte em uma terra (em um contexto) generosa nesse sentido, e que generosamente as acolheu e as tornou próprias, talvez porque já as tivesse. É um pouco o que os outros fazem conosco: vêm aqui, fazem-nos reconhecer o que temos, o que sabemos ver, mas também o que não sabemos ver. O que mais posso dizer? Pessoalmente, estou induzindo os outros a encontrarem os países asiáticos, assim como eu fazia com os Estados Unidos – para o qual concentramos muitas energias – pelo seu poder econômico, mas também pelo poder cultural, sabendo que o que contariam deles e de nós seria uma imagem vitoriosa. Não é por acaso que com o tabuleiro de xadrez asiático o mediador foram eles mesmos e com a Austrália também. Por isso, paradoxalmente, o *Reggio approach* existe *além de Reggio,* provavelmente também por esse ser seu trânsito cultural, pegar valores, pegar imagens que existiam antes de nós e que aqui encontraram a forma do cotidiano e a coragem de se rediscutir continuamente, por isso os encontramos todos os dias, porque, assim, nós os recriamos: não só os conservamos, mas os recriamos. Eu brigaria se fosse dito que essa imagem de criança nasceu em Reggio; não, ela tem uma genética muito mais ampla, porém, aqui, ela tem coragem, novas correspondências e, também, uma nova identidade. E pede, então, aos outros para terem a mesma coragem, porque para as pessoas que estão conosco podemos pedir somente para ter a coragem e olhar para dentro de si, encontrar e construir esses e outros valores nas suas culturas. Por isso, interrogo-me muito sobre os Estados Unidos, me inquieto com o Japão e com uma cultura como a chinesa, com a qual não sei se saberemos dialogar diretamente, se dialogar não significa só falar em inglês ou passar do inglês ao coreano... Temos que estar muito atentos para entendermos como nos interpretam. Para uma cultura como a chinesa o valor do copiar é diferente, por exemplo, é *um valor...*

Desde que seja feito caligraficamente bem...

De fato: não é um não valor. Outra coisa que eu gosto de dizer é que *nascemos internacionais,* o pensamento é um pensamento internacional, a experiência começou a dialogar em nível internacional imediatamente, portanto, é uma origem que, ao longo do tempo, tornou-se mais consciente de si.

Por último, eu pediria para responder as perguntas que não fiz, com certeza mais importantes do que as que eu tinha em mente.

Em minha opinião, suas perguntas foram para as direções mais relevantes, havendo uma coincidência com as áreas das pesquisas que fiz ultimamente, em colaboração com os colegas. Eu gosto do fato de que, nesse gênero de perguntas, foi construída a narrativa de Reggio. O que poderia ser o caso de insistir é também que se tratou de uma história de dificuldades, não para enfatizar a dificuldade, mas para a qualidade da vida, para a qualidade dessa escola, onde nada é óbvio e presenteado, porque existiram contradições, incoerências e, depois, gostaria que fosse reconhecido o fato de que essa história é também uma história no feminino...

E aqui eu deveria me arrepender, por não ter tocado nesse tema...

Penso em Malaguzzi e no tema da nostalgia do futuro – Malaguzzi era um grande cultuador do futuro e pouquíssimo cultuador do passado – e sobre essa nostalgia do futuro me vem à mente que a mostra e o livro lançado nos Estados Unidos sobre as cem linguagens deviam ter outro título, que era "O fio de Ariadne" e era para reconhecer a todas essas mulheres, a todas essas Ariadnes, por saberem, por tantos anos, puxar esses fios extraordinários. Gostaria, por isso, que essa fosse pelo menos reconhecida como uma história das mulheres. Para mim, é uma história muito feminina: consideramos essa organização do cotidiano, e também essa paciência – que não sei se é uma categoria laica ou religiosa – a paciência da mulher, a obstinação, a solidariedade das Martine que estiveram presentes em todas as gerações. Gostaria que reconhecêssemos o mérito dessas garotas que, com salários ainda inadequados, são capazes de gestos que hoje são, às vezes, ainda mais corajosos, ainda mais ricos de futuro, ainda mais de vanguarda do que alguns anos atrás. Porque, nessa sociedade do consumo, do luxo, essas pessoas que aceitam as trinta e seis horas... eu queria dizer que existe uma história de heroínas do cotidiano, ou talvez simplesmente uma história de mulheres que, todos os dias, devem conseguir conciliar o seu papel de protagonistas da vida familiar com o papel de protagonistas de uma vida que sentiram ser importante, porque é socialmente importante, culturalmente importante e politicamente importante. Não quero passar a noção de um monopólio, mas foi uma história de professoras, de auxiliares e de cozinheiras. Também, também.

Que depois foi também uma promoção da imagem feminina, pois o território é repleto de escolas de educação infantil e a vida delas se projeta muito fora, por isso esse protagonismo incidiu também no imaginário, no simbólico das pessoas...

Absolutamente. Isso resgata também a imagem da professora mulher, que Malaguzzi estimava muito; ele tinha imensa estima e enorme respeito pelas professoras. Ele se impôs esse resgate, essa dignidade das professoras. Dizem que nossas professoras são *bonitas*. É verdade: em poucas partes do mundo, as professoras das escolas de educação infantil, e não só, são tão bonitas, tão dignas, tão mulheres. O mesmo vale para o outro perfil – que talvez não tenhamos discutido suficientemente –, ou seja, a figura da pedagogista. Aqui também, sobretudo mulheres, que souberam criar uma figura que é honrada no mundo, que, mais uma vez, pertence a essa pedagogia ativista e ativa, que necessita de um papel de mediador cultural, que é justamente o da professora, mas que pode ser também o ser mediador, responsável pela relação entre o interno e o externo.

Enfim, permita-me um comentário. Sinto a parcialidade do meu conto, sinto que esqueci fatos e pessoas. Sinto muito, sobretudo, se não tiver conseguido expressar toda a gratidão por essa história e pelas suas protagonistas.

15

Atravessar fronteiras: reflexões sobre Loris Malaguzzi e a experiência educativa de Reggio Emilia (2004)

Qual é o sentido e o valor dos aniversários na vida de todos nós? E qual pode ser o valor da memória em um processo de busca de identidade e de futuro?

Estas são duas das muitas perguntas que nos fizemos, quando começamos a refletir sobre o significado que podia assumir, no contexto atual, a celebração dos quarenta anos das escolas reggianas. Paramos para refletir também sobre o verbo "celebrar", um verbo inadequado para representar nossa intenção de olhar para o futuro, mesmo com a responsabilidade do passado.

Refletimos também bastante sobre qual evento ou eventos poderiam caracterizar e significar tal compromisso. Optamos pelo plural: mais momentos capazes, no seu conjunto, de significar o evento na cidade, no país e no mundo. No centro da reflexão, não tanto a experiência das escolas de educação infantil, mas os valores, os conceitos, as escolhas estruturais que a caracterizaram. Valores e conceitos que acharam inspiração, confronto de ideias, enriquecimento no diálogo com outras realidades e outras disciplinas e mundos do saber e da cultura.

"Atravessar fronteiras" foi a metáfora que melhor descrevia o sentido do nosso percurso e, ao mesmo tempo, a esperança para o futuro. Atravessar as fronteiras culturais, psicológicas e geográficas que, às vezes, nos mantêm prisioneiros dentro de estereótipos, lugares-comuns, convicções que geram separação, exclusão, isolamento, ausência de diálogo e perigosas formas de racismo cultural.

"Atravessar fronteiras" foi também o título que demos ao congresso internacional (em fevereiro de 2004) que teria, em certo sentido, representado o lugar do nosso encontro com colegas e amigos do mundo todo, que queriam estar conosco para construir e viver esse evento.

Demoramos mais de um ano para prepará-lo, porque o evento deveria ser compartilhado e realizado com o envolvimento não somente de todos aqueles que trabalhavam nas instituições municipais da cidade (cerca de quinhentas pessoas), mas também com o envolvimento das famílias e de toda a cidade.

Outro momento para encontrar-se, redefinir a identidade por meio do diálogo entre os protagonistas que, em Reggio Emilia, assim como em outras partes do mundo, haviam buscado e procurado o significado do educar hoje, em uma realidade nacional e internacional tão complexa e, sob muitos aspectos, difícil e contraditória.

Foi grande o esforço de professoras e pedagogistas ao tentarem organizar o próprio saber, construído com as crianças e os genitores, em narrativas por imagens, capazes de oferecer reflexões e perguntas aos participantes.

Grande foi a paixão, a vontade de abrir mais uma vez os próprios espaços físicos e mentais a outros que, vivendo experiências diferentes, estão disponíveis a entrarem no jogo, por meio das narrativas dessas experiências.

FIGURA 15.1 Congresso internacional "Atravessar fronteiras", Teatro Valli, Reggio Emilia, fevereiro de 2004.

Uma grande oportunidade formativa, mas também uma responsabilidade compartilhada. Tudo isso criou preocupações e tensão positiva: seremos capazes? Esta também era a pergunta que eu me fazia e que se tornou cada vez mais premente com o passar dos dias. Pediram-me para fazer uma intervenção capaz de descrever a busca de identidade por meio do diálogo que caracterizou nossa experiência, desde quando Loris Malaguzzi (idealizador e construtor da pedagogia relacional que orientou a experiência reggiana) definiu a interação e a troca intercultural como elementos estruturantes para a experiência.

Para mim, preparar esta intervenção* foi complexo e, sob muitos aspectos, difícil. A dificuldade derivava principalmente da necessidade de descrever, de modo sinérgico e sintético, os conceitos e os valores que estruturaram a experiência; mas havia outro motivo que tornava tal intervenção carregada de significados para mim. Aquele dia (um dos quatro do congresso) era dedicado a Loris Malaguzzi, no décimo aniversário da sua morte. O sentimento de responsabilidade, a emoção da lembrança, a memória de tantos anos (vinte e quatro) passados juntos nos davam um nó na garganta naquela manhã.

Os olhares acolhedores de cerca de 1.200 pessoas provenientes de todo o mundo, o sorriso de muitos rostos amigos, o apoio das colegas me acompanharam no palco. Depois, prevaleceu a alegria.

Existem muitas maneiras para narrar a obra de um estudioso, de um filósofo, de um pesquisador, de um homem como Loris Malaguzzi. Mas talvez (como diz Sergio Manghi), na realidade, há somente dois modos. Um é pensar no homem e na sua obra como se estivessem perante nós, objetivados e completos. O outro é pensar a obra com relação a nós, como parte de nós, como uma obra que também fala de nós, que continua e evolui conosco e em nós, pela qual assumimos significados e responsabilidade.

Em um momento histórico como esse, no qual os jornais com frequência descrevem e exaltam o sucesso do indivíduo sobre o grupo, a vitória do líder solitário, a unicidade da pessoa enquanto elemento de separação e isolamento, em vez de como força e recurso para o diálogo, sinto que o modo mais sincero e pertinente de prestar homenagem a Malaguzzi é falar da sua extraordinária capacidade de promover esse sentimento de pertencimento, esse projeto educativo, esse *nós* que foi capaz de atravessar fronteiras, de acolher sonhos, de construir esperanças por meio do encontro, o confronto fechado, a raiva e a alegria do diálogo que transforma.

---

* O texto desta intervenção foi publicado anteriormente no volume que recolhe os atos do congresso: COMUNE REGGIO EMILIA et al. *Attraversar confini*: idee ed esperienze in dialogo per una nuova cultura dell'educazione dei bambini e degli adulti. Pistoia: Edizioni Junior, 2006.

Atravessar fronteiras: Malaguzzi adorava atravessar fronteiras, adorava habitá-las. Fronteiras não estabelecidas de uma vez por todas, não definidas *a priori*, mas fronteiras percebidas como lugares de encontro e troca, onde conhecimento e ação se perseguem e se alimentam reciprocamente.

Com ele compartilhamos muitos caminhos, atravessamos muitas fronteiras. Aprendemos a "arte" da *transição criativa,* como Malaguzzi amava defini-la. Isso nos ajudou a não aceitar a fronteira da sua morte como um limite e uma interrupção dramática dos processos e caminhos construídos juntos.

Ainda me lembro com dor do esforço, há dez anos, de nos imaginarmos existindo sem a sua presença; de continuarmos procurando o caminho sem a sua orientação. Ainda está viva em mim, como nas colegas e nos colegas das escolas de educação infantil, a memória da melancolia, do cansaço, mas sobretudo a determinação de continuarmos nos sentindo e em sermos *nós*.

Tentamos manter alguns valores constantes, apesar da rápida mutabilidade das estratégias e dos objetivos.

Procuramos elaborar um projeto educativo feito também por ritmos e longos tempos, quando a maior parte do mundo contemporâneo parecia orientada para tempos breves e instabilidades mutáveis.

Estamos empenhados em construir um presente consciente do passado e responsável pelo futuro, mas acima de tudo temos procurado consolidar a consciência de sermos protagonistas de um projeto não somente de educação infantil, mas do homem, da humanidade. Essa consciência nos apoiou na compreensão de que era e é necessário fazer escolhas pedagógicas, mas também éticas e de valores.

A pedagogia, assim como a escola, não é neutra. Ela é tendenciosa, participa de forma profunda e vital da definição desse projeto cujo tema central não é o homem, mas suas relações com o mundo, seu ser mundo, o seu sentir-se interdependente do outro e de si. A pedagogia envolve escolhas, e escolher não significa decidir o que é certo sobre o que é errado. Escolher significa ter a coragem da dúvida, da incerteza; significa participar de algo pelo qual você assume a responsabilidade.

Fizemos essas escolhas graças ao confronto de ideias, ao debate com colegas e amigos aqui em Reggio, na Itália, no mundo. Por isso, gostaria de expressar a minha, a nossa gratidão a todos aqueles que apoiaram, compartilharam, mas também criticaram nossas escolhas.

É graças a eles que construímos nossa identidade, uma identidade aberta à mudança; que construímos nossas diferenças. Diferenças que sentimos, hoje mais do que nunca, ser o valor mais significativo que podemos oferecer, conscientes e responsáveis do fato de que, dessa forma, construímos um verdadeiro conceito de pertencimento. Estamos, de fato, ligados, onde quer que operemos – mesmo em realidades tão geográfica e culturalmente distantes e diferentes – à mesma comunidade de destino, a uma nova e complexa antropologia planetária.

Qual dessas escolhas propor à atenção de vocês, para tentar passar o significado difundido do que surgiu? A primeira está certamente relacionada à imagem da criança e à teoria da aprendizagem a que nos referimos para orientar nossa experiência, nosso caminho.

É sabido que nossa opção, aliás, um dos pontos de foco de nossa filosofia, coincide com a imagem de criança competente. Mas "competente para quê?", nos perguntamos. E tentamos encontrá-la, vê-la, compreendê-la, dialogar com ela. Uma criança competente para se relacionar, para se comunicar, eu ousaria dizer para viver. Toda criança que nasce é um *poder ser* da humanidade. É uma possibilidade, um princípio de esperança, que depende muito das tomadas de consciência, da vontade, da coragem e das políticas.

As suas formas de interpretar e agir nos dão paradigmas de pensamento, teorias, modos de pensar e se empolgar absolutamente perturbadores e desconfortáveis, pois são destrutivos em relação ao habitual.

As crianças não são apenas *nosso* futuro, no qual muitas vezes investimos oprimindo seus sonhos e sua liberdade de nos tornarmos diferentes do que gostaríamos que fossem. As crianças são *nosso* presente.

A criança não é um cidadão do futuro: é um cidadão desde o primeiro momento de vida e é também o cidadão mais importante, pois representa e carrega consigo o "possível", afirmação que é, para mim, absolutamente desprovida de retórica. A criança é portadora – *hic et nunc* – de direitos, valores, cultura: a cultura da infância. Não é apenas nosso conhecimento da infância, mas também o conhecimento da infância de como ser e como viver.

É nossa responsabilidade histórica não apenas afirmar tudo isso, mas criar contextos culturais, sociais, políticos e educativos capazes de acolher as crianças e dialogar com o seu grande potencial de construção dos direitos humanos. São contextos que exigem tanto a desconstrução e superação de preconceitos relacionados à infância, quanto a reconstrução social de uma nova cultura da infância; a construção de uma nova cultura de humanidade e de uma nova identidade para nós mesmos (educadores, pais e adultos todos).

De fato, as maneiras pelas quais as crianças interpretam e experimentam nos oferecem diferentes paradigmas de pensamento, ou seja, diferentes maneiras de sentir emoções e de pensar, que podem ser perturbadoras e desconfortáveis, no momento em que questionam as modalidades mais usuais e familiares.

E, em uma época de globalização, onde estamos redefinindo o próprio conceito de humanidade e cidadania, partir da criança, da sua humanidade generosa, recomeçar do tentar dar novas respostas às suas perguntas de sentido pode nos permitir, agora mais do que então, a coragem de reescrever uma nova antropologia complexa. Não estou propondo uma abordagem romântica ou uma imagem de uma infância ingênua na qual nos apoiarmos de forma catártica, mas um verdadeiro diálogo com a criança, um diálogo transformador. Tenho a forte percepção de que essa mudança paradigmática que o pensamento ocidental deve fazer pode encontrar, como nunca antes, energia vital justamente na relação, no diálogo com a criança e com a infância.

Nossa interpretação desse conceito de "criança competente" estava estritamente ligada ao nosso compartilhamento de valores e, em particular, à interação e ao diálogo como qualidades essenciais na definição de nossas relações com crianças e adultos, com a própria cidade e com os outros em geral. Esse valor teve implicações importantes em nossas escolhas.

Um dos maiores esforços que Malaguzzi nos levou a fazer foi buscar e encontrar formas de organização que não apenas fossem coerentes com nossos pressupostos teóricos, mas que fossem também, e sobretudo, capazes de garantir a vitalidade da própria organização, sua capacidade de se colocar em crise e de se autorrenovar. Uma organização, portanto, que nos garantisse a mudança e não sustentasse uma lógica de reprodução, mas de inovação, ou seja, de criatividade gerativa. Uma organização capaz de ouvir e apoiar a criatividade, a ponto de aceitar o valor do risco e da aventura. Houve sindicalistas, políticos e pessoas de bom senso que entenderam que, para que uma organização ou um sistema educacional sejam considerados como tais, não podem seguir a lógica da repetição e da padronização, mas devem ser capazes de acolher os imprevistos e as perturbações que ocorrem cotidianamente no âmbito de uma organização.

A "pedagogia da relação" (como Malaguzzi gostava de definir a pedagogia implementada em nossas escolas) havia descoberto que o diálogo era particularmente fácil e imediato com aquela parte da arquitetura definida como *relacional*. Um diálogo e uma troca particularmente frutíferos que nunca terminaram, tanto que hoje se tornaram um projeto de pesquisa comum: um projeto não só centrado na arquitetura escolar, mas nas crianças, nos adultos e em suas formas de habitar o mundo.

Da mesma forma, optamos por dialogar com todos aqueles que, nas diversas disciplinas (psicologia, ciências humanas, biologia, neurologia, arte e *design*), aceitaram realizar pesquisas conosco, construindo perguntas em conjunto, experimentando juntos caminhos de pesquisa respeitosos do papel de cada um, sem hierarquias preestabelecidas entre o saber acadêmico e o saber dos educadores. Viagens também prazerosas e divertidas, surpreendentes e incertas porque, fazendo pesquisa no mundo das crianças, são as próprias crianças que devem se tornar as principais protagonistas da pesquisa.

Tentamos atravessar fronteiras, mas também habitá-las. Diante de antinomias históricas – por exemplo, trabalho-brincadeira, realidade-imaginação – propomos emoção *e* conhecimento, criatividade *e* racionalidade, *progettazione e* programação, ensino *e* pesquisa, indivíduo *e* grupo, ciência rígida *e* plástica.

Procuramos observar as crianças e nós mesmos com elas. Ao fazê-lo, percebemos (e tentamos tornar visível) que esse modo dualista de pensar não pertence às crianças ou mesmo aos adultos, mas àqueles que acreditam que "científico" significa sem emoção, sem paixão, sem coração; aqueles que acreditam que sem essas características a ciência é mais verdadeira e objetiva. Em vez disso, pudemos demonstrar como razão e emoção, aprendizagem e prazer, cansaço e alegria, o si e os outros, não são apenas capazes de coexistir, mas também de gerar-se reciprocamente, apoiados pela força notável que deriva da liberdade criativa e, portanto, da aprendizagem. A liberdade do ignorado, da dúvida, do desconhecido; uma liberdade que as crianças têm se não for limitada.

Com essas premissas, também fica evidente nossa escolha relacionada a um núcleo problemático, debatido desde sempre: a relação ensino-aprendizagem. Malaguzzi também escreve a esse respeito: "O objetivo do ensino não é produzir aprendizagem, mas produzir condições de aprendizagem. Condições de aprendizagem, este é o ponto focal: a qualidade da aprendizagem".

O instrumento e a estrutura-chave para consolidar esta afirmação foi, para nós, a documentação. A documentação – citada em muitos documentos pedagógicos internacionais como instrumento arquivístico e/ou de reconstrução posterior dos percursos realizados – encontra, em nossa experiência, uma interpretação original que a coloca dentro do processo didático e, portanto, de aprendizagem.

A *documentação* "in process", atuada e interpretada durante o percurso e não apenas ao final, pode orientar o próprio percurso, ao favorecer a relação entre as estruturas cognitivas das crianças e as disciplinares.

A documentação se prefigura, portanto, não apenas como instrumento didático, mas também como estrutura epistemológica, pois, ao favorecer a memória e a reflexão, pode modificar os processos didáticos e cognitivos da criança, do grupo de crianças e dos professores. Assim, ensino e aprendizagem são recíprocos: o professor, além de ter um papel de apoio e mediação cultural, se souber observar, documentar e interpretar, realizará a sua maior possibilidade de aprender a ensinar.

Reflexões recentes compartilhadas com colegas que trabalham na experiência reggiana, e não só, nos permitem prestar atenção em algumas outras áreas de pesquisa que estamos aprofundando, como, por exemplo, a hipótese de que os documentos produzidos são instrumentos de avaliação e autoavaliação, uma oportunidade para refletir, interpretar, dialogar, negociar e conectar teoria e prática.

A documentação passaria, assim, a ser uma estratégia de avaliação entendida como a construção de significados compartilhados.

Certamente para nós a documentação, ou melhor, o conceito de visibilidade e compartilhamento, foi também uma importante oportunidade cultural e política que nos deu força para atravessar outras fronteiras e iniciar novos diálogos, revelando-se também uma forma eficaz de construir uma identidade grupal, uma história e uma memória, e iniciar caminhos de participação.

Tudo isso requereu e requer tempo. Escolhemos e buscamos dar tempo às crianças e a nós mesmos. Defendemos fortemente o projeto "zero-seis" que garante às crianças uma qualidade de tempo, no qual elas não são pressionadas por *precocismos* e *antecipacionismos*.

Estávamos falando do conceito de participação: nascidas de um processo real de participação popular, as escolas de Reggio, juntamente com outras realidades italianas, declaram a participação das famílias como um elemento constitutivo de sua identidade. Cada vez mais, ao longo dos anos, será revelado que a participação é a essência dos processos de aprendizagem e identidade das crianças e dos adultos e é um modo de ser das crianças, dos educadores e das famílias. A participação é, portanto, um caminho comum que permite a construção de um sentimento de pertencimento a uma coletividade.

Em um período em que se discute muito sobre o fracasso de formas de democracia participativa, nas escolas e não só, sentimos a obrigação de partilhar as dificuldades, mas também de declarar com veemência a indispensabilidade da participação como característica identificadora do próprio conceito de escola, educação e democracia.

De fato, cada sujeito expressa potencialidades culturais únicas. A escola e as instituições educacionais não devem apenas reconhecer e proteger essas singularidades, mas só podem fazê-lo construindo um contexto de interação e diálogo entre essas singularidades, uma vez que a singularidade se manifesta e se nutre apenas no diálogo.

Assim, percebemos que a escola se torna uma *"agorà"*, onde o pluralismo de opiniões e pontos de vista garante a laicidade e o seu ser uma realidade educativa. Uma escola, portanto, como lugar de elaboração da cultura: não somente da cultura da infância, mas sobretudo da cultura produzida pela infância.

A participação no debate em torno de temas como a relação entre linguagens e pensamento, a relação entre os saberes, o tema da interdisciplinaridade, a comunidade, o aprender fazendo, é provavelmente a gênese de duas das mais importantes elaborações de Loris Malaguzzi: a *teoria das cem linguagens* e o *ateliê*.

Muito foi escrito, muito é declarado através da nossa mostra, dos vídeos e de outros materiais. No entanto, sinto a necessidade de especificar que as *cem linguagens* não são apenas uma metáfora que credita cem, mil potencialidades expressivas e comunicativas à criança e ao homem. Representam, a nosso ver, uma estratégia de construção de conceitos, a consolidação da compreensão mas, sobretudo, são uma declaração sobre a mesma dignidade e importância de todas as linguagens, cada vez mais evidentemente indispensáveis para a construção do conhecimento.

Além disso, há também a convicção derivada de muitos anos de experiências, de reflexão e confronto de ideias, da existência de expressividade e poética em cada linguagem, inclusive naquelas definidas como científicas, bem como um forte componente estético (o belo) como elemento conectivo nos e entre os conceitos.

A tarefa da didática (assistida pela documentação) é favorecer o encontro entre linguagens que se enriquecem no encontro com outras linguagens, descobrindo os próprios limites, os próprios silêncios, as próprias omissões. É o belo, "a atração de fazer parte de", é "a estética do conhecimento", diria Gregory Bateson (1972).

É uma ecologia das linguagens. Uma ecologia que sentimos que poderá ser de suporte fundamental à linguagem tecnológica, se permitirmos que o computador e as novas tecnologias se tornem uma ferramenta, uma *mídia* não apenas aditiva, isto é, que acrescenta, mas multiplicativa, capaz de criar algo novo e imprevisível. O desejo é que possa ser um apoio para a criatividade.

O *ateliê* é o lugar metafórico de uma escola inteira que, no seu conjunto, tem como objetivo apoiar o desenvolvimento da comunicação e, de fato, das cem linguagens. Há, penso eu, uma distinção a ser feita: a diferença que percebo entre *ateliê* e *laboratório*. Não é uma "indiferença linguística", mas uma diferença conceitual e pedagógica.

Hoje, fala-se muito em laboratórios fora e dentro da escola: o debate está aberto. A suspeita é que, para muitos, o laboratório é um "a mais" que vai além da escola, além do conhecimento acadêmico; assim como as linguagens expressivas são um "a mais", elas vão além do conhecimento. O *ateliê,* em Reggio, vem se desenvolvendo cada vez mais como metáfora não das linguagens expressivas, mas de uma estratégia cognitiva, uma forma de estruturar o conhecimento e organizar a aprendizagem. Não há escola e o *ateliê das cem linguagens*, uma espécie de apêndice desmontável, mas há a *escola da pesquisa*, da qual o ateliê é um componente essencial, isto é, a essência de seu ser pesquisa. Com tais premissas, a pesquisa atual visa compreender melhor as possibilidades de diálogo entre crianças e arte, crianças e artistas, na convicção de que, se estética é conhecimento sensível, esse diálogo pode ser muito frutífero.

Falamos de meninas e meninos, mas sempre deixamos subentendido crianças, adolescentes, jovens, homens e mulheres. São pensamentos que a infância nos inspirou, mas a infância não é uma fase separada da vida e da identidade humana. A infância é a mais bela metáfora para descrever as possibilidades do homem, desde que ela possa existir, ser reconhecida e que cessem todos aqueles processos de aceleração, de imitações culturais que, ao negá-la, destroem não a infância, mas o homem. Uma espécie de "escola de contraturno" para a criatividade: Malaguzzi queria dizer uma coisa diferente quando, com o seu primeiro grupo de atelieristas (e professores), ele "criou" o ateliê.

Estou chegando à conclusão, desculpando-me pela parcialidade dessas reflexões. Fiz algumas escolhas de conteúdo, buscando uma linguagem que pudesse ser acolhida pelas centenas de pessoas aqui presentes, que são provenientes das mais diversas culturas e pedagogias.

Confio a tarefa de aprofundar os temas tratados por mim às visitas de hoje às escolas de educação infantil e às sessões de amanhã. Em cada uma das instituições vocês encontrarão traços comuns a todas as outras: um fragmento do todo em cada uma.

Assim é Reggio Emilia, um caleidoscópio que espelha e no qual somos espelhados, mas uma coisa espero ter conseguido transmitir: a honestidade intelectual, a paixão dessa experiência. A honestidade e a paixão dos seus protagonistas próximos e distantes, a começar pelas professoras e pelos professores.

Malaguzzi nunca escondeu as grandes expectativas que tinha para as professoras. Quem o conhecia bem também se lembra de como ele era exigente, severo e rigoroso – em primeiro lugar consigo mesmo – mas também sabe muito bem como este era um sinal tangível de seu profundo respeito e gratidão. Um respeito que Malaguzzi sempre traduziu em gestos concretos, batalhas compartilhadas, paixões envolventes; em grandes eventos públicos (as amigas e os amigos do Gruppo Nazionale Nidi Infanzia lembram-se bem) e em pequenos mas essenciais detalhes do cotidiano: confiar nas crianças significava e significa confiar nas professoras.

Um respeito, portanto, pela sua inteligência, capacidades, possibilidades; um forte convite a serem protagonistas, com as crianças, de escolhas educacionais, culturais e políticas. Assim como um grande respeito pela inteligência das famílias e das crianças, para quem ele olhava cheio de esperança e otimismo.

Um respeito e uma confiança que espero que nós também, juntos, tenhamos sido capazes e que sejamos capazes de oferecer, ainda que perante um futuro mais difícil e contraditório.

Por isso dedicar um dia a Malaguzzi é também dedicá-lo aos professores e escolas de Reggio Emilia.

16

Diálogo com Carlina Rinaldi: um debate entre Carlina Rinaldi, Gunilla Dahlberg e Peter Moss (2004)

*E*ste capítulo apresenta um debate entre Carlina Rinaldi (CR), Gunilla Dahlberg (GD) e Peter Moss (PM), que ocorreu no dia 28 de março de 2004 em Reggio Emilia. Esse debate representou uma oportunidade para que Gunilla e Peter levantassem várias questões com Carlina sobre Reggio e seu trabalho pedagógico. A conversa foi gravada e logo após transcrita e editada pelos três participantes. Alguns acréscimos foram feitos posteriormente a fim de elaborar melhor partes da discussão original.

POLÍTICAS DE ESQUERDA E O INÍCIO DO MOVIMENTO DAS MULHERES: O CONTEXTO HISTÓRICO DE REGGIO

GD: Como todos nós sabemos, experiências pedagógicas devem ser compreendidas em relação com os contextos econômico, social e político. Então, gostaríamos de ouvir sobre a história de sua experiência em Reggio. Em especial, você poderia nos falar sobre a importância das políticas de esquerda e, também, da União das Mulheres Italianas (Unione Donne Italiane – UDI)* em sua experiência?

CR: As raízes de nossa experiência estão nas ideias socialistas que tomaram conta de nossa região

---

* N. de T. A UDI, fundada em 1945, reuniu mulheres de diversas formações políticas – de comunistas a liberais – a fim de trabalhar pela emancipação das mulheres em uma época na qual as italianas não tinham o direito de votar ou licença-maternidade e sofriam sérias discriminações no trabalho. A UDI atuou em nível nacional e seu trabalho permitiu que muitas mulheres discutissem sobre seus direitos a fim de se tornarem protagonistas na sociedade civil.

da Itália no final do século XIX e início do século XX. A primeira escola para crianças pequenas em nossa região, a Villa Gaida, foi fundada em 1912, inspirada pelo prefeito socialista de Reggio. Ele queria uma escola que claramente pudesse expressar ideias importantes do pensamento socialista – a educação como ferramenta, como uma arma contra a pobreza, a ignorância, a arrogância; a educação como uma ferramenta pela liberdade. De muitas formas, essa era também a expressão de valores básicos da Revolução Francesa – Liberdade, Igualdade e Fraternidade. Como prova do poder dessas ideias, o primeiro ato do governo fascista de nossa província, no início dos anos 1920, foi fechar essa escola e outras como ela.

Mas, para entender o papel e a influência da esquerda, você deve também falar com as mulheres. Pois as convicções de esquerda também apoiavam a luta delas. Mulheres sempre foram protagonistas naturais em suas famílias, mas não fora delas. Assim que o socialismo se tornou mais influente, no final do século XIX, as mulheres também se tornaram mais conscientes de seus próprios direitos, os direitos das mulheres. Elas tiveram papel muito importante no movimento socialista, que também as reconheceu como sujeitos de direitos – ao menos na teoria, pois havia algumas contradições em como políticos homens tratavam as mulheres, principalmente suas esposas e mães!

A crescente consciência sobre os direitos das mulheres também estava ligada à crescente consciência sobre os direitos das crianças. Conforme se tornaram mais protagonistas na sociedade e mais conscientes de seus direitos, as mulheres passaram a demandar, como direito, um lugar para deixar as crianças a fim de que pudessem trabalhar – mas teria que ser um lugar público, de qualidade. Foram as mulheres que estabeleceram que qualidade era um direito.

Então podemos afirmar que foram os socialistas – ou, indo um pouco mais longe, a Revolução Francesa – que abriram a mente das pessoas para a possibilidade de mudança e, por meio das mulheres, ajudaram a construir um conceito de serviços públicos de qualidade como um direito.

Especialmente após o fim da Segunda Guerra Mundial, o movimento das mulheres desenvolveu a ideia de escola para as crianças pequenas como um lugar público.

Essa ideia foi apoiada pela UDI, que forneceu um espaço para seu desenvolvimento, como um tipo de catalisador. Mas também contou com o apoio dos trabalhadores rurais, um grupo explorado que sofria influência da política de esquerda.

Foi nessa mesma atmosfera vívida que a municipalidade de Reggio (que na época era composta em sua maioria pelo Partido Comunista) tomou a decisão de inovar e abrir a primeira escola municipal, o início de 40 anos de experiência.

Portanto, é importante reconhecer que não foi apenas o Partido Comunista que teve a coragem de inovar. De muitas formas, foi o povo, foram os cidadãos, que estavam cientes de seus direitos, sendo solidários e participativos – reais protagonistas.

PM: Por que as pré-escolas municipais surgiram em Reggio em meados de 1960, e não antes?

CR: Houve, talvez, duas razões principais. Levou tempo para que os partidos de esquerda viessem a se engajar com novas ideias sobre a escola. Em parte, isso se deu porque – como eu disse anteriormente – eles tinham atitudes ambivalentes em relação às mulheres e à ideia de que crianças pequenas poderiam ter uma boa vida mesmo sem estar o tempo todo com suas mães.

E também porque havia uma relação desconfortável entre a esquerda e o mundo das escolas e a educação, uma relação na qual a esquerda não se sentia confiante e competente; quase poderíamos dizer que havia um sentimento de inferioridade ou subordinação. Isso levou tempo para ser superado antes que municípios governados pela esquerda, como o de Reggio, pudessem abrir suas próprias escolas municipais e estar preparados para dar suporte à inovação educacional e à experimentação.

Mas a outra razão foi que os tempos mudaram. No final dos anos 1950, a Itália passou por um período de transformação econômica e social, o que chamamos de *boom* econômico.

Houve migração do interior e do Sul para o Norte ou para cidades e municípios maiores. Mais mulheres, no Norte e no Centro, entraram no mercado de trabalho, incluindo aquelas com crianças pequenas. A isso junta-se, como já havíamos comentado, uma crescente consciência entre as mulheres sobre o valor da qualidade de serviços e de direitos, e você pode ver que o período até 1963 foi de novas demandas e expectativas, com pressões cada vez maiores sobre os administradores locais para desenvolverem serviços.

E quando localidades como Reggio vieram a desenvolver as escolas municipais da primeira infância, algumas partes do caminho já haviam sido pavimentadas pela UDI, que vinha organizando escolas para as crianças pequenas, desde o fim da guerra, em lugares como Villa Cella, que deixou uma impressão muito forte em Malaguzzi. Essas experiências, de escolas planejadas pela organização das mulheres, ajudaram a romper uma associação histórica e profundamente enraizada entre escolas e religião, a ideia de que escolas devem ser instituições religiosas e a ideia religiosa de escolas como lugares de "assistência" para crianças e famílias em necessidade. Podemos remontar a afirmação de Malaguzzi de que as crianças eram sujeitos de direitos, e não de necessidades, ao trabalho importante do movimento das mulheres, que abriu o caminho para nossa experiência em Reggio.

"NOSSO PIAGET": TEORIA COMO FERRAMENTA OU PRISÃO

GD: Quem e quais foram as influências importantes em seu trabalho e como você vê a relação e a tensão entre teoria e prática?

CR: Enquanto você fazia a pergunta, eu estava imediatamente voltando para as páginas escritas por Loris Malaguzzi no livro *As cem linguagens da criança* (Edwards; Gandini; Forman, 1993), onde ele fala sobre nosso Piaget, nosso Vygotsky, nosso, nosso. Nós falávamos "nosso", "nosso", "nosso" para tentar evitar de sermos prisioneiros de qualquer definição – qualquer predefinição – que nos impedisse de brincar o jogo da vida com as crianças, com o professor e com a escola. Eu não sei se estou sendo clara o suficiente. Me refiro a uma teoria que diz exatamente como o resultado deve ser. É importante evitar qualquer previsão. Na mostra "As Cem Linguagens da Criança" podemos ver algumas das palavras de Loris Malaguzzi sobre um conceito de ser. Ele diz que essa mostra vai contra toda a pedagogia cujo propósito seja, de alguma forma, prever o resultado, o que é um tipo de indicador que predetermina o resultado, tornando-se um tipo de prisão para a criança e para o professor, e para o ser humano.

PM: Então, quando você menciona nosso Vygotsky, nosso Piaget, é para evitar esse aprisionamento?

CR: Sim, aprisionamento está correto, exatamente. Quando eu comecei a trabalhar com Loris, ele estava lutando com Piaget, grato a Piaget como um guia, mas também tentando se afastar. Não sei ao certo se ele estava sentindo a vibração de um pensamento pós-piagetiano – positivismo social, sabe? Não sei, mas acho que ele estava sentindo o diálogo com as crianças. E nos anos 1970 as crianças abriram muitas novas possibilidades. Em termos de Piaget, elas nos deram a coragem de ter uma grande crise referente às fases. E a documentação estava prestes a sair. Era uma ferramenta para desafiar a teoria com a prática, por trabalhar com a ideia de visibilidade. Pois quando você observa uma criança que não engatinha mas começa a andar, você questiona a teoria.

GD: Então quando menciona uma grande crise referente a fases, você quer dizer o estágio da teoria de Piaget?

CR: Sim.

GD: A teoria nesse caso se transforma em um tipo de normalização.

CR: Exatamente.

GD: Ou aprisionamento, essa é uma palavra muito interessante.

CR: É por esse motivo que, embora Reggio seja pós-moderna nessas perspectivas, nós não somos a favor do pós-modernismo, pois "ismos" são arriscados. Eles simplificam e nos trancam novamente na prisão. Ao contrário, a liberdade é desafiadora.

GD: Sim, o tempo todo.

CR: Você está sendo pós-moderna, pois ser pós-moderna significa desafiar.

PM: Então você quer que a teoria seja uma ferramenta.

CR: Exatamente, quero que cada escola use a teoria, de fato, para interpretar, e não para ser usada, como dizemos, teoricamente.

GD: Sim, eu acho que é uma resposta muito boa, e eu gosto muito dessa ideia de aprisionamento, aquele conceito. Em nosso livro [Dahlberg; Moss; Pence, 1999] e em meu departamento [universidade], nós temos lutado com a psicologia desenvolvimentista, pois me parece que os professores têm durante todo o tempo as fases piagetianas na cabeça, até mesmo quando leem a documentação. E falamos sobre a psicologia do desenvolvimento infantil em nosso livro como parte de um discurso dominante e um produto da modernidade, que rege os educadores e a todos nós. Isso é algo que você discute em sua prática?

CR: Absolutamente, muito. E, sobretudo agora que trabalho em uma universidade, vejo quão conservadoras essas teorias são, em termos de manter o poder e dar poder a certas perspectivas. Acho realmente que a documentação é a melhor ferramenta para manter o professor ciente de suas próprias teorias, que ele tem a partir de sua formação, não apenas sua formação acadêmica, mas também da sua bagagem cultural – algo que está na sociedade, na televisão, está em todo lugar. E isso Reggio entende muito bem, como essas teorias constroem a imagem da criança. Documentação foi e ainda é a única ferramenta que eu vejo para produzir crise em termos de conhecimento, desenvolvimento profissional, identidade e tudo.

PRODUZINDO CRISE: A IMPORTÂNCIA DO INESPERADO E DA INCERTEZA

PM: Você poderia falar mais sobre o que quer dizer com "produzir crises" e se vê isso como algo importante e desejável?

CR: Eu acho que minha primeira crise pessoal veio após um ano trabalhando com Loris – havia Loris e eu era a única pedagoga. Após um ano, achei que havia aprendido tudo, que em um novo ano letivo você repete o que fez no ano anterior, sabe? Então a grande crise veio nesse segundo ano, quando eu finalmente entendi muito mais sobre o que estávamos usando na época – que era um diário escrito pela professora. Foi uma das primeiras tentativas de documentação, com as professoras sendo convidadas a escrever algo todos os dias, ou duas vezes, ou três vezes por semana, sobre um evento que, por ser inesperado, as fez refletir. Então, "crise" e "inesperado" estavam totalmente ligados.

E a cultura do inesperado e da incerteza, para mim e para nós, surgiu do fato de, por um lado, haver os estereótipos culturais e, por outro, a liberdade de desafiá-los. Mas isso significou, de uma perspectiva psicológica, aceitar, como mulher e professora, a questão da crise e o cometer erros.

A grande crise para uma professora é estar em crise. Dias atrás eu estava [trabalhando com um grupo de professores de outro país]. Eles estão começando a lutar com a documentação, e uma professora disse que tinha se desprendido do sentimento, que também é moral e ético, de mostrar à criança que a professora não sabe tudo e que tem dúvidas e incertezas.

Isso tem algo a ver com uma aceitação da crise de seu conhecimento. Pois existe uma relação entre a identidade de seu conhecimento e sua própria identidade. Eu não sei se fui clara. Mas a documentação irá ajudar a valorizar a crise como um momento positivo de encontro, um elemento gerador. A crise se transforma no lugar de encontro.

PM: Então a crise é parcialmente sobre reconhecer não saber, que você está com dúvidas, mas então ser capaz de aceitar que...

CR: Sim, como uma qualidade que você pode oferecer, não apenas como uma limitação. Isso é muito problemático em uma cultura em que há punição quando você está em crise, quando tem dúvidas e quando comete algum erro. Você deve realmente mudar por dentro, reconhecer a dúvida e a incerteza, reconhecer seus limites como um recurso, como um lugar de encontro, como uma qualidade. Isso significa que você aceita ser inacabado, em um estado permanente de mudança, e sua identidade está no diálogo. E isso é, penso eu, nesta cultura, para o professor, para uma pessoa, para um ser humano, uma crise pessoal e profissional.

DIÁLOGO, INTERDEPENDÊNCIA E TRANSFORMAÇÃO

GD: Acho que poderíamos insistir um pouco mais nisso, pois acredito ser importante. Acredito que o que você disse realmente desafia a educação, é uma ideia totalmente diferente de educação. Também ouvi que sua identidade está no diálogo. Eu nunca havia ouvido você falar sobre isso antes, é a ideia de a identidade ser relacional.

CR: Um grande momento da minha vida foi o 11 de Setembro, em termos de crise como educadora e como pessoa. Pois naquele momento me tornei mais consciente de minha responsabilidade como ser humano. Também porque vi a crise daquela sociedade e a forma como reagiram, dizendo a si mesmos e a mim que temos que continuar. Essa ideia de que nada mudou, que temos que continuar, temos que continuar com nossas vidas normalmente. E comecei a gritar, literalmente gritar, para os alunos que essa vida normal, essa normalidade produziu esse fenômeno. Por que não podemos ser desafiados pelo evento como educadores? Isso significa como pessoa. Ser pessoa significa ser educador, mas o que significa educar hoje em dia? Achava que a única coisa, a única perspectiva, era acreditar mesmo no diálogo e na interdependência. Esse poderia ser o único caminho para a esperança. A ideia de diálogo – procurei no dicionário suas raízes latinas e gregas – entendido como tendo capacidade de transformação.

PM: Diálogo é sua ideia central?

CR: É de absoluta importância. É uma ideia de diálogo não como uma troca, mas como um processo de transformação em que se perde totalmente a possibilidade de controlar o resultado. E isso vai ao infinito, vai ao universo, você pode se perder. E para os seres humanos hoje em dia, em especial para as mulheres, se perder é uma possibilidade e um risco, entende?

PM: Então, para você, diálogo não é apenas uma troca de palavras. É sobre transformação. Ver coisas, entender coisas de uma forma diferente.

CR: Exatamente. E é por isso que, em Reggio, falamos sobre um tipo diferente de comunidade como uma solução possível, falamos sobre "metrópolis" como um lugar onde diferentes culturas possam viver juntas – mas apenas se tivermos coragem de nos abrirmos aos conceitos de transformação e hibridação. Com um diálogo real, eu acho, haverá possibilidades desse futuro.

PM: Você então definiria a educação como um processo de diálogo?

CR: Certamente. Sinto que a fronteira entre você e a criança deve ser mantida por meio do diálogo. Você deve sentir a ligação mas, ao mesmo tempo, elas também são o outro.

GD: Parece que você tem essa ideia de diálogo radical, o qual é construído a partir da contestação e por se abrir ao outro sem um objetivo fixo a alcançar.

CR: É por isso que a criança é indispensável, um recurso incrível. Porque a busca da criança por um sentido na vida te impulsiona, se você dialogar com ela, pelo universo, porque não há limites. E é também por isso que existe esperança para o futuro.

PM: Você estava falando de incerteza e risco quando iniciou o diálogo. Isso também significa que você precisa de uma condição de confiança para permitir que isso aconteça? Porque soa como algo perigoso.

CR: Eu não sei se confiança é uma condição para o diálogo ou para o resultado do diálogo. O diálogo, certamente, dá suporte à confiança, pois sem confiança não se pode dialogar. O diálogo é uma questão ética e também a essência da vida.

GD: Então, quando você diz que é a essência da vida, essa é sua maneira de expressar o que a maioria dos cientistas naturais fala hoje, a importância das conexões?

CR: Certamente, conexões... conexões como interdependência. O ético está em definir conexão como interdependência. A ética vem aqui – nas interdependências. E o diálogo é outra definição de conexão e pode ser pensado mais em termos de interdependência. Isso eu sinto desde o 11 de Setembro – que o único futuro é se pudermos falar mais, sentir mais, viver mais: interdependência e diálogo. Isso possibilita acolher contrastes, diferenças e diferentes perspectivas.

PM: Existem valores contrastantes entre diálogo, interdependência e pensamento econômico?

CR: Com certeza existe diálogo e interdependência na linguagem da economia – a qual poderíamos pensar como uma das cem linguagens! Mas não sei se a economia poderia aceitar esses tipos de conceitos como eu os compreendo. Já que essa ideia de diálogo que eu uso contrasta com o pensamento econômico que estabelece limites ao diálogo pois é preciso predeterminar e prever resultados. Isso me sufoca.

Uma palavra na linguagem da economia que devemos talvez desafiar mais é investimento. Ela é uma palavra-chave agora. Nosso governo [na Itália] se mostra mais consciente sobre o discurso das crianças como um investimento para o futuro. Mas é muito fácil esquecer, à medida que elas vêm sendo vistas mais e mais como investimentos, que essas crianças são cidadãos do presente, são pessoas, e a infância é realmente um dos melhores períodos da vida. Não é "pré" alguma coisa. Não é doentio. Não é um investimento.

DIREITOS E NEGOCIAÇÃO

GD: Como podemos entender o conceito dos direitos das crianças em Reggio? Pois sei que Malaguzzi escreveu sobre estes três direitos: da criança, dos pais e dos professores.

CR: Sim. Você precisa lembrar quando ele escreveu isso, em que tipo de debate ele estava envolvido, porque toda escrita e falas que você faz dialogam com alguma coisa. E acho que ele escreveu sobre esses direitos em contraste às necessidades. Isso é essencial. E foi descobrindo como tudo pode mudar se você olhar o indivíduo como sujeito. Assim, os conceitos de subjetividade e intersubjetividade estavam surgindo na época como um debate cultural e também político. E foi nesse contexto que surgiu o conceito de direitos em contraste ao conceito de necessidades. Os conceitos de cidadania baseada em necessidades e baseada em direitos são completamente diferentes. Então a perspectiva mudou completamente. Mas quais são as fontes dos direitos? Obviamente eles são negociados e saem do contexto.

PM: Você usou o termo "negociados"; você poderia elaborar um pouco mais isso? Quem negocia, como?

CR: O que podemos dizer sobre direitos e negociação? Eu acho, novamente, que eles são completamente interdependentes. Lutei muito, discutindo com Loris e meus colegas, para descobrir a diferença entre negociação e o conceito em latim *medio stat virtus* (a virtude está no meio), uma definição muito conservadora. Eu busquei entender a diferença entre essa definição por um lado e, por outro, negociação e transformação e diálogo radical, como você chamou.

PM: Certo. E você encontrou a diferença?

CR: Negociação não é uma questão de achar o meio ou o entre. A verdadeira negociação, penso eu, vai direto ao diálogo. Não há como fugir da transformação. Na negociação, ambos os sujeitos precisam aceitar mudar, ao menos parcialmente, suas próprias identidades. Não acredito que a negociação seja simplesmente uma transação na qual eu consigo isso e você consegue aquilo.

GD: Então, negociação para você não é compromisso.

CR: Não é isso, exatamente. Compromisso, esse tipo de negociação, é mais baseado em uma ideia econômica de negociação.

GD: Negociação para você não é troca, "Eu te dou isso e você me dá aquilo"?

CR: Não, não. Esse é um nível mais simplista, o que pode ser bom para a paz, mas não é isso.

PM: Mas, novamente, quando fala sobre negociação, você parece ter a ideia – que era o que você estava falando sobre diálogo – de que você pode conseguir algo que não imaginava ao começar a negociar. De repente algo acontece.

CR: Sim, sim, totalmente. Você se vê no desconhecido.

GD: Quando fala sobre direitos, como você relaciona isso com a Convenção das Nações Unidas nos Direitos das Crianças? Pois, geralmente quando as pessoas falam sobre os direitos das crianças, há uma presunção de que estão relacionados à Convenção das Nações Unidas.

CR: Sinto fortemente que, quando falo sobre crianças, falo sobre seres humanos, e, quando falo sobre seres humanos, eu falo sobre crianças. Sei do risco que corro aqui, em uma sociedade em que as crianças nunca são incluídas na definição de seres humanos e direitos civis. E é verdade que agora, politicamente, temos que continuar a falar sobre crianças e infância. Mas acho que, quando temos que discutir direitos, temos que discutir direitos dos seres humanos. Discutir os direitos das crianças de uma forma diferente, separada da forma como discutimos os direitos humanos, acho que também é arriscado.

PM: Então você gostaria de falar sobre crianças antes e sobretudo como seres humanos?

CR: Exatamente! Pois seres humanos precisam de crianças, não porque crianças precisam ser identificadas como seres humanos.

PM: Ainda estou fascinado por esta discussão sobre direitos. Talvez eu possa tentar um conceito com você e ouvir sua resposta. Parece-me que você está dizendo que a discussão sobre direitos em Reggio é um processo de continuamente definir a posição das crianças na sociedade? É sobre o relacionamento delas com a sociedade.

CR: Com a sociedade. E ao mesmo tempo isso também define os adultos.

GD: Você não pode separar a criança do conceito de seres humanos. É isso que você está dizendo?

CR: Exatamente. Estou tendo o cuidado de não identificar crianças com adultos, mas reconhecê-las como parte da humanidade. Pois somente se criarmos essa ligação teremos esperança para os seres humanos.

INDIVIDUALIDADE, DIFERENÇA E INTERDEPENDÊNCIA

GD: Se entendi bem, você enfatiza o conceito de interdependência o tempo todo na negociação e no diálogo, o que para nós também significa que você transgride a ideia neoliberal individualista.

CR: Certamente! Esse é o risco. Estou frequentemente indo aos Estados Unidos, que vejo como um amigo pelo qual tenho um misto de sentimentos. Porque a cultura é tão individualista e está invadindo tudo.

GD: Se tocarmos nessa questão de diferença, na verdade, hoje muitas pessoas dizem que a diferença se tornou o novo discurso dominante, que pode parecer muito individualista também. Então, como você se relaciona com isso?

CR: É somente graças a você – e obrigada! – que eu sou diferente. Quero dizer, eu não sou loira, mas próximo a você [GD] eu pareço loira, pois você não é. Sou mulher porque ele [PM] é homem. E eu posso descobrir essa individualidade porque você existe. Obrigada! E porque somos interdependentes. Você faz minha diferença na negociação, esse tipo de negociação.

PM: Estamos falando de interdependência e diálogo e negociação, e você está dizendo que é por meio deles que podemos apoiar e desenvolver a diferença. E também é quando conversamos que entendemos onde temos diferenças.

CR: Absolutamente. Para algumas delas [diferenças] precisamos de coragem para fazer uma grande discussão. Para outras, virão a partir de discussões banais. Então talvez eu me sinta mais forte em minha identidade após esta conversa hoje.

Também pode ser que cultivemos algumas de nossas diferenças a partir de nossa solidariedade. Temos falado sobre nossas ligações com parceiros por todo o mundo, e talvez o que você e outros parceiros fizeram por nós em Reggio tenha sido não somente demonstrar solidariedade, mas apoiar nossas diferenças. No diálogo, você não se torna Reggio! Você é Peter, você é Gunilla, você não é Reggio.

É isso que adoro. Vocês [Gunilla e Peter] têm oferecido tanto a nós porque vocês mantêm suas identidades. Então existe solidariedade enquanto mantemos nossas diferenças. E o fato é que eu tenho que ir mais e mais para outros países para entender Reggio; isso está se tornando cada vez mais evidente para mim.

O DESAFIO DA TRANSGRESSÃO

GD: Você não traz conceitos de gênero, classe e etnicidade em sua discussão. Por quê?

CR: Eu tive um período em que a questão de gênero era uma das minhas principais preocupações, e ela ainda é importante. Mas eu tento, talvez até demais recentemente, colocar gênero entre muitas outras dimensões de diferença. Algumas diferenças são mais relacionadas ao poder do que outras. Historicamente, esse é o caso para gênero, também para raça. Nosso mundo hoje é dominado pela sociedade ocidental, branca masculina, que também é capitalista e imperialista. Por masculino entendo também um certo tipo de relação, que, em minha opinião, exclui o diálogo e a negociação, e impõe uma dominação sobre o outro.

GD: São essas questões que você traz em sua prática diária em Reggio, como quando trabalha com a pedagogia da escuta? Você tem essa discussão quando escuta as crianças? Você desconstrói gênero e questões de classe em sua discussão com os professores?

CR: Sim. Em Reggio temos uma organização que nos permite desafiar as diferenças entre nós e com os outros, apoiar as diferenças, uma organização de meio ambiente e uma organização para trabalhar em grupos. Então, novamente, o diálogo é uma forma essencial de confrontar e discutir as diferenças. Às vezes se torna muito difícil, por exemplo, quando falamos de diferenças religiosas.

Quando começamos a falar sobre escolas, nossas escolas, nós [em Reggio] estamos falando sobre pluralismo na escola. Agora [no ensino fundamental na Itália] estamos falando mais sobre pluralismo entre escolas, sabe? Então a família deve ter o direito de escolher a escola de seus filhos.

E então, as diferentes culturas estão menos abertas a serem desafiadas.

PM: Você está dizendo que a política educacional significa que as pessoas se agrupam, e isso dificulta o diálogo entre diferentes famílias e grupos?

CR: Tornamos nossas cidades mais parecidas com metrópoles nas quais você tem a comunidade judaica, a comunidade cristã, a comunidade muçulmana. Eu respeito as diferentes religiões, mas religião pode realmente sufocar o diálogo. Nesse sentido, sinto que, de certo modo, as crianças pequenas podem ser uma fonte, porque elas podem, nós podemos desenvolver o diálogo. Mas, ao mesmo tempo, não é visto como um valor cultural. E a cultura não parece ser capaz de realmente ouvir a criança, a contribuição profunda que elas podem dar se tratadas como protagonistas.

Me parece que uma das crises que encaramos hoje é o desafio das transgressões, de ser capaz de sentar ao redor da mesa e desafiar.

TEORIA, PRÁTICA E PESQUISA

GD: Eu gostaria de perguntar mais sobre teoria, em especial seria interessante ouvir sobre sua relação com Dewey, sobre quem Malaguzzi fala muito no livro *As cem linguagens da criança*. Ao mesmo tempo, uma vez ouvi você falar que acha o pragmatismo um pouco problemático. É também relevante porque muitas das discussões interessantes de hoje sobre interdependência e diálogo estão relacionadas ao pragmatismo e ao comunitarismo.

CR: Alguns textos de John Dewey, mas também de outros, como Montessori, Vygotsky, Freinet e Bruner, influenciaram Reggio, definitivamente. Talvez tenhamos que debater mais sobre o pragmatismo. Volto novamente a Locke e às origens da filosofia inglesa, e a abordagem pragmática, a riqueza disso – e a pobreza que veio após. Porque não sei como, no debate entre pragmatismo e idealismo, surgiu a separação entre teoria e prática. Por que a separação ocorreu? Para qual propósito serviu? Que tipo de relações de poder ela expressa?

Teoria e prática deveriam estar em diálogo, duas línguas expressando nosso esforço para entender o significado da vida. Quando você pensa, é prática; e quando você pratica, é teoria. "Praticante" não é uma definição errada do professor. Mas é errado que eles também não sejam vistos como teóricos. Em vez disso, são sempre os acadêmicos universitários que fazem teorias, e os professores... eles são os primeiros a se convencer disso. Na verdade, quando você os convida a pensar ou a expressar suas próprias opiniões, eles não podem opinar. A maneira como se tornam teóricos é citando Bruner, Dewey, Piaget.

Então você sempre tem essa separação entre teoria e prática. Mas, quero dizer, quando você realmente pratica, é porque você tem uma teoria. Quando você tira uma foto, você tem um conceito. E, ao mesmo tempo, quando penso é por que há uma prática por trás.

GD: Se entendi bem, você está dizendo que Dewey tem sido compreendido em termos de um dualismo simplificado. Uma ideia dualista, então o aprender fazendo se tornou apenas prática.

CR: Excelente! Excelente! É realmente isso. Isso aconteceu com Dewey, com Maria Montessori. É por isso que enlouqueci quando [um acadêmico] me disse "Eu sou um pensador teórico".

GD: Supondo que professores são praticantes.

CR: E os professores devem achar a prática.

PM: Então temos ao menos dois problemas com o conceito de praticante. Um que sugere uma hierarquia, na qual o "praticante" está abaixo. Mas o outro é que não se pode imaginar uma prática que é separada da teoria.

CR: Muito bem resumido.

GD: O que é parte de uma tradição dualista voltando centenas de anos.

CR: Com certeza. E, de novo, isso é uma questão de poder.

PM: Mas então – de sua perspectiva – a teoria está em todo lugar? Quero dizer, o mundo está cheio de teoria. Está em todo lugar. Não podemos viver sem teoria.

CR: Não podemos viver sem teoria ou prática. Precisamos ser praticantes teóricos, e pensadores. E dar às crianças o valor e a experiência de ser um pensador.

GD: Isso é muito importante, pois estando na universidade, estamos nessa tradição de separar a teoria da prática, esse é o discurso que vivemos. Temos que ir até os professores e informá-los sobre pesquisa, e é o que nós realmente temos transgredido e sofrido [em meu departamento], pois os professores já são teóricos.

CR: É por isso que tenho escrito tão frequentemente sobre o professor como pesquisador. Como escrevi, não é que não reconhecemos suas pesquisas acadêmicas, mas queremos que nossas pesquisas, como professores, sejam reconhecidas. E para reconhecer uma pesquisa como forma de pensamento, de abordar a vida, de negociação, de documentação. É tudo pesquisa. É também um contexto que permite diálogo. Diálogo gera pesquisa, pesquisa gera diálogo.

GD: Sim. E entendo, como sei que muitas pessoas não entendem, que você tem um processo total de pesquisa porque sistematiza o que encontra.

CR: Absolutamente. Mas você consegue encontrar um professor universitário que possa aprender com um praticante? Muito raramente! É por isso que Malaguzzi nunca foi reconhecido e penso que nunca será reconhecido como pesquisador. Mas fazer uma boa prática significa continuar a pesquisar, continuar a teoria, e isso é o que elas [universidades] não desafiam. Mas nós [em Reggio] somos, antes de tudo, pesquisadores.

GD: Não sei se lhe falei, mas quando vim para cá [Reggio] a segunda vez para pesquisar sobre documentação, tive a oportunidade de estar razoavelmente perto de Malaguzzi. Então estávamos juntos, e no último dia ele olha para mim e diz: "Gunilla, eu acho que ficaria muito feliz em ter um projeto com você". E eu olhei para ele e então ele disse: "Você sabe, você está na universidade e eu acho que nossa experiência poderia realmente se conectar a seu trabalho em sua universidade". Então eu tive a sensação de que ele me viu como outro tipo de pesquisadora, e ele também viu a possibilidade de se abrir na universidade.

CR: E ele sentiu muito a importância da universidade – mas não como ela é. Como ela pode ser. E esse assunto está intimamente conectado à democracia.

AS CEM LINGUAGENS: A TEORIA FANTÁSTICA

CR: E há outra coisa que é repleta de democracia, a teoria das cem linguagens das crianças. Ela deveria ser mais e mais desenvolvida, pois é fantástica. Ninguém entendeu – talvez nem Malaguzzi – o poder dessa teoria. Estou tentando voltar e reconstruir a pesquisa de Malaguzzi e também, posso dizer, nossa pesquisa, e lembro de quando ele começou a falar sobre "as cem linguagens das crianças". Relacionava-se, novamente, com um certo debate sobre a importância das linguagens verbais e escritas, mas também com o estudo do cérebro e com ideias sobre os processos de aprendizagem, como o aprender fazendo também de Dewey. Você vê também muitas influências, incluindo um debate político e cultural mais amplo, por exemplo o debate sobre quão privilegiadas essas duas linguagens foram, como, de alguma forma, elas apoiaram o poder, não somente de certos conhecimentos, mas também de certas classes.

Vejo que as cem linguagens são como um lago com muitas, muitas fontes que deságuam nele. Eu acho que o número cem foi escolhido para ser bem provocativo, para reivindicar para todas as linguagens não somente a mesma dignidade, mas o direito de expressão e de se comunicar uma com a outra.

Mas algo que também acho fascinante, e estou tentando desenvolver, é a ideia de que a multiplicidade pode nos ajudar novamente com o diálogo, a partir de um diálogo entre diferentes línguas. Isso significa que a interconexão, a interdependência, pode ajudar cada linguagem a se tornar mais consciente de sua própria especificidade, e apoiar a conceitualização e a dignidade das outras. Então, para dar um exemplo, ao desenhar você sustenta não apenas sua linguagem gráfica, mas também a verbal. Porque torna o conceito mais profundo. E quando o conceito se torna mais profundo, as linguagens são enriquecidas – novamente você tem esse tipo de processo permanente.

E também nessa teoria existem traços, frequentemente autobiográficos. Malaguzzi era um homem com muitos interesses. Ele viveu o conceito de interdisciplinaridade, sabe. Ele estava familiarizado com disciplinas que novamente são capazes de desafiar uma à outra, ele podia ver como a ciência está ligada à arte, e a arte realmente ligada à matemática. O poder precisa de limites, então quando você desafia limites disciplinares, como Loris fez, você desafia o poder.

GD: Ou seja, sua ideia de interdisciplinaridade não é apenas sobre adicionar disciplinas. Você está colocando as disciplinas em confronto. E a partir disso algo novo pode surgir.

CR: Sim, não se trata apenas de adicionar. É novamente uma transformação.

TORNANDO-SE UM PROFESSOR COMPETENTE

GD: Sabemos que você está atualmente trabalhando na Universidade de Modena e Reggio com professores estudantes. Você poderia comentar sua própria experiência lá, em relação com suas ideias do que é necessário para se tornar um professor competente em suas escolas?

CR: O que tento fazer com meus alunos é ajudá-los a encontrar sua própria imagem da criança, refletir sobre ela, entender as implicações para a educação da imagem da criança que eles têm – em termos de valores, estratégias, qualidade da relação com as crianças, e assim por diante. O que também é muito importante é apoiá-los a descobrir a conexão entre teoria e prática, e dar a eles a sensação e o sentimento emocional de que seu lugar – seu lugar metafórico – é a conexão, o local de encontro entre teoria e prática. Eu acho que aqui está o sentido de ensinar.

De fato, na minha experiência na universidade, os alunos estudam a história da pedagogia, diferentes teorias psicológicas, todas em um nível um tanto abstrato. Então é muito difícil para eles descobrir que a pedagogia e a psicologia são ferramentas para seu diálogo com a criança. É difícil para eles entender a didática – a prática do ensinar – como um local de encontro, pois a didática não é bem vista na universidade – é uma disciplina Cinderela.

PM: E sobre o papel da documentação?

CR: Eu acho que a única forma de desenvolver um novo comportamento é por meio da documentação. Eu gostaria de ver alunos de uma universidade passando muito mais tempo estudando e refletindo nas escolas com as crianças, aprendendo com a professora de pré-escola, com os professores da universidade sendo capazes de olhar para os mesmos processos de aprendizagem de uma criança, não apenas por uma perspectiva psicológica e pedagógica, mas também por exemplo com o professor de matemática aceitando o desafio que cada criança pode oferecer. Então, eu vejo cada vez mais a escola como um fórum, um lugar de encontro e diálogo onde a cultura é questionada. E onde os professores universitários também possam ir aprender e ensinar, assim como os professores de pré-escola, os estudantes universitários e as crianças. O ensinar, então, pode ser desenvolvido em um sistema que é aberto, desafiador e que aceita crises.

Então eu acho que é importante os alunos terem mais apoio para entender o papel fundamental da documentação, a grande oportunidade que ela oferece para se tornar um professor competente. Mas também, em minha opinião, eles devem ser convidados a refletir mais sobre a relação entre educação e liberdade, educação como uma oportunidade de nos tornarmos mais conscientes de nossas diferenças e de nossa liberdade de expressá-las. Para mim, liberdade significa interdependência, e isso significa ajudar os alunos a entenderem o valor ético do trabalho em equipe como uma expressão da interdependência como valor.

Tornar-se um professor competente é também ter a possibilidade de descobrir outro valor, a interdisciplinaridade. E também envolver-se na cultura de seu próprio tempo e lugar – ser contemporâneo. Isso significa ser ciente do local e do global, para tornar-se mais consciente da escola e do seu lugar nela, assim como de seu papel social e cultural mais amplo como professores. Seu papel como professor não está relacionado apenas com a escola, limitado aos muros da escola, mas também com a sociedade e a cultura em geral. Devem sempre pensar fora da escola e na ligação entre a escola e o mundo exterior a ela.

Os estudantes precisam saber mais sobre linguagens contemporâneas e seus usos como ferramentas. Eu também acho que uma criança competente pode ajudar o professor a se tornar competente. As cem linguagens da criança devem se tornar as cem linguagens do professor. O professor pode ter cem linguagens se ele ou ela descobrir sua competência pela escuta e não pela fala. O professor pode ser competente em expressão e comunicação com cem linguagens e usar centenas de mídias quando ele ou ela se conectar – teoria e prática, tempo e espaço, mãos e mente, escola e sociedade, sonhos e paixão, força e alegria.

O PODER DA DOCUMENTAÇÃO

GD: Agora você traz a documentação novamente, e a documentação é colocada nesse tipo de fórum. Como você sabe, internacionalmente hoje existe uma grande discussão, e também prática, sobre o uso da documentação ou de portfólios. Podemos ver isso na Suécia; mesmo no currículo da pré-escola sueca eles dizem que os professores devem usar documentação pedagógica. Eu gostaria de perguntar como você vê esse desenvolvimento em relação a uma crítica da documentação pedagógica, não uma crítica que me parece mostrar um conhecimento próximo de sua experiência, mas que, de minha perspectiva, mostra um conhecimento superficial sobre documentação pedagógica. E essa crítica pode ser explicada com estas palavras: o poder de ver é o poder de controlar. Então, se você usa a documentação pedagógica, você controla a criança, você vê tudo que a criança está fazendo.

CR: Ótima pergunta. Eu gostaria de começar com a discussão sobre a relação entre uma boa educação, controle e sedução. Pois a educação tem muito a ver com ambos: controle e sedução. Existe um controle recíproco na educação – você controla a criança e a criança controla você. As crianças precisam nos controlar, pois o bom sentido da imitação é controlar, é tomar o poder do poder.

Então não me escandalizo com a palavra controle. Ela é absolutamente uma boa palavra, controle é realmente uma boa palavra na educação. O problema é que você, como professor, tem muito mais poder do que a criança, o problema é como você usa o poder que você tem.

Mas a real questão em relação à documentação, que estou tentando mais e mais enfatizar, é quem está observando e quem é observado. Vejo muita reciprocidade. Quando você tira uma foto ou faz um documento, na realidade você não documenta a criança, mas seu conhecimento, seu conceito, sua ideia. Assim fica cada vez mais visível – seus limites e sua visão sobre a criança. Você mostra não o que aquela criança é, mas seu pensamento. Você não mostra a criança, mas a relação e qualidade da sua relação, e a qualidade de seu olhar para ela. É por isso que é tão dramático, porque todos veem menos você!

Havia esta professora em um grupo [em outro país] com quem estou trabalhando na documentação. Eu perguntei sobre as dificuldades e as sensações boas e ruins que eles têm, e ela disse: "Quando eu olho para a documentação, é como quando me olho no espelho, me sinto envergonhada". Então, de certa forma, ela nos diz que ela não consegue ver a criança, mas suas limitações na relação com a criança, sua própria teoria, sua própria perspectiva. Então ela diz que foi como se olhar no espelho, poder ver que está gorda. Essa foi uma forma muito forte de relatar as dificuldades.

E isso também é ético, pois graças à documentação a criança também se torna consciente da perspectiva do professor. É mais honesto e mais visível, pois é sempre em termos de expectativa e valorização. Então posso ver o que você valoriza em meus processos de aprendizado. Não vejo o que faço, pois o que faço é algo que preciso desenvolver em meu processo de aprendizado. Eu vejo o que você vê sobre o meu fazer, o meu pensamento.

GD: Eu acho que é uma resposta muito boa, na verdade. E o contexto em que a documentação pedagógica é realizada deve ser crucial; se é um contexto individualista e competitivo ou se é um contexto que valoriza o diálogo, a negociação e a interdependência.

CR: Exatamente!

O QUE SIGNIFICA SER INSPIRADO EM REGGIO?

PM: Esta é uma pergunta que você deve se fazer com frequência. O que você acha que as pessoas em outros lugares estão fazendo quando falam em ser inspiradas por Reggio?

CR: É uma grande questão entender esse fenômeno incrível. Reggio é uma metáfora, é um lugar simbólico. Estar em relação com Reggio permite a esperança, permite que as pessoas acreditem que a mudança é possível. Permite que você cultive sonhos e não uma utopia. Pois utopia é algo muito bom, perfeito, mas sonhos são algo que você pode ter uma noite. E também tem a sensação de pertencimento a algo que diz respeito à educação em seu sentido amplo, como esperança para seres humanos. E Reggio é um lugar de encontro e diálogo, e não apenas com Reggio, mas com muitos protagonistas relacionados. Então Reggio abre espaço para as pessoas dialogarem, dá uma desculpa para isso.

GD: É uma desculpa, sim, reconheço a ideia.

CR: Diálogo como amizade, diálogo como um encontro consigo mesmo, diálogo como um lugar onde você pode admitir o que sabe sobre si mesmo mas não quer admitir quando está em casa, diálogo como um lugar para contar para ela o que eu penso que ela deveria fazer em casa, mas não faz. Quando um grupo de pessoas vem nos visitar em Reggio, nós podemos ser um lugar onde colegas podem ter uma desculpa para abordar alguns temas que em casa não são permitidos. Aqui, eles estão aparentemente falando sobre Reggio, mas de fato falam sobre si mesmos. Estar aqui possibilita essa boa desculpa para falar sobre educação, sobre o significado de ser um cidadão e um ser humano. Tudo que temos falado.

PM: Então, resumidamente, trata-se de pessoas entrando em diálogo com Reggio. Você precisa de certas condições? Existem certas coisas que você precisa ter antes que possa entrar nesse diálogo? Você precisa ter algo em comum antes de poder dialogar com as pessoas?

CR: Eu penso em valores. E mais do que valores, em atenção para escutar e uma abertura para negociar.

PM: Então se você tiver uma pré-escola em outro país e quiser dizer que está trabalhando com as ideias de Reggio Emilia, idealmente você diria que eles estão em uma relação com você, de diálogo.

CR: Como você sabe, eles não podem ser Reggio. Talvez devêssemos esclarecer melhor que Reggio por si só é uma interpretação de Reggio! A única coisa que podemos compartilhar com os outros são nossos valores e a razão pela qual tentamos nos desafiar. Então, é por isso que temos a coragem, realmente a coragem, para falar com pessoas da África do Sul, da Albânia ou da China. Não temos nada a ensinar. O risco que temos que evitar é uma abordagem imperialista, de nós e de eles acreditarem que tudo que tocamos se transforma em ouro e é perfeito.

PM: Então, o perigo é você entrar em uma relação imperialista em que ache que pode fazer bem para eles e eles também acharem que você pode fazer isso.

CR: Exatamente, exatamente. Isso significa que você não acha que sabe o que é certo ou errado. Obviamente, ao mesmo tempo, eles não devem ser deixados sozinhos, eles precisam se sentir parte de uma rede de esperança, de possibilidade, de apoio. E também precisam, talvez, ter ferramentas concretas, mas isso não significa necessariamente comprar mobília e equipamentos de Reggio.

Mas é indispensável para nós combinarmos esse diálogo com outros com nosso diálogo interno, pois fazem parte da mesma pesquisa. Ao mesmo tempo, no entanto, é muito difícil achar tempo suficiente, pois queremos um diálogo real.

PM: Você falou sobre compartilhar valores, o que acho que é sobre escuta e diálogo. Mas eles precisam compartilhar certos entendimentos com você, por exemplo, sobre o que pode ser conhecimento ou o que podemos entender por aprendizagem?

CR: Desculpe, talvez eu tenha cometido um erro usando apenas o conceito de valor, porque para mim isso é um valor e também um entendimento. É um valor escolher entre as muitas formas pelas quais conceituamos o conhecimento, ou escolher um modo especial para falar sobre aprendizagem. É um valor porque você está escolhendo, está assumindo responsabilidade.

PM: Então esse é um ponto muito importante, quando você fala sobre valor, é porque sempre há valores envolvidos nas escolhas que você faz.

CR: E assumir responsabilidade significa desafiar sua escolha.

Você precisa pesquisar e precisa ter confronto. E isso é algo que devemos fazer mais. Eu acho, por exemplo, que temos sido limitados em desenvolver um intercâmbio internacional. Eu gostaria de ter mais seminários em que nossos amigos de longe pudessem vir, poderíamos mostrar nossas pesquisas, poderíamos ter comentários e pedir a eles para trazerem aqui a melhor pesquisa de seus países. E também ter mais debates com pessoas de outras disciplinas sobre certos temas, por exemplo, discutir o significado da documentação com um neurologista ou debater a construção da identidade com um psicólogo ou falar com economistas sobre como nossas crianças são fortemente ligadas à economia. Ou, ainda, fazer pequenos simpósios sobre questões relevantes, por exemplo, sobre cidadania, para que possamos nos desafiar uns aos outros de perspectivas diferentes. Outra área a trabalhar com pessoas de diferentes disciplinas e países poderia ser a teoria das cem linguagens como um suporte incrível à criatividade, processos de aprendizagem e democracia. Porque sinto que estão fortemente relacionados.

Então é assim que eu gostaria que Reggio desenvolvesse ainda mais nossa rede. E espero que sejamos capazes de fazer isso com mais frequência quando nosso Centro Internacional estiver aberto.

PM: Há outros rumos que você gostaria de ver Reggio tomar nos próximos anos? Novas ideias, novas áreas de trabalho?

CR: Novos rumos significam outros diálogos. Porque espero que Reggio possa estar mais aberto a falar sem perder, como disse antes, sua própria identidade. Falar com políticos de todo o mundo. Falar sobre avaliação. Avaliação, no entanto, é um exemplo perfeito das dificuldades de participar de um debate, em dar nossa perspectiva em uma língua que não é a comum, e não se deixar seduzir por perguntas que impulsionam você a criar outro sistema de avaliação, impulsionam você a dizer "poderíamos adicionar esse pouquinho, esse pouquinho".

E trabalhar mais, como acabo de mencionar, com outras disciplinas, outras áreas do conhecimento humano. E trabalhar com outros lugares também. Por exemplo, com as pessoas que trabalham em hospitais, com pediatras, com todos.

PM: Você poderia imaginar, em dez anos, o hospital em Reggio funcionando, digo, com uma documentação pedagógica?

CR: Por que não? Sim, com os pacientes.

REAGINDO A REGGIO

PM: Temos falado sobre como Reggio é encontrada em muitas partes do mundo. Suponho que o que parece interessante é que é tão grande nos Estados Unidos, que você poderia dizer que tem um contexto muito diferente desta parte do Norte da Itália.

CR: Eu tenho a coragem de dizer que estamos em diálogo com os Estados Unidos. Há uma interdependência forte. Eles estão nos transformando, mas estamos talvez mudando algo. No entanto, eles ainda são a sociedade imperialista e estão condicionando a todos nós.

PM: Existem maneiras pelas quais essa relação próxima com os Estados Unidos e, de fato, com outros países de língua inglesa poderia mudar vocês de modo preocupante?

CR: Sim, por normalização. Porque no esforço de tentar entender o que somos, o que é a "abordagem de Reggio" e nos classificar, eles nos fazem, por exemplo, ser um "currículo emergente" ou nos encaixar em outro tipo de currículo. Não, não somos! Existe essa necessidade de capturar o segredo. Então, de alguma forma, estão nos acusando de não sermos capazes de narrar de forma clara o que somos e por que somos o que somos. E então nos pressionam a achar uma linguagem clara – ou uma linguagem clara para eles.

Isso pode ser bom, mas significa também ser mais conformista. Não podemos ser classificados com um rótulo, de uma forma em que a linguagem é usada para ordenar o mundo. Então, de uma forma, isso disparou um alarme. A segunda forma é quando eles começam a nos pedir provas científicas de que estamos funcionando efetivamente – evidências. E a terceira, é quando tentam padronizar nossas formas de trabalhar como um programa: primeiro você faz isso, depois aquilo, depois uma outra coisa.

GD: Então, quando as pessoas estão te fazendo perguntas, você geralmente responde "Depende".

CR: Tentamos evitar a ideia de que para cada pergunta existe uma resposta clara. Geralmente você tem que dizer "Depende." E isso é para introduzir o conceito do contexto, o que enlouquece muitas pessoas.

GD: Isso é interessante. Pois quando conto essa história para plateias suecas, de que quando te fazem perguntas você geralmente responde "Depende" e então elabora uma resposta, normalmente os suecos amam que você diz isso. E dizem que podem realmente entender que seu trabalho é contextualizado.

PM: Você está falando de duas sociedades europeias que dividem certo paradigma, ou forma de pensar.

CR: E também os ingleses são muito mais sensíveis em termos de escutar nossas explicações filosóficas e concordar com nossa abordagem teórica. Mas alguns visitantes realmente discordam e se sentem incomodados. Eles são incomodados pelo fato de dizermos "depende", de introduzirmos uma relatividade, e eles não gostam de respostas longas. Eles querem rápido, rápido! Eu acho que deve ser cultural.

ONDE ESTÁ A EVIDÊNCIA?

PM: Imagine que sou um ministro do governo inglês e estou em Reggio por um dia, para descobrir sobre Reggio, e digo a você "Olhe, na Inglaterra estamos muito focados em serviços e temos bons resultados. Quais são seus resultados? Qual é a evidência de que Reggio funciona? Como você responde a esse tipo de pergunta?

CR: Então, eu perguntaria "Para você, qual é o resultado para a pré-escola? E o que educação significa para você?".

PM: Você devolveria a pergunta?

CR: Com certeza. Primeiro, porque eu realmente acho que em termos de diálogo é absolutamente correto e necessário. Porque sinto que na Itália, em minha própria língua, e em Reggio também, as palavras estão perdendo o significado de uma forma incrível. Assim, podemos estar usando a mesma palavra para conceitos muito diferentes. Então, eu realmente gostaria de entender a ideia, o conceito por trás dessas perguntas. A palavra "educação" está sendo usada, por exemplo, para significar ser um bom cidadão ou estar preparado para a escola? Então eu gostaria de negociar a pergunta, porque se eu negocio a pergunta, eu negocio o conceito por trás da pergunta – e as respostas que estão por trás das perguntas. Porque, em geral, quando formula uma pergunta você já tem uma resposta em mente.

PM: Certo. Mas você estava dizendo que, de certa forma, a ideia de resultado poderia ser importante?

CR: Sim, poderia ser. Sinceramente, eu gostaria que um político, um economista, ou qualquer outra pessoa que me pergunte sobre resultados, tivesse o direito de apresentar suas opiniões. Penso que uma sociedade, uma comunidade tem o direito de esperar resultados, porque esse também é o sentido da escola. Mas eu gostaria de ter uma mesa-redonda, ou muitas mesas-redondas, reunidas periodicamente, para discutir resultados.

PM: Para discutir sobre como deveríamos entender o termo?

CR: Exatamente. O termo e também, quando você decide o que quer dizer com resultado, que tipo de liberdade eu tenho para negociar localmente.

PROCESSO E/OU RESULTADO

PM: O que me impressiona é que você fala muito sobre tornar o processo de aprendizagem visível – documentação. E você se posiciona firmemente sobre isso. Você vê uma distinção entre processos e resultados?

CR: Não! Talvez eu esteja completamente errada, mas pessoalmente eu não vejo nenhuma distinção. Entendo que uma sociedade precisa de um resultado, mas resultado para mim também é processo. E isso é mais difícil de negociar. Acredito que o problema da política, o problema da sociedade é que o processo geralmente não é valorizado e apoiado.

PM: Então existe um dualismo, uma falsa distinção entre processo e resultado? Algum momento do processo pode ser um resultado?

CR: O que percebo hoje é uma sociedade de fragmentação, fragmentação não como uma possibilidade, mas como uma perda de significado. Estamos perdendo a possibilidade de refletir, encontrar significado, constituir significado. Construir significado é a palavra correta. Tudo é espetáculo! Tudo é entretenimento. Não sou contra eventos. Sou contra uma cultura que os isola e não permite que você tenha tempo de refletir e compreender, constituir significado em sua própria vida, e com outros. É por isso que tornar a aprendizagem visível pode ser arriscado, pois isso pode ser mal interpretado, pode virar um espetáculo.

PM: Então, se o ministro inglês viesse até mim após essa discussão, eu tentaria dizer que em Reggio não pode haver distinção entre processo e resultado, pois não existe ideia de final, ou uma resposta final. Eu ainda acrescentaria que você está falando sobre um modo de viver que é sobre olhar e pensar e refletir.

CR: É uma boa questão. Temos um sonho aqui, um sonho de uma sociedade diferente, você sabe. E uma esperança. Não de uma escola diferente, mas de uma sociedade diferente. Mas não é uma solução definitiva. É por isso que não é uma utopia. Porque utopia é algo perfeito. Nossa utopia deveria estar em crise! Ela deveria ter a coragem de estar em crise!

PM: Caso contrário ela pode se tornar um modelo totalitário?

CR: Creio que sim. Sabe, não estou sonhando com a humanidade tendo uma fronteira ou um objetivo, mas cada momento pode ser pensado como um passo. Há também uma ideia relacionada à religião, segundo a qual Deus pode, a qualquer momento, convidar você a fazer uma síntese de sua vida. O Deus cristão diz que a cada momento você deve estar pronto...

PM: Para se encontrar com o Criador.

CR: Sim. A qualquer momento, você deveria ser capaz de prestar contas. E, de certa forma, é como encaramos o processo também como resultado, como parte de algo que tem valor em si. Ou seja, não estamos apenas trabalhando por um objetivo final; cada momento deve encontrar seu próprio significado. Você sabe, não é um conceito ruim, eu gosto. Cada momento é rico.

GD: Porque se você tem um objetivo muito claro enquanto trabalha com crianças – ou você aceita a criança ou a nega.

CR: Exatamente, exatamente. Sim. Em vez disso, tenho que ter o direito de negociar a cada momento, esse é o conceito de processo. Então, deve estar claro que há algo que me traz esperança, algo pelo que lutar, mas que, ao mesmo tempo, ainda não é perfeito. Algo que deve ser continuamente desafiado. Reggio, de certa forma, é um processo de ser permanentemente desafiado. Pois está em diálogo com um contexto de mudança.

AVALIAÇÃO E REGULAÇÃO

PM: Seria correto também, se o ministro viesse até mim, dizer que em Reggio você deve assumir alguma responsabilidade por avaliar seu trabalho? Você deve analisar seu trabalho.

CR: Totalmente. Com a documentação pedagógica, e talvez também com outras ferramentas. Essa é outra razão pela qual a documentação é importante. Trata-se de um processo permanente de avaliação. Se posso negociar o resultado e incluir o processo, a documentação é uma boa ferramenta. Mas sei que é difícil sugerir isso para um sistema nacional.

PM: Esse é um ponto muito interessante. Você pode falar sobre Reggio e seu trabalho maravilhoso. Mas o que você faz pela Itália, pela Grã-Bretanha ou algum outro país como um todo, pois nem todos os lugares serão como Reggio? Portanto, você precisa ter regulação e controle ou currículo, esses tipos de coisas normativas? Qual sua visão sobre o papel da regulamentação na Itália como um todo?

CR: É possível combinar documentação com algum teste de que eu gostaria de fazer parte? O grande problema é o que significa, hoje em dia, ser italiano, ser europeu, estar em diálogo com o mundo? Então, as competências para mim estão muito mais na área de habilidades sociais ou comportamento social. Eu gostaria de saber mais sobre a forma como as crianças são capazes de aprender em grupo e como grupo. Eu gostaria de saber mais sobre a forma que elas discutem e debatem sobre tópicos; como elas encontram fontes; sobre como desenvolvem a cidadania. Como posso medir isso? Tenho que confiar. A palavra-chave ainda é confiança, em minha opinião, e vai continuar sendo.

PM: Confiar em quem neste caso?

CR: Confiar nos professores, na comunidade.

PM: Isso é muito difícil. Você está dizendo que acha realmente que cada comunidade deve ser responsabilizada pelo trabalho da educação?

CR: Não, não apenas, mas também.

GD: Então como você vê a ideia de notas no sistema escolar? O que podemos ver hoje, por exemplo, na Inglaterra, são objetivos específicos estabelecidos para grupos de crianças de faixas etárias bem jovens. O objetivo é avaliar as crianças a fim de garantir que não fiquem para trás.

CR: Acho isso terrível.

GD: Por que você diz isso, a ideologia por trás disso está relacionada à justiça social, para que o professor possa ver se alguma criança está ficando para trás, para que então ela possa ser apoiada.

CR: Está relacionado com o computador, com a ideia da criança como um computador com *"inputs"* e *"outputs"*. Quero dizer, sinto que isso é terrível. Quando testo um desempenho, não é a matéria que é valorizada, é a prova. E que tipo de justiça é essa? Se essa criança não tem esse desempenho. Primeiro de tudo, como é possível saber? E se sou uma boa professora, eu deveria saber que Peter não consegue desenhar. Se eu vivo com ele, eu documento. Eu não preciso de uma prova! Ou essa prova simplesmente confirma o que já se sabe. Se ela revela algo, não é sobre a criança, mas sobre o contexto. O processo de avaliação real é muito mais difícil.

GD: Muito mais difícil e complexo. Sim.

CR: Educação é realmente ser apaixonados juntos. Ter sentimentos juntos. Ter emoções juntos. E a documentação pode ajudar a descobrir a paixão, o sentimento e a emoção. [Trabalhando recentemente com um grupo de professores de outro país] eles disseram ser o melhor momento para eles quando documentam uma criança sendo capaz de fazer algo pela primeira vez. Eles sentiram paixão, a paixão do mundo foi o que eles usaram.

A QUESTÃO DE CURRÍCULO

GD: Carlina, existe esta ideia que ouvimos muito frequentemente em nossos países, e que você mencionou anteriormente, que você está trabalhando em Reggio com currículo emergente. O que você diz a respeito dessa ideia?

CR: Como reação às pessoas que nos classificam em Reggio como trabalhando com currículo emergente, tenho pensado em um conceito que pode ser chamado de "currículo contextual". Nossa interpretação do conceito de currículo parte de uma premissa de que as crianças têm um domínio surpreendente de muitas linguagens e uma apreciação de que "outras mentes" possam compartilhar suas diferentes crenças e teorias. Ainda em seus primeiros anos de vida, elas também desenvolvem teorias potentes sobre o mundo físico, biológico e social, teorias essas que podem ser compreendidas como interpretações por meio das quais as crianças constroem e dão sentido ao mundo que as cerca. Essas teorias são enriquecidas e desafiadas a partir do diálogo com outros. Acima de tudo, as crianças adquirem consciência de sua capacidade de pensar, ter uma opinião e construir "teorias" (i. e., pensar e interpretar a realidade) e da importância do diálogo com outros para construir seu próprio conhecimento e identidade.

Se o currículo é idealizado como caminho ou jornada, ele será um caminho, ou jornada, que deve, em minha opinião, sustentar essas competências como valores fundamentais para o conhecimento e para a vida. Ele deve favorecer competências para o aprendizado por meio de reflexão e autorreflexão, por meio das "Cem linguagens". Um currículo deste tipo pode ser definido como "contextual" no sentido que é determinado pelo diálogo entre as crianças, professores e pelo ambiente que os cercam. Pode surgir de uma proposta de uma ou mais crianças ou professores, de um evento natural ou algo das notícias. Mas a ênfase no contexto também valoriza estratégias participativas e a possibilidade de não apenas as famílias, mas a comunidade à qual as crianças pertencem, poderem participar no currículo. Eu uso o conceito de "participação" aqui no sentido de cada sujeito ser capaz de influenciar e ser influenciado por outros sujeitos, participando, assim, no destino de cada um e de todos.

PM: Embora você esteja falando sobre um conceito de currículo em especial, tenho a sensação de que você está, no mínimo, ambivalente sobre "currículo", que talvez não seja um conceito que você ou Reggio escolheriam usar, pois não se aplica exatamente aos seus valores e práticas.

CR: Sim, você está certo. Minha tentativa de desenvolver a ideia de "currículo contextual" surge de um desejo meu de ser compreendida pelos que usam a linguagem do currículo e acreditam na importância do currículo. Para nós, em Reggio, "progettazione" é uma palavra que é muito querida e algo diferente de currículo. "Progettazione" é uma estratégia, uma prática diária de observação-interpretação-documentação. Quando falo de "currículo contextual", estou de fato tentando explicar o conceito de "progettazione".

O que deve ser garantido é que o processo de aprendizagem seja visto não somente como uma atividade individual, que pode ser documentada por uma única prova, mas também como uma atividade coletiva. Por exemplo, crianças que crescem juntas na escola buscam as opiniões de seus amigos e os estimulam a expressar seus próprios pontos de vista. Eles sentem os pensamentos dos outros como uma parte de seu próprio pensamento, e os procuram; parece que a mente se torna inquieta se não encontra possibilidade de compartilhar. Crianças querem envolver a todos e logo aprendem como, aplicando diferentes estratégias. Crianças que não falam italiano ainda e crianças com deficiências são integradas de forma confortável nas propostas da escola.

Quando você considera os outros como parte de sua própria identidade, então suas opiniões e teorias diferentes, e por vezes divergentes, são vistas como um recurso. A consciência do valor dessas diferenças e do diálogo entre elas aumenta. As "cem linguagens" são úteis tanto para compreender como para ser compreendido.

Em vez de o ensino de um currículo predeterminado (escrita, leitura, contar os números, etc.) ser avaliado usando alguns procedimentos de teste, tanto os professores quanto as crianças documentam suas propostas e aprendizagens em sistemas simbólicos com os quais se sintam confortáveis. Nesse processo de investigação, a documentação (fotos, vídeos, anotações, gravações etc.) representa seu papel fundamental: facilitar a reflexão e a autorreflexão sobre os processos de aprendizagem de crianças e professores e o desenvolvimento profissional dos professores.

Esse processo será enriquecido pela troca e pelo diálogo com pais e ambiente social. Talvez, e mais importante, professores, pais e crianças trabalhem juntos a cada dia para construir o tipo de comunidade em que querem viver.

A QUESTÃO DO TEMPO

PM: Tudo que é feito em suas escolas em Reggio, todo seu conceito de escola e processo de educação, não implica uma atitude particular em relação ao tempo, uma atitude que tenta ser menos controlada pelo tempo?

CR: Sim. Hoje em dia fala-se muito pouco sobre escolas e tempo. Para mim, é importante que a escola seja um lugar de vida, então ela precisa de tempo de vida e esse tempo é diferente, por exemplo, do tempo de produção. Na produção, o elemento mais importante é o produto. Mas, como já mencionamos, em uma escola o que importa é o processo, o caminho que desenvolvemos. A relação educacional precisa ser capaz de criar tempo, precisa ser lenta, de tempo vago.

A etimologia da palavra "escola" liga os conceitos de escola e tempo. Deixe-me explicar melhor. Em latim *schola* (*schole* em grego) significa lazer, tempo livre, tempo para estudo e reflexão. E o tempo é indispensável para isso. Em qualquer relação formativa, o tempo é um elemento necessário para criar a relação. Então uma escola que forma é uma escola que dá tempo – tempo para as crianças, tempo para os professores, tempo para ficarem juntos. Deve haver a possibilidade nas escolas, de qualquer tipo, de qualquer grupo, de criar conexões, mas também de viver as diferenças e os conflitos.

Quando tudo parece caminhar cada vez mais rápido, de fato, em supervelocidade, é legítimo admirar a lentidão, tempo de ócio, pausas? Não é uma competição entre velocidade e lentidão, mas sim sobre ter a coragem de redescobrir o tempo dos seres humanos. E a criança pode nos ajudar a sentir novamente o tempo que mora dentro de nós e o tempo que somos. Somos feitos de tempo, somos a forma do tempo. A questão é ser capaz de ouvir esse nosso tempo e propor que ele seja não apenas um direito, mas um valor sociocultural – um valor que as crianças nos oferecem.

A RESPONSABILIDADE PÚBLICA PELA ESCOLA

GD: Para nós seria interessante ouvir suas ideias sobre a importância de Reggio ser um projeto público e municipal. E como você vê a relação entre público e privado nos serviços para crianças?

CR: Hoje falamos da crise do estado de bem-estar, embora, para mim, nunca tenha existido uma crise do estado de bem-estar social, mas apenas da economia para sustentá-lo. Há também um desenvolvimento de conceitos neoliberais, com muito mais foco no plano privado, relacionado à crise da sociedade comunista. Mas ainda penso que é um dever do poder público criar escolas, pois elas são, como já disse muitas vezes, não apenas uma forma de expressar e construir uma cultura de infância, mas também, de uma maneira mais geral, um lugar para cultura.

Pessoalmente, estou convencida de que a educação deve ser pública. Não tenho dúvidas sobre isso por tudo que compartilhamos antes. Pública em termos de dinheiro. Mas também pública em termos de a escola ser um lugar de diferenças, de diálogo entre diferenças. Me preocupa muito – já mencionei – a ideia de escolas para diferentes grupos: a escola judaica, a católica, a árabe, a escola para um grupo social em particular, para meninos ou meninas apenas. Precisamos de escolas que ofereçam um local físico e público para o diálogo. É um grande risco as crianças crescerem refletindo apenas sobre elas próprias, apenas em um determinado grupo.

Minha ideia de escola é um conceito pluralista. Acredito fortemente que o pluralismo é indispensável.

PM: E você disse que público também significa que o dinheiro é público?

CR: Também posso aceitar dinheiro filantrópico nas escolas de Reggio.

PM: Além dos fundos públicos?

CR: Exatamente. Se o dinheiro filantrópico não impõe quaisquer condições, como "Eu quero ter apenas este tipo de crianças. Eu quero ter apenas estes tipos de valores". Então o dinheiro pode ser neutro de alguma forma, se houver uma forte identidade nas escolas.

PM: É importante que uma autoridade pública, a municipalidade, coordene e dirija a escola? Ou isso se torna menos importante?

CR: Acredito no princípio básico sobre o qual construímos Reggio, do qual Malaguzzi foi um grande apoiador, segundo o qual a comunidade deve assumir a responsabilidade pela qualidade da escola. Tive a sorte de viver em um lugar em que era possível não só ter a comunidade envolvida com a escola, mas também expressando os melhores valores em suas escolas.

Essa deve ser a razão pela qual eu acredito que as escolas, não apenas para crianças pequenas, mas todas as escolas, devem ser locais e globais.

Isso também influenciou minhas ideias sobre avaliação. É por esse motivo que a documentação, a pesquisa e o risco da avaliação são tão importantes. Pois se você não assume o risco na avaliação, você não muda. A avaliação faz parte do processo em que desafiamos a nós mesmos com as crianças em uma espécie de solidariedade de amor.

Para mim, a única realidade agora está no sonho, pois acho que estou aqui por conta da realidade lá fora e por conta dos sonhos que tenho aqui. Eles são concretos, meus sonhos, concretos como o jornal desta manhã, concretos porque são vívidos, motivadores e apaixonantes. E o que poderia ser faz parte do sonho.

PM: A ideia do sonho é realmente importante em todo seu pensamento e todo seu trabalho?

CR: Sim, sonhos. Pois eles são repletos de metáforas, símbolos, eles são acolhedores. Eles não têm a arrogância do científico, não precisam ser comprovados. Sonhos são um risco, assim como a documentação e o diálogo com outros países. Talvez porque a vida seja um risco. Eles são um risco e uma força.

17

Educação e globalização na cidade contemporânea (2006)

Os temas da globalização, do multiculturalismo e da cidadania adquirem uma relevância cada vez maior já no final do século XX, mas o seu significado e importância já vinham sendo percebidos há anos também no campo educacional. Isso pode ser visto não apenas nos dois capítulos* que se seguem, mas sobretudo nas escolhas feitas durante a última década no campo da educação da primeira infância em Reggio Emilia.

Escolhas sociais, políticas e administrativas – aumento dos serviços e diferenciação das gestões – de forma a garantir o acesso a todas as crianças e famílias que solicitassem. Famílias "novas" por sua composição e também por suas diferentes origens étnicas e culturais.

A escola da infância se confirma cada vez mais como um dos lugares fundamentais de acolhimento para novos cidadãos, bem como de definição da nova identidade da cidade de Reggio, multiétnica e multicultural. É nesta direção que vão as escolhas culturais, como a da gestão do Centro Internacional dedicado a Loris Malaguzzi.

Um Centro que quer se oferecer à cidade e aos interlocutores que, de todas as partes do mundo, olham para a experiência de Reggio Emilia como um lugar de pesquisa em torno de temas como interculturalidade, interdis-

---

* Este capítulo contém a apresentação feita na Conferência *Educação e globalização na cidade contemporânea*, Centro Internacional Loris Malaguzzi, Reggio Emilia, 20 de maio de 2006.

Em Reggio Emilia, mais de 5 mil crianças entre 3 e 6 anos frequentam as escolas da infância: um resultado importante, possível graças à presença de um sistema educacional plural, composto por escolas municipais, escolas da Federação Italiana de Escolas Maternas (FISM) e escolas estatais.

A conferência, promovida pela Scuole e Nidi d'Infanzia – Istituzione del Comune di Reggio Emilia e a FISM, com a contribuição da Fundação Manodori, teve como objetivo dar visibilidade a esse sistema misto, rico em diferentes experiências educativas que, no diálogo e no respeito às recíprocas autonomias, contribuem para o crescimento da cidade em seus níveis de civilização e convivência.

ciplinaridade e educação para a cidadania, procurando destacar o papel que a escola pode e deve ter, mesmo em contextos tão complexos e contraditórios como os atuais.

Nesse sentido, as duas conferências promovidas por Reggio Children devem ser interpretadas em relação a outros temas importantes que, na cidade e em nível nacional, promovem pesquisas e reflexões sobre os grandes temas da educação, da vida civil e da democracia.

OS VALORES DA EDUCAÇÃO NO TEMPO PRESENTE

É com verdadeiro prazer e participação sincera que dou a minha contribuição a este debate. Uma contribuição que nasce não apenas de uma pesquisa pessoal, mas do diálogo com os colegas e as colegas que, aqui em Reggio e em outros países do mundo, tentam compreender as implicações que o processo de globalização tem nos campos educacionais e escolares.

Entre as muitas oportunidades de diálogo e de reflexão que aconteceram nesses últimos tempos, quero me referir, de modo especial, ao seminário que ocorreu no Vaticano, no mês de novembro de 2005, do qual tive a honra de participar.

O seminário (um *joint working group*) tinha como título, de fato, *Globalização e educação* e foi promovido pela Pontifícia Academia das Ciências e pela Pontifícia Academia das Ciências Sociais, e contou com a presença de trinta e seis participantes de países europeus, norte e sul-americanos, africanos e asiáticos (incluindo a China).

Durante os três dias de *workshop*, palestrantes representantes de diversos países e de várias disciplinas participaram trazendo contribuições valiosas e diferenciadas sobre temas como os efeitos da globalização na educação, o papel da comunicação e da informação tecnológica, a educação dos imigrantes e suas crianças, as bases antropológicas para a educação e a pesquisa.

A qualidade das relações, a vivacidade do debate, as diferentes abordagens às temáticas, as questões que surgiram, foram de tal magnitude que me sugeriram configurar a minha intervenção a partir justamente desse extraordinário evento do qual pude participar.

Entre os múltiplos temas e as diversas e, às vezes, contrastantes perspectivas, optei por me referir a alguns daqueles aspectos que encontraram maiores convergências entre os palestrantes e despertaram forte interesse e debate entre eles.

O primeiro tema diz respeito ao próprio conceito de globalização. O termo é como um teste de Rorschach, ambíguo e polimorfo, e pode assumir diversos significados em diferentes contextos: para alguns uma panaceia, para outros uma ruína. Mas há aspectos que são claros e compartilhados para além de qualquer disputa: globalização é sobre fluidez, mobilidade. Mobilidade de capital, de produtos, de distribuição e consumo de alimentos, mercadorias, serviços e trabalho através de todas as fronteiras geográficas e políticas.

Há uma grande diferença em relação ao velho conceito de internacionalização:

internacional significa, certamente, movimento de capital, trabalho, *know-how* entre diferentes economias nacionais, que, no entanto, mantêm suas identidades nacionais e controlam as trocas, gerenciando-as.

Global, por outro lado, não é *derivativo*, ou seja, não deriva do que é dado antes: as fronteiras não são atravessadas, mas dissolvidas. Portanto, o conceito de globalização não é apenas um conceito econômico, mas possui implicações cada vez mais evidentes para o desenvolvimento cultural.

Repito: mesmo que a globalização seja induzida no plano econômico, as consequências vão muito além dessa área (e isso talvez tenha sido pouco compreendido), sobretudo no plano das relações sociais e estruturas organizacionais, das quais a escola é parte essencial.

Entre as mais óbvias, cito apenas duas consequências:

- emergência de informação sem fronteiras, comunicações capazes de conectar pessoas através de vastas áreas geográficas e criar novos imaginários, desejos de "estar melhor": uma cultura que aspira ao desejável;
- imigração – imigrantes e itinerantes – em níveis nunca conhecidos anteriormente.

Após a globalização, quase todas as partes do mundo estão profundamente envolvidas no aumento dos fluxos migratórios, tanto porque há países nos quais existe um grande movimento de pessoas que emigram para outras nações, como porque há países que os acolhem, enquanto todos os outros estão envolvidos, como locais de trânsito.

Há os que devem, os que querem e os que são obrigados a imigrar: os imigrantes e os itinerantes. Um fenômeno complicado, complexo, difícil e também doloroso. O certo é que os filhos dos imigrantes são hoje a parcela em maior crescimento da população jovem de países como Canadá, Estados Unidos, França, Suécia etc. e serão os principais atores e autores do futuro (emblemático nesse sentido é o caso da China, com 150 milhões de migrantes internos).

Tudo isso produz mudanças nas sociedades e nas culturas de uma magnitude talvez comparável apenas à mudança ocorrida com a introdução da agricultura há dez mil anos. Mas aqui estão algumas perguntas importantes:

- A globalização é uma possibilidade de maior justiça social?
- Ou é uma nova forma de capitalismo?
- Ou de imperialismo sem fronteiras?

Perguntas verdadeiras, atuais, não fáceis de responder.

Muitos especialistas mundiais definem a globalização como uma grande mudança desta época que requer mudanças de paradigmas interpretativos – mudanças nos modos de pensar, de conceitualizar – que envolvem reflexões sobre os valores e sobre a ética. Falar de uma "mudança de paradigma" significa falar de um longo e difícil processo individual e coletivo, cujas consequências e implicações são de grande relevância no plano das organizações sociais e dos comportamentos pessoais.

Um exemplo disso é o paradigma da cultura. O conceito de cultura, até hoje, referiu-se a uma realidade essencialmente estática, na qual a mudança era majoritariamente considerada linear, previsível, controlável, transmitida: fosse ou não fosse, era assim conceituada.

Todos os participantes do *workshop* internacional concordaram que hoje esse termo – cultura – assume traços essencialmente evolutivos, ou melhor, transformadores. Parece não haver alternativas: a cultura não é estática, não é "dada", mas é processual. Se esse valor se perde, acabamos perdendo o sentido profundo da cultura: isto é, o valor ético e indispensável do diálogo *entre* culturas.

Diálogo que nasce da consciência da própria identidade cultural considerada como elemento propulsor ao confronto de ideias e ao diálogo, e *não* como elemento de fechamento e separação. Só assim, neste processo baseado no diálogo transformador, é possível pensar em contribuir para a identidade unitária da espécie humana e sua relação com o universo planetário.

O duplo fenômeno da unidade da cultura e da diversidade das culturas é fundamental. É fácil intuir as implicações dessa declaração no plano do debate entre "local e global". A superação dessa antinomia está na realidade dos fatos: como dito anteriormente, os horizontes locais se modificaram, esfumaçaram-se e serão assim cada vez mais. Como então vencer a sensação de desestabilização contínua, de não conseguir acompanhar os acontecimentos, de não vê-los, de não querê-los? Como podemos convencer os outros e nos convencer de que isto não é uma ameaça, mas um desejo?

Só assim, de fato, os contextos locais serão mais acolhedores para outras culturas, especialmente para o que alguns definem como "novas culturas locais", ou seja, cada indivíduo, cada pessoa, cada um de nós, mas sobretudo crianças e jovens expostos, como estão e estamos, a uma grande proliferação de *meios de comunicação de massa*: eventos, objetos, modas... Isso faz explodir todas as mediações, entre local e global, bem como conceitos lineares de tempo e espaço. Cada um de nós torna-se intérprete e narrador da sua própria cultura: cada um de nós é "uma nova síntese", uma nova cultura local.

EDUCAÇÃO

E aqui reside o núcleo fundamental da educação.

As sociedades humanas, em todas as suas diversas diferenças, tiveram e têm um objetivo comum: a vontade e a capacidade de transmitir valores, habilidades, competências e sensibilidade de uma geração para outra. Isso acontecia principalmente dentro de uma cultura.

Hoje, em um contexto global, educar e aculturar crianças e jovens significa comprometer-se junto com eles – e não mais apenas por eles – em um mundo de crescente diversidade e complexidade. Dessa forma, é modificado substancialmente o próprio conceito de saber (e, portanto, de poder), a relação tradicional entre docente e discente, entre teoria e prática, mas, sobretudo, modifica-se o conceito de cidadão de bem. De fato, o sistema educacional como um todo (formal e informal) tendia e ainda tende à formação do cidadão do Estado-nação, bem como do consumidor de produtos locais.

Hoje, em um contexto global, educar e aculturar crianças e jovens significa comprometer-se junto com eles – e não mais apenas por eles – em um mundo de crescente diversidade e complexidade.

Mas o que significa hoje educar o cidadão de bem do mundo? É possível pensar em uma educação para a globalização, e não em educação e globalização?

Mas qual a diferença entre global e planetário? Global e universal? É possível falar de universalismo ou é melhor falar de multiversalismo?

Falando em educação, coloca-se com evidência uma questão ética de grande relevância: podemos pensar que – no respeito e na preservação de valores locais ligados àquela cultura, religião... – existem alguns valores universais que podem ser compartilhados? Mas como garantir que eles não sejam "etnocêntricos" demais, isto é, ligados a uma cultura dominante como, por exemplo, a ocidental?

É um bom quesito para quem se envolve em educação, seja genitor, professor ou cidadão.

ESCOLA

Um grande espaço deve ser reservado ao papel da escola como lugar de educação formal. Muitas palestras destacaram como a melhoria das condições sociais e econômicas dos países africanos, do leste asiático, americanos e europeus está intimamente ligada aos processos não simplesmente de alfabetização, mas de educação, bem como à qualidade expressa pelos diferentes sistemas escolares.

Em particular, ficou claro que, para as crianças e jovens, onde quer que vivam, será necessário possuir habilidades não apenas no aprender – entendido como aprender a aprender – mas no aprender a pensar, a trabalhar, a viver com os outros. Aprender com as diversidades e na diversidade: diversidade de etnia, de gênero, de língua e de cultura. Tudo isso caiu nas estratégias e na didática do cotidiano: nos espaços, nos tempos, na elaboração do conceito de igualdade (mas qual igualdade para os diferentes?).

A escola é o primeiro lugar dedicado a isso e, em tal sentido, recupera hoje uma centralidade social, política e cultural que parecia ter perdido nos últimos anos. A globalização torna inevitavelmente necessário o papel da escola como força motriz e inovadora, como elemento conectivo nos planos social, cultural e de valores.

A escola torna-se, assim, um lugar privilegiado de negociação dos diálogos culturais complexos; uma escola que deve ser capaz, em nível motivacional e econômico, de construir e sustentar essa competência transcultural. O que isso significa? Valorizar para e com as crianças, os jovens, os professores, novas formas de inteligências (como a conectiva e a sintética); valorizar as línguas, mas sobretudo as linguagens não verbais (analógicas), mais capazes de produzir metáforas, imagens e imaginários do possível, mais capazes de possuir e promover competência inclusiva.

Tornam-se, por isso, parâmetros essenciais de qualidade a capacidade de analisar, raciocinar, comunicar e trabalhar *em grupo* e *como grupo*; a capacidade de reconhecer as heranças linguísticas, históricas e culturais locais, juntamente com a capacidade de nos sentirmos parte de um projeto maior de humanização, que inclui alta sensibilidade para com o outro a partir de si mesmo, à alteridade que nos – um "nós" reflexivo – torna diferentes (Lévinas, 1961).

Diversidade, portanto, como responsabilidade: pela nossa diversidade e também pelas outras diversidades. Mas a diversidade é apenas uma parte das relações humanas: comunidade, solidariedade e comunicação são a outra parte, os outros valores complementares. E tudo isso busca e pede reciprocidade.

É um processo lento e difícil, de grande complexidade; é um olhar interior e para o outro que se coloca como desestruturante em relação a um "pensamento dominante" que propõe culturas de separação, de guetização; um pensamento dominante que muitas vezes é etnocêntrico, enquanto acredita ser planetário. Evitar o antropocentrismo exigirá de todos nós mais rigor e vigilância.

ESCOLA DE ENSINO FUNDAMENTAL I

Não pode ser deixado de lado o fato de que, na intervenção de quase todos os palestrantes, não apenas a escola foi declinada como um lugar essencial para orientar os processos de globalização (não só econômicos), mas a escola de ensino fundamental I foi apontada como um dos sujeitos fundamentais para a qualidade do desenvolvimento econômico e cultural dos países. Estudos e estatísticas mostram que os países de economia mais pobre que investiram na escola de ensino fundamental I alcançaram melhorias significativas e substanciais em comparação com aqueles que investiram apenas na escola de ensino fundamental II ou na universidade (ver países africanos).

A escola de ensino fundamental I (e a escola de educação infantil tem o pleno direito de ser definível como "escola primária"*) é um elemento de qualificação para todo o percurso escolar.

---

* Na Itália, a escola de ensino fundamental I se denomina como "escola primária". Nessa perspectiva a autora enfatiza que a escola de educação infantil poderia ser considerada primeira (primária) etapa do percurso escolar.

Esta é uma declaração muito importante para todos nós e um compromisso para o futuro. É uma declaração que confirma as escolhas feitas em nossa cidade, onde há anos se reitera e se atua, considerando-se que a escola da infância, a escola da criança pequena (e com isso incluo também a creche), não é apenas um recurso social e econômico, mas um grande recurso cultural.

A escola de educação infantil é um recurso cultural se e porquê:

- reconhece na infância e em cada criança a força geradora que pode impulsionar a sociedade e a cidade a renovarem-se, não apenas para a criança, mas *com* a criança, acolhida desde o nascimento como cidadã plena, portadora de direitos e cultura;
- reconhece e valoriza cada criança e cada família como portadoras de valores e cultura, que têm o direito de se expressar e se confrontar em lugares acolhedores, porque estão abertas à pluralidade e são promotoras do pluralismo. Valor do pluralismo das instituições e do pluralismo nas instituições: é conceito e caminho de inovação e democracia;
- Valoriza a pesquisa como estratégia permanente, evitando padronizações e colonialismos de modelos vencedores. Uma pesquisa que é busca de identidade, por meio de caminhos originais, como modos de ser escola, de pensar o mundo e de pensar-se no mundo.

Para quais valores devemos educar e nos educar então?

Já disse muito – até coisas óbvias, certamente conhecidas e espero que compartilhadas por vocês.

Para concluir, porém, gostaria de chamar a atenção de vocês para alguns valores que, entre muitos, parecem-me dignos de atenção e reflexão.

- O valor da "parcialidade" com que olhamos para nosso ponto de vista a fim de acolher criticamente o ponto de vista do outro (verdade e parcialidade são sempre incompatíveis?).
- O valor da escuta não apenas do outro, mas como "autoescuta", autoanálise e autocrítica; como caminho de libertação e de busca de autenticidade do diálogo.
- O valor da liberdade, ou melhor, o risco da liberdade, ou seja, de se entregar com a própria unicidade, criatividade.

O risco da liberdade das seguranças que muitas vezes nos fazem aceitar modelos autoritários fortes e bem-sucedidos, que, ao mesmo tempo, nos pedem em troca delegações de inteligência, participação e democracia.

São devidos, neste ponto, os agradecimentos.

Agradeço a todos os presentes pelo acolhimento e a escuta; agradeço àqueles que trabalharam por esse percurso (professores, pedagogistas, pais); agradeço às minhas colegas que compartilharam anos de pesquisa e me apoiaram nesta reflexão e, em particular, Paola Cagliari, que foi um apoio precioso nessa conjuntura.

18

O exercício da cidadania em educação (2007)

Após a promulgação das Indicações para o Currículo para a Escola da Infância e o Primeiro Ciclo de Instrução, *feita pelo Ministério da Educação, o Gruppo Nazionale Nidi Infanzia decidiu promover uma reflexão e um diálogo com os protagonistas do sistema educativo sobre os significados e valores da escola da infância, dando início a uma série de encontros.*

O primeiro desses encontros, o 1º Seminário Nacional da Escola de Educação Infantil, intitulado Infância: cultura, educação, escola, *foi organizado e realizado em conjunto com o Centro Internacional Loris Malaguzzi de Reggio Emilia, de 11 a 13 de outubro de 2007, com a colaboração da revista "Bambini".**

Uma premissa.

Estou entre aqueles que, juntamente com outros colegas, colaboraram na redação desse primeiro escrito das *Indicações*.**

Portanto, eu também assumo a responsabilidade por elas: vejo os seus limites, mas também todas as potencialidades, se compreendermos o fato de esse texto se apresentar incompleto para nós.

Incompleto por, pelo menos, dois motivos:

- porque assim foi declarado, na medida em que se oferece a dois anos de experimentação e debate (um debate em que o Gruppo Nazionale Nidi Infanzia pode desempenhar um papel importante);
- incompleto porque, ainda que melhorado após esse percurso,

---

* As contribuições apresentadas no seminário estão disponíveis *on-line* no *site* www.edizionijunior.com/inrete.

** Indicação para o currículo da infância e para o primeiro ciclo de educação, Ministério da Educação Pública, Roma, setembro de 2007.

ainda que modificado, espero que seja possível propô-lo sempre incompleto: ou seja, capaz de aceitar as interpretações locais, as autonomias interpretativas que cada escola poderá e desejará lhe dar, assumindo a própria responsabilidade. O sistema educativo deve formar cidadãos capazes de participar conscientemente da construção de coletividades mais amplas e mais compostas, sejam elas nacionais, europeias ou mundiais. [...] A escola é o lugar onde se elabora o presente no entrelaçamento entre passado e futuro, entre memória e projeto. (de *Indicazioni per il Curricolo per la scuola dell'infanzia e per il primo ciclo d'istruzione*)

Fiquei muito satisfeita ao encontrar no texto das *Indicações* um parágrafo dedicado à "nova cidadania". Os motivos são muitos, mas mencionarei apenas dois.

O primeiro motivo é que, reafirmando explicitamente o papel da escola como lugar fundamental para a formação do cidadão segundo o ditame constitucional, o texto também inclui a escola da infância nessa tarefa primordial. Isso atribui a todos nós, professores, em primeiro lugar, uma responsabilidade muito mais complexa do que apenas ensinar disciplinas específicas: a responsabilidade de sermos educadores. Não os únicos, mas certamente entre aqueles que mais conseguem compreender seu significado e suas dificuldades e, por isso, buscar alianças em torno dessa complexa tarefa, desde as famílias até o contexto mais amplo em que a criança vive.

O segundo é que a escola (inclusive a da criança pequena) é identificada como um dos lugares culturais que podem e devem contribuir para a definição do conceito de "nova cidadania", tanto atuando-a quanto, ao mesmo tempo, teorizando-a.

Nossa tarefa, especialmente em um seminário como esse e nessa fase de debate sobre as *Indicações*, é nos fazer perguntas como:

- O que significa cidadania hoje? Um *status*? Um processo? Ambos? E ainda:
- Quem é o cidadão hoje?
- Quais são os seus direitos e deveres? Quais as conscientizações? Quais as responsabilidades?

Isto irá nos permitir compreender o que significa educar o cidadão – o cidadão da cidade, da Europa, do mundo – participando assim de um dos debates mais complexos, mas também fundamentais, para o futuro das nossas sociedades. Debates e perguntas que não são novas na história da escola e principalmente da escola da infância. Gostaria de recordar, entre outros, um momento histórico específico, por volta dos anos de 1970: um período fervoroso, no plano político e cultural, e tão vivo na memória de muitos de nós.

São os anos em que, afirmando a criança como sujeito de direito, fundamentamos o conceito de "criança-cidadã" desde o nascimento. Não só, portanto, a criança como sujeito privado – filho/a de... – mas como cidadã. Essa irrupção à cena de um novo sujeito de direito continha implicações culturais, sociais e políticas inacreditáveis. A criança-cidadã pedia para rever o próprio conceito de cidadania, mas sobretudo para revisitar a organização de todos os lugares sociais e educacionais que a acolheriam: não só a escola, mas os hospitais, teatros, piscinas, praças, ruas, arquitetura das nossas habitações; bem como as formas de conceituar a participação e a própria democracia, a relação entre direito e dever. Uma cidadã, uma cidadania – e, portanto, um conceito de democracia – que se definia e se explicava além das fronteiras tradicionais.

E não só isso, mas quando definimos a "criança como um sujeito competente, antes de tudo, para aprender, ou seja, para viver", e quando dissemos a "criança portadora de direitos", queríamos afirmar algo ainda mais inovador.

Com a primeira definição – "a criança competente" – quisemos declarar a competência da criança (de todas as crianças) para aprender e, ao mesmo tempo, a indissociabilidade entre o direito à vida e o direito à educação, afirmando-o como uma responsabilidade e um dever da sociedade em que a criança está inserida, e não apenas da família em que nasceu.

Com a segunda – "a criança portadora de direitos desde o nascimento" – quisemos fazer uma declaração certamente complexa, mas, creio, mais atual do que nunca. O reconhecimento do direito de cidadania à criança (tão diferente, tão "estrangeiro", tão distante do conceito de cidadão estatutário que vai votar etc.) colocava no centro das atenções os direitos dos "outros": das mulheres, das vítimas, dos excluídos, de outros "estrangeiros" em relação à "cidadania estatutária". Havia, em formação, o "conceito de aliança para a satisfação das necessidades humanas" conceito este apreciado por Marc Augè.

Fundamental foi a contribuição de figuras de pedagogos e intelectuais iluminados, a partir de Loris Malaguzzi, Bruno Ciari, Giorgio Bini e todos aqueles que, por meio de debates difíceis e desgastantes, participaram da definição do conceito, da identidade e da prática das "escolas de educação infantil".

Uma definição – escolas de educação infantil – que representa uma virada cultural e política: não escolas *para* a infância, mas escolas *da* infância. Nesse *da* há toda a virada: a infância declarada como sujeito público, histórico; como categoria social à qual se reconhece a condição de sujeito cultural, sujeito de direitos.

Esta é uma herança cultural, uma responsabilidade para todos nós. A criança portadora de direitos, mas também de cultura: a cultura do interrogar-se, das perguntas, dos porquês, da surpresa e da maravilha, da confiança; a cultura do outro como parte da própria identidade, ou melhor, das próprias (plurais) identidades. Uma criança e uma infância não apenas para transmitir cultura e saberes, mas reconhecidas como portadoras de uma própria "cultura", de um próprio saber.

Depois a história, ou melhor, as histórias, caminharam de maneira diferente. Histórias nacionais e locais, sindicais, culturais e econômicas; histórias individuais e de comunidade que modificaram, até negarem esses pressupostos e essas conquistas.

Eu, que tenho o privilégio de uma época que me viu, junto com outros na sala, sendo protagonista desse momento extraordinário; eu, que também tive a sorte de viver em uma experiência pedagógica, política e cultural (a de Reggio Emilia), que desejou e pôde ser coerente, ao longo dos anos, com esses conceitos, valores, compromissos, sinto o dever (em um debate como este) de trazer à nossa, à atenção de vocês *essa* história e *esses* significados, para afirmar que é possível e que devemos fazê-lo.

Ainda é possível e devemos fazê-lo: o quê?

É possível pensar que a escola ainda pode ter a função de "agente cultural" e que espacialmente a escola da infância pode – e acredito que deve – ter esse papel e potência extraordinários, graças também à oportunidade que as *Indicações* nos fornecem. Pode ser uma grande oportunidade: partir da compreensão e da definição de um novo conceito de cidadania para inovar a identidade da escola de todas as ordens e graus, mas também a qualidade cultural e social do contexto em que ela se insere.

Conheço todas as dificuldades que a escola encontra hoje e, principalmente, a da educação infantil: dificuldades econômicas, logísticas e identitárias. Imagino também as muitas objeções compreensíveis e o ceticismo que uma afirmação similar pode suscitar em muitos de vocês. Mas pensar grande, agir *em* e *para* paisagens amplas, em perspectivas e com estratégias ricas no futuro e, portanto, de esperança é uma obrigação, a meu ver, de quem educa.

Mas também sei que essa escola, se quer inovar, deve ter a criança do seu lado: deve saber ouvi-la e valorizá-la não apenas como "aprendiz", ou seja, aquela que aprende, mas também como portadora de saberes, entendidos como elaborações pessoais sobre as grandes questões da vida.

A criança, portanto, como expressão da identidade do homem (do ser humano) que sabe interrogar e se interrogar, que é o primeiro "estrangeiro" entre nós. Estrangeiro como "estranho": estranho às regras, às convenções. Estrangeiro como aquele que, apesar de saber prever, não é previsível e como tal modifica nossos esquemas de expectativas, nossos paradigmas de referência (uma "criança incômoda", como Loris Malaguzzi amava defini-la).

Um estrangeiro que, com sua estranheza, pode ser capaz (como diz Freud) de revelar o "estrangeiro que está em nós", ou seja, a parte de nós – *o outro* que está em nós – que não queremos ou sabemos reconhecer e acolher.

Saberemos educar "uma criança" se soubermos educar a nós mesmos, ou seja, se soubermos olhar-nos com os seus olhos, perceber-nos através dos seus olhos: olhos capazes de revelar contradições, violências e incongruências que caracterizam nosso modo de fazer e de ser sociedade.

Um exercício para a alteridade, ao nos percebermos através dos olhos do outro, adotando para nós mesmos a perspectiva do outro e renunciando ao desejo de impor ao outro nossa perspectiva.

Em síntese: recomeçar a partir e com a criança será um grande exercício de civilização.

Sei que essa é apenas a premissa e uma possível estratégia para uma operação de grande dificuldade e de alcance global, o que o professor Ceruti chamava de "a mudança de paradigma". Mas acredito que com essa premissa e com essa "aliança" talvez possamos abordar, no plano cultural e estratégico, alguns dos maiores temas da atualidade e indicar as modalidades para a solução de alguns dos "nós" do viver contemporâneo dos quais pode emergir um novo conceito de cidadania.

E então os temas da contemporaneidade tornam-se os temas da educação. Isto é, os temas sobre os quais escrever nossos *currículos* e inspirar nossa ação educativa para uma nova cidadania.

O TEMA DO MULTICULTURALISMO

Em certo sentido, é o tema das diferenças, das nossas diferenças; um dos campos de teste da nova cidadania. Creio, portanto, que uma das tarefas educacionais mais importantes para poder abordar a questão do multiculturalismo é ensinar/aprender a viver a complexidade, a viver nossa diferença. Isso significa a superação da cultura da fragmentação, da separação, dos particularismos e dos localismos.

Significa aprender, com as crianças e os adolescentes, a enfrentar a tensão entre particular e universal.

Significa (como mencionado nas *Indicações*) aprender os "plurais": não a identidade, mas as identidades; não as contraposições, mas a solidariedade.

Significa adotar o paradigma da multiplicidade: do paradigma da contraposição ao da solidariedade, para além de qualquer retórica, para redescobri-lo como elemento básico da biologia da vida.

Como dizem Paola Cagliari e Deanna Margine:* "Fazer crescer em todos uma sensibilidade para um mundo plural", porque é a diferença, não só a dos outros, mas antes de tudo a de cada um de nós (diferença de gênero, cultura, religião etc.), que permite a troca, o diálogo.

O TEMA DA SOLIDARIEDADE, ANTES DE TUDO COMO SOLIDARIEDADE COGNITIVA

É por isso que acredito que o segundo tema que teremos de abordar é o da solidariedade, e falo em primeiro lugar da solidariedade cognitiva.

Penso que o paradigma da solidariedade – com suas raízes biológicas, cognitivas e afetivas – é aquele que pode nos ajudar a compreender o processo que nos leva de um saber disciplinar a um saber interdisciplinar; ou seja, significa trazer o objeto cultural (disciplina ou outro) para dentro dos laços de solidariedade. Significa "atravessar fronteiras", "manter os laços e a solidariedade com o universo do qual fazemos parte", como diz Edgar Morin (1999b). Significa não isolar, mas identificar a especificidade para relacioná-la com o todo, através de uma operação que Jerome Bruner chama de "expansão" (colocação em rede), como a criança ama fazer.

Ousaria dizer, em última análise, que a criança é uma pensadora sistêmica, holística, "em formação", sempre à procura dos laços que unem, que ligam e conectam os elementos.

O que significam alguns de seus porquês, senão a busca por vínculos, conexões?

Acredito que os "campos de experiência" podem ser um bom terreno de teste para a contribuição com o debate sobre o significado profundo da interdisciplina. Assim como pode nos ajudar o conceito de estética que o Professor Ceruti evocava e que Bateson (1972) escrevia. Estética como sensibilidade à vida, como elemento que conecta – estética do conhecimento.

O TEMA DA RECIPROCIDADE E DA AUTONOMIA

Retirar esses termos do abuso em que foram parar – realizando uma prática que saiba regenerá-los no mais profundo de

---

* Pedagogistas, Coordenação Pedagógica Scuole e Nidi d'Infanzia – Istituzione del Comune di Reggio Emilia.

seus significados – será um bom exercício que a escola poderá oferecer a docentes, alunos, crianças e famílias, bem como à cultura.

A reciprocidade de que falava o professor Ceruti decorre da incompletude, e deve ser descoberta também como elo fundamental do saber no qual basear cada percurso proposto pelas disciplinas. Não só isso, deve sobretudo ser descoberto como o estilo próprio da escola e como elo entre os seus protagonistas e o território que a circunda. E nasce assim um conceito de autonomia que se define em termos relacionais e relativos. Autonomia como consciência e tomada de responsabilidade em relação ao ambiente em que a própria autonomia é exercida.

A autonomia assim concebida – não como separação, mas como interdependência – leva-nos a compreender a importância que o tema da participação assume.

O TEMA DA PARTICIPAÇÃO

Um novo e diferente conceito de participação pode ser um elemento qualificador da reflexão sobre o conceito de cidadania.

Participação não como "tomar parte", mas como "ser parte"; não atores, mas essência do processo. Na escola é possível entender a participação não apenas como a participação das famílias, mas sim como uma modalidade de ser estudante (aluno), professor, genitor.

Participação, portanto, oposta à delegação, à hierarquia.

É um jeito de ser, é uma escola participante.

Dessa forma, onde há participação há mudança, na acepção evolutiva do termo.

Onde há participação, cada parte está exposta à mudança, à aprendizagem, à coevolução. Assim nasceu uma "comunidade educante", um lugar cultural e educativo para todos.

De tal forma, a escola pode se tornar uma "comunidade educante", mas, ao mesmo tempo, pode tornar-se "um lugar educante" para a comunidade. A cidadania, além de um *status*, é assim conceituada como um processo permanente no qual e para o qual todos estão envolvidos, a partir das crianças.

Assim, com esses temas, que são paradigmas de referência para orientar a ação dos professores e da escola, a partir daquela infância, podemos esperar oferecer a nós mesmos e às crianças um contexto mais amplo e pluralista.

Diante dessas premissas, poderemos pensar da seguinte forma:

- na organização do dia, não como uma soma de eventos, mas como um fluxo, um *continuum* onde crianças e adultos buscam juntos o sentido das organizações e das regras, discutindo-as e decidindo-as em conjunto;
- no espaço, no ambiente, não como *recipiente*, mas como *conteúdo*: um ambiente que valoriza as autonomias, as subjetividades e os tempos de cada criança;
- na solidariedade entre a brincadeira e a aprendizagem, entre fantasia e realidade, entre o professor, as crianças e entre as próprias crianças;
- na "documentação participante" – ou seja, parte dos processos – que dá suporte, ao mesmo tempo, tanto à aprendizagem da criança quanto à do professor. Uma ideia de documentação solidária com a criança;

- no grupo, como "um grupo de aprendizagem solidária", sejam crianças ou adultos juntos;
- na comunidade escolar e civil como uma comunidade de crianças e adultos, professores, famílias, cidadãos de diferentes etnias e culturas que tentam, para as crianças e com as crianças, mudar os esquemas de expectativa, de acolhimento, de escuta;
- em um lugar, a escola, onde concretizar e compartilhar com as crianças e as famílias "o exercício de cidadania como exercício de pensamento solidário", onde praticar um conceito de democracia participativa em diálogo com a democracia delegada.

Um lugar para esperar que a utopia da educação seja uma utopia que possa ser compartilhada.

Um lugar onde poder encontrar a força, a motivação e o otimismo para não ser esmagado por um presente privado de futuro.

Quem educa, a educação, precisa de futuro. Caso contrário, não é.

As crianças nos dão o futuro; nós devemos ter a coragem, a coragem do futuro, a coragem da utopia perfectível.

19

O Centro Internacional Loris Malaguzzi: um metaprojeto (2007)*

FIGURA 19.1 Centro Internacional Loris Malaguzzi, Reggio Emilia.

D*esde criança, eu tinha a percepção de que o ano dois mil seria um ano especial, o fim de algo e a origem de algo novo. Na minha fantasia de menina, havia a ideia de que grandes mudanças aconteceriam na noite de Ano Novo, uma reviravolta derivada dessa virada de século.*

Não foi bem assim, mas estava exata a percepção de que os anos dois mil e os que os precederam e sucederam mudariam muitos paradigmas sobre os quais a cultura ocidental se desenvolveu e, em termos mais gerais, a cultura do planeta.

---

* Este texto, também publicado no boletim Rechild – Reggio Children 1/2007, é a reelaboração do discurso realizado na Assembleia de abertura do ano letivo 2006-2007 diante de mais de 400 pessoas, entre professores e operadores das escolas de educação infantil do Município de Reggio Emilia e representantes de outras escolas de todos os níveis.

A humanidade e todo o planeta se encontram, de fato, diante de transformações e problemas de tal magnitude que impõem aos governos, centros de pesquisa, realidades educacionais, organizações internacionais, uma revisitação total da própria identidade e do próprio significado. No entanto, poucas pessoas têm consciência de que um dos novos paradigmas de referência para viver e estar em nosso tempo é a mudança.

A mudança é contínua e irreversível, gere e é gerida por cada um de nós, mas o indispensável agora é tornarmo-nos conscientes e responsáveis por ela, política, cultural, social e pessoalmente. A mudança é um evento natural, biológico, é um desejo inscrito em nós, mas é também um grande objetivo educativo e político.

A cultura da mudança é um aspecto essencial da experiência reggiana, caracterizado pela pedagogia da relação e por uma didática da pesquisa. Um traço que está presente desde sua gênese, pois educar é desenvolver uma política e uma pedagogia da mudança. Menos claro foi o fato de que tal pedagogia e didática não têm fronteiras de idade, âmbito disciplinar ou escolar.

Nascida e elaborada por Loris Malaguzzi, juntamente com professores, atelieristas, pedagogistas e crianças, a experiência gerou uma verdadeira "epistemologia do conhecimento e da mudança" e uma metodologia da pesquisa que não conhecem fronteiras geográficas de idade e cultura. Seus elementos essenciais são a confiança na criança e no ser humano, a escuta e a aprendizagem como construção do saber no grupo e da relação com a aprendizagem dos outros, a possibilidade de se expressar e conhecer através de cem e mais linguagens, cem maneiras de se relacionar com a realidade. A documentação dá suporte aos processos, orienta-os, testemunha-os, oferece-os para leituras e avaliações.

Um patrimônio único, construído por uma experiência pública e por uma comunidade que o quis e sustentou.

O resultado dessa pesquisa de mais de 50 anos é oferecido ao debate internacional e àqueles que, no mundo, não querem apenas conhecer a experiência das escolas, mas a história humana, social, as escolhas políticas e os valores que a geraram e que se confrontam, regenerando-se, no mundo contemporâneo.

O impulso para uma sociedade onde a desigualdade seja freada a partir dos direitos da infância está profundamente enraizado em nossa cidade: esta é a razão que determinou a construção das instituições para a infância desde o início do século passado e continua sendo uma razão primária para a existência de políticas para a infância e investimentos substanciais para a educação da criança, do adolescente, do homem e da mulher, sem limites de idade.

O desejo de igualdade marcou o crescimento do mundo moderno, mesmo que hoje estejamos assistindo, em todas as partes do planeta, a uma radicalização quase feroz da desigualdade, enquanto a distribuição da riqueza está se desequilibrando cada vez mais em todos os países. Isso torna mais urgente a construção de lugares que saibam promover um projeto de humanidade, de mudança, por meio de políticas e práticas educativas de qualidade, um processo, ou seja, que nos ajude a ser parte consciente dessa natureza esplêndida e riquíssima, da qual sabemos tão pouco, mas o suficiente para entender que é muito complexo dar lugar a tudo o que somos, incluindo nossa ética, nossa possibilidade de conhecer, de sentir a beleza e nossa capacidade de nos emanciparmos, de sermos humanidade.

Estas razões, e muitas outras, juntamente com os crescentes pedidos dirigidos à Reggio Children, às escolas de educação infantil de Reggio Emilia para visitas e encontros, levaram a administração municipal, em particular a prefeita Antonella Spaggiari, a identificar um lugar que pudesse não apenas acolher os escritórios de Reggio Children e as inúmeras atividades de formação, encontro e pesquisa já em andamento, mas que pudesse se tornar o símbolo, a metáfora dessa política, da cultura educativa e da pesquisa que descrevemos antes, e muito mais.

Um lugar para a cidade e para o mundo, capaz de falar as cem, mil linguagens da experiência reggiana e, portanto, do homem, da vida, do planeta.

Foi identificado um edifício único, único na sua história (era um antigo depósito de queijo Parmigiano-Reggiano, precioso para a economia local) e, na sua arquitetura (um fascinante edifício Liberty unido a grandes armazéns, cheios de amplos e flexíveis "vazios"). Parte de uma área muito significativa na história de Reggio – área industrial – que havia vivido um período de abandono, o edifício se propõe como um lugar símbolo de uma reconhecida regeneração do território urbano, econômico e social, a partir da cultura da infância, que o edifício simboliza e expressa.

Com a contribuição essencial da Secretária de Educação, Cultura e Universidade, Sandra Piccinini, foi criada uma equipe interdisciplinar, composta pelo então diretor das creches e escolas Sergio Spaggiari, atelieristas, como Vea Vecchi, professores, pedagogistas, que tiveram a tarefa de dialogar com o arquiteto Tullio Zini, entre os vencedores do concurso para a realização do projeto arquitetônico e, portanto, cultural do Centro Internacional.

Foi uma discussão real, viva, culta, muito complexa e difícil. Durou alguns anos: estávamos projetando o possível, o sonho, a utopia de Loris Malaguzzi e de todos aqueles que quiseram definir Reggio Children como "Centro Internacional para a defesa e promoção dos direitos e potencialidades dos meninos e das meninas".

Repito, foi um trabalho longo e difícil: o arquiteto teve que enfrentar inúmeros problemas técnicos e conceituais para conseguir dar forma a ideias, pedidos, entusiasmos e incertezas que lhe submetiam, muitas vezes mudando de opinião e, às vezes, de direção.

No final, fomos surpreendidos pela beleza, criatividade, inovação que o lugar assumiu, graças também às competências e às linguagens arquitetônicas que os arquitetos souberam declinar: a excitação, misturada com surpresa e medo, era muito grande, a gratidão era e será grande para sempre.

Os escritórios de Reggio Children S.r.l.* já haviam se mudado para lá: agora era uma questão de habitar e redefinir alguns espaços e conceitos que a arquitetura nos propunha: ateliê, restaurante, auditório, mas, acima de tudo, construir e compreender, enquanto se desenvolvia o grande significado para a cidade e para o mundo do Centro Internacional Loris Malaguzzi.

E continuamos a fazê-lo, de acordo com a práxis da experiência, da pesquisa e da vida.

Um ano especial, este ano que nos espera. Um ano especial para as creches e as escolas de educação infantil, para a cidade de Reggio, para todos aqueles que, na Itália e no mundo, desejaram, construíram, nas ideias e nas ações, o Centro Internacional dedicado a Loris Malaguzzi. Um lugar de lugares, que se inspira na experiência educativa de Reggio Emilia, mas olha para o futuro, exaltando a sua dimensão internacional e multicultural que a caracteriza desde o seu nascimento.

Eu, de fato, estou entre aqueles que tiveram a sorte e o privilégio de acompanhar desde o início essa experiência educativa e, com ela, a construção desse conceito de internacionalidade.

Essa experiência nasce internacional nas teorias: imediatamente, nós nos referíamos não só a Agazzi, Montessori etc., mas também a Piaget, Dewey, Vygotsky.

Quem não estava lá naquela época, não só porque não ensinava, mas porque ainda não tinha nascido, deve saber que, nos anos de 1960, era incrivelmente inovador citar nomes como estes (a tradução de Piaget foi feita na década de 1950; antes não era permitida). São nomes que indicam a intenção de um confronto imediato, com o fim de oferecer à criança o melhor que a cultura internacional, o pensamento internacional, não somente pedagógico, havia elaborado.

Eu dizia: nasce internacional nas teorias, mas também nasce internacional nas ações e nas relações. Lembro a vocês que essa nossa experiência, datada de 1963, pelo menos em sua constituição como experiência municipal, faz sua primeira conferência internacional em 1966, quando começa a aventura da mostra "As cem linguagens das crianças" – como muitas vezes lembramos – nos anos de 1980, que o que chamamos de "delegações", e hoje "grupos de estudo", nasceram na década de 1970 com essa intenção de troca e confronto de ideias.

Nasce internacional sobretudo nas aspirações: pensar grande, vivê-la como

---

* N. de R.T. Società a Responsabilità Limitata.

uma experiência não apenas pedagógica, mas cultural, um lugar de produção cultural, um lugar de ação política tanto local quanto nacional e internacional. Sentimos imediatamente a responsabilidade de que cada gesto, cada escolha feita nessa cidade tivesse implicações e consequências para outras escolhas, para outros gestos feitos ou não feitos em outras partes do mundo. Sentir essa responsabilidade está dentro da nossa história.

É por isso que compartilho com Sergio Spaggiari o conceito de que a prática da interdisciplinaridade e internacionalidade está realmente no DNA das escolas de educação infantil, assim como está no DNA, no espírito da nossa cidade, se quiser reconhecê-lo. O Centro Internacional, por isso, é uma expressão na contemporaneidade dessa busca pela vocação internacional da experiência.

O Centro é devido, não só a nós, mas é devido à cidade, ao mundo, a este conceito de internacionalidade. É algo que devemos à nossa história e é por isso que o Centro somos nós. O Centro, de fato, não é apenas um lugar físico para onde ir, em busca de atualizações e encontros, não é um "a mais", não é uma vitrine do aparecer, não é um motivo para trabalhar e pensar mais, mas é um instrumento para nos ajudar a pensar melhor e pensar com o *outro*. É um instrumento para ajudar nossa mudança no ensinar, no pensar sobre o que, como cidade, como cidadãos do mundo, devemos fazer; um instrumento para incentivar uma mudança de paradigma, da forma de conceitualizar, de criar relações.

O Centro é, por isso, na minha opinião e não só minha, uma grande metáfora do que somos, do que fomos e também do que queremos ou gostaríamos de ser: é uma forma de pensar, de pensar-se diferente. É um "metaprojeto".

Centro, como é pensado no que amamos definir como "pensamento sistêmico"; Centro, como definiu Malaguzzi no discurso proferido na Kohl Foundation [em 1993], como porto, lugar dos lugares, lugar de trocas onde os navios atracam à noite, chegam para abastecer, mas sobretudo para narrar e escutar, porque, narrando e escutando, se muda e se cresce.

O Centro é, portanto, um lugar de escuta, como são lugares de escuta, antes de tudo, nossas escolas. Por isso, o Centro assume como valor primário a relatividade do ponto de vista, o diálogo e, portanto, a pesquisa.

O Centro, a meu ver, também amadurece e completa a teoria das cem linguagens, não porque no Centro, com o Centro e graças ao Centro espero que consigamos aprofundar essa teoria, mas porque a teoria das cem linguagens não é apenas uma teoria de ordem psicológica e pedagógica, mas é sobretudo uma teoria política e cultural, uma teoria que exalta o valor da pluralidade e do pluralismo, das diferenças e do diálogo entre as diferenças. O pluralismo como premissa para qualquer discurso de qualidade e democracia.

Lembremos que é uma teoria, não por acaso, nascida em anos em que havia o domínio cultural de poucas línguas sobre outras, portanto, de poucos poderes sobre outros poderes. Falar da teoria das cem linguagens significava falar do direito de dar voz e linguagem também àqueles que não eram reconhecidos como portadores nem ao menos de uma linguagem. É uma teoria, na minha opinião, sinônimo de liberdade, daquela liberdade que pode garantir a pesquisa, mas daquela liberdade que só a pesquisa pode garantir.

Mas o Centro é também um lugar físico para cuja realização e organização todos seremos chamados e fomos chamados a contribuir, porque o Centro é um sonho, é uma realidade, é uma esperança. Sua organização, portanto a sua identidade, pedirá a cada um dos sujeitos envolvidos que revisitem sua própria identidade, em um *continuum* que, no entanto, abre as portas para a inovação: estou dizendo que não só Reggio Children não poderá mais ser Reggio Children como era, porque é o Centro; que a Associação dos Amigos de Reggio Children não poderá mais ser a Associação porque é o Centro; que as escolas não poderão mais ser como são porque também são Centro.

E tudo isso só será possível se aqueles que – na cidade, na Itália e no mundo – acompanharam e amaram nossa experiência, souberem estar conosco, ajudando a mudança e assumindo, junto conosco, a responsabilidade: a responsabilidade de alimentar as curiosidades, as esperanças, as pesquisas, as diferenças e as divergências, os medos e as alegrias. A responsabilidade de inovar as pedagogias e culturas.

Digo isso com a consciência de que deveremos cultivar aquela humildade e aquela capacidade de atravessar fronteiras, de fazer hibridizações, que nos caracterizam, conscientes da importância de uma organização que exalte os três sujeitos do sistema (Reggio Children, a Associação, a Istituzione Scuole e Nidi), mas que os coloque em condições de dialogar o máximo possível, para manter aquelas especificidades, aquelas diferenças de que precisamos, mas que são tais somente em diálogo umas com as outras.

O Centro é, como dissemos, um lugar da cidade e para a cidade, exprime a sua cultura, renova a sua cultura, a cultura da criança, do homem, do educar, da pesquisa. E a pesquisa é, repito, o tecido conjuntivo que liga o Centro às escolas, o Centro à cidade, o Centro ao país, o Centro ao mundo. Mas então, a meu ver, o Centro também está em cada escola, em Reggio, no mundo, em cada escola onde a pesquisa é feita, onde as pessoas trabalham em grupos com paixão.

Portanto, o Centro será, para nós, uma grande oportunidade para refletir sobre grandes temas, como o próprio conceito de internacionalidade e a forma como este é conjugado com o conceito de globalidade. Internacional, de fato, não é global: "internacional" significa movimento de capital, de trabalho, de *know-how* entre diferentes economias nacionais que mantêm sua identidade nacional e controlam as trocas; "global" não é um derivado de "nacional", em "global" as fronteiras não são atravessadas, mas dissolvidas. As implicações são enormes: as informações hoje não têm fronteiras, as migrações estão além do espaço.

Então, o que significa reafirmar o valor do Centro Internacional? O que representa buscar os significados de nacionalidade e internacionalidade hoje, no tempo da globalização? Como conceitualizar a nação como um lugar de identidade e não como prisão? E como a internacionalidade pode e deve dialogar com a globalidade?

Certamente, o instrumento que é o Centro Internacional, pelo menos na minha percepção, também nos ajudará a revisar o paradigma de cultura a partir de um elemento estático, em que as mudanças eram lineares e previsíveis, para um elemento processual, evolutivo, permeável. A cultura produz mudança porque procura o diálogo e a abertura: cultura, portanto, não como um elemento de separação e isolamento, mas como força motriz para a mudança.

Tudo isso não será abordado apenas aqui no Centro, neste lugar físico, por meio de debates, encontros, atualizações, mas também e sobretudo pelas e nas creches, pelas e nas escolas de todas as ordens e graus, toda vez que os temas do multiculturalismo, da cultura, forem abordados, mas também simplesmente quando debatermos sobre qual cultura oferecer às nossas crianças, sobre qual conceito de cidadania propor às crianças (cidadania, reggiana, italiana, europeia, mundial?). O que e o quanto uma ocasião como essa pode nos ajudar a construir essa cultura, a desenvolvê-la, a entendê-la em seus significados?

Mas outra área sobre a qual poderemos refletir neste ano ainda mais do que já fizemos é e será a própria ideia de "pesquisa": uma palavra inflacionada, com a qual podemos facilmente encher a boca, mas que pode gerar muitos equívocos. Pretendemos falar de "pesquisa" como húmus, como atitude existencial da criança e do homem.

Teremos que entender que tipos de pesquisa enfrentar, em que áreas, com quais parceiros: fizemos muitas delas, outras teremos que procurar e essa será nossa contribuição para a cidade, para a internacionalidade, para a ciência do homem.

Mas também teremos a oportunidade de refletir sobre questões éticas relacionadas à pesquisa, à educação, ao fato de sermos uma rede internacional; teremos que refletir sobre como qualificar nossa relação com as universidades, com o mundo econômico, com os jovens e com as famílias, não apenas com as que frequentam nossos serviços.

Também poderemos, como antes e talvez melhor – assim esperamos –, pensar sobre as narrativas que fazemos de nós mesmos, sobre como contamos sobre nós, sobre como mudar enriquecendo-nos cada vez mais nesse diálogo. Poderemos refletir cada vez mais sobre esse conceito de infância – que, como definida nos documentos oficiais da ONU, vai de 0 a 18 anos – sobre os seus lugares, as suas linguagens e muito mais.

Repito: o Centro nada mais é do que nós, somos nós, um grande nós como nossa cidade, tão grande quanto o mundo.

Deixem-me concluir com uma passagem de uma poesia que me é particularmente cara neste período. Dedico-a àqueles que são jovens, porque acabaram de entrar na equipe e àqueles que são jovens, porque se sentem jovens como eu; dedico-a aos jovens. É um trecho de uma poesia de Martha Medeiros:

"...Morre lentamente,
quem abandona um projeto
antes de iniciá-lo,
não pergunta
sobre um assunto que desconhece
ou não responde
quando lhe indagam sobre algo que sabe.

Evitemos a morte em doses suaves,
recordando sempre que estar vivo
exige um esforço
muito maior
que o simples fato de respirar.
Somente a perseverança
fará com que conquistemos
um estágio esplêndido de felicidade."*

---

* Poema escrito pela jornalista e escritora brasileira Martha Medeiros, em 2000, "A Morte Devagar".

20

A normal complexidade de tornarem-se filhos (2012)

Quando saí da barriga da minha mãe, eu dizia:
"Mas quem são esses?". Eu os reconheci quando fiquei mais velha.

(Anna, 4 anos e 5 meses)

*E*sta contribuição faz parte de uma publicação com o belíssimo título La "normale" complessità del diventare genitori.* *O conteúdo do livro também é de grande interesse. Trata-se dos resultados de uma pesquisa realizada por uma equipe coordenada pelo prof. Giovanni Battista La Sala.** O que acho interessante enfatizar é o contexto que gerou essa colaboração entre três instituições da cidade: a Istituzione Scuole e Nidi d'infanzia, Reggio Children S.r.l. e o Departamento de Obstetrícia, Ginecologia e Pediatria do Hospital Santa Maria Nuova de Reggio Emilia.*

*A pesquisa e o livro, para os quais Claudia Giudici deu uma importante contribuição,*** foram uma oportunidade, entre outras, para construir uma relação complexa, mas de grande relevância, entre o mundo da pediatria e do setor materno-infantil e a cultura do cuidado e do bem-estar elaborada e testemunhada pelos serviços para a infância da cidade.*

---

* La Sala, G. B. e Rinaldi, C. (curadoria de) (2012) *La "normale" complessità del diventare genitori*, Reggio Emilia, Reggio Children.

** Pesquisa realizada entre 2004 e 2006 por psicólogos do Serviço de Psicologia Clínica do Hospital de Santa Maria Nuova de Reggio Emilia, Leonardo De Pascalis, Marcella Paterlini, Sara Reverberi, coordenados pela Dra. Piergiuseppina Fagandini, em colaboração com a Prof. Fiorella Monti da Universidade de Bolonha. A pesquisa foi realizada no Departamento de Obstetrícia, Ginecologia e Pediatria do Hospital Santa Maria Nuova e no Centro de Diagnóstico e Tratamento da Esterilidade Involuntária de Casal "Patrizia Bertocchi", dentro do mesmo Departamento, ambos dirigidos pelo Prof. Giovanni Battista La Sala.

*** Claudia Giudici, psicóloga, pesquisadora, presidente da Istituzione Scuole e Nidi d'infanzia do Município de Reggio Emilia de 2009 a 2016, atualmente presidente da Reggio Children S.r.l.

A tentativa era construir uma continuidade de sentido e de valores na vida das crianças, desde o momento do nascimento, reconhecendo sua instância como cidadãs desde o primeiro momento de vida, e um grande esforço para instituições que nasceram com finalidades aparentemente distantes, mas todas, na realidade, orientadas a criar contextos em que a criança, a mãe, o pai, a família se sintam acolhidos, escutados, se sintam construtores com os outros de seu próprio percurso de bem-estar e de vida.

É um esforço grande, difícil, às vezes impossível, mas é um percurso devido. Devido às crianças, às famílias, aos próprios médicos: a construção de uma aliança terapêutica que também é uma aliança educativa e de vida.

Outros foram e serão os momentos de encontro e caminho comum entre a cultura das instituições infantis e a hospitalar. O objetivo foi a construção de um sentido compartilhado de cuidado e bem-estar, mesmo na especificidade e na diferença de papéis, mas unidos pelo desejo de considerar o sujeito diante de nós como portador de dignidade, de saber: o saber de quem enfrenta a dor, o medo, mas também a alegria da cura e de um novo bem-estar para todos.

O texto quer contribuir com a tentativa de entender exatamente isso: que toda vez que uma criança nasce, em qualquer lugar, em Reggio Emilia e no mundo, toda a humanidade, e não apenas os pais, têm a oportunidade de renascer, de se renovar.

— — — — — — — — — — — —

Nasce uma criança, nasce um pai e uma mãe, duas pessoas se transformam para se tornarem pais, algo que nunca poderão deixar de ser, nem por um segundo de suas vidas. Ao seu redor, junto com eles, nasce um mundo. Desejado, sonhado, temido, adotado, a criança "gera" os pais.

Uma longa história levou-os até lá, uma história familiar, genética, antropológica, cultural; uma longa história que espera ser projetada para o futuro, como pode ser visto nas narrativas da Pesquisa "A construção da parentalidade interior", em torno da qual este volume foi construído.

Nosso olhar como educadores, nossa preocupação agora se volta para a mãe e o pai, para a sua capacidade de estar "à altura da situação", para o apoio que pessoal, cultural e socialmente podemos dar-lhes. Como aumentar sua competência, responsabilidade, capacidade de gerenciar a nova identidade pessoal, social, de trabalho e cultural?

Talvez nossa sensibilidade devesse voltar mais atenção para as competências que eles já possuem e amadureceram enquanto esperavam pelo encontro com o/a filho/a. A competência como possibilidade de serem protagonistas de uma verdadeira e profunda capacidade de escuta.

ESCUTA

Uma capacidade de escuta que não deve ser interpretada como um mero exercício da função auditiva nem como uma atitude passiva diante das exigências e desejos expressos pela criança, mas como uma disponibilidade para assumir o ponto de vista, o "lugar" do outro, sua identidade como história, como presente e como futuro. Uma escuta muito complexa, mas igualmente natural, que remete a uma capacidade adaptativa própria da espécie humana e possibilita a cada ser, humano ou não, o pertencimento ao mundo e a própria sobrevivência. Como uma folha e uma flor sabem "escutar" o sol e se comunicar com ele, assim toda relação humana é baseada nessa disposição.

Está, portanto, ativa na mãe, está presente no pai, mas é extremamente alta na criança. Sem escuta, a criança não poderia desenvolver o pertencimento, a relação com a mãe, com o pai, com a comunidade. As suas altas possibilidades perceptivas (táteis, gustativas, olfativas e visuais) ajudam nessa competência de escuta, para que aquele corpo se torne o corpo de sua mãe, aquela voz e aqueles braços se tornem os de seu pai.

É a escuta, é essa possibilidade de conhecer e reconhecer a própria identidade e a dos outros que permite definir familiaridade ou estranheza ao mundo ao seu redor.

A criança sabe escutar desde o nascimento, mas refina essa competência quando se sente escutada, ou seja, se ela sente que seus sinais, suas necessidades, seus desejos são acolhidos e reconhecidos como importantes. Não necessariamente realizados, mas interpretados (do primeiro grito à primeira careta, ao primeiro passo, à primeira palavra etc.), se são considerados dignos de escuta e, portanto, de respeito e confiança.

A confiança é o valor, a grande cola do complexo sistema de escuta que vai se definir entre criança e pais e, de modo mais geral, o contexto em que vive. Confiança como fé em algo com o qual se pode contar e que seja capaz de resistir, ou, se ofendido ou perdido, que seja capaz de ressurgir; uma sensação de segurança, um estado particular de satisfação graças ao qual a criança confia nas pessoas ao seu redor e nas coisas.

A criança dá e pede confiança nas suas competências, em seu desejo de pertencer e de conhecer aquele mundo de coisas, pessoas e relações que deve aprender a acolhê-la; é sempre a relação viva entre as pessoas que oferece o espaço necessário para um desenvolvimento efetivo da confiança em si mesmo e nos outros.

É, portanto, esse tipo de escuta, que é biológica, fisiológica, mas também psicológica e cultural; essa é a primeira competência que a criança propõe e solicita de nós desde os primeiros momentos de vida. Ela pede para ser ouvida com o corpo, como sabe fazer, com nossos sentidos, como aconteceu durante a gravidez, com nossa bagagem de experiências e reflexões pessoais e culturais, com nossas fragilidades e inseguranças.

Cada criança é o melhor "guia" para seus pais; os profissionais da educação podem oferecer suporte para esse "lugar de escuta" privilegiado, que é a relação dos pais com o filho. Mas é nesse "lugar de escuta recíproca", de profundas pulsões emocionais e motivacionais, que ambos podem aprender a interpretar, a construir significados e símbolos compartilhados.

Graças à "arte da negociação", constroem o significado e o valor de instrumentos complexos de comunicação como os choros, sorrisos, as vocalizações, mais tarde os gestos, os desenhos, ativando assim um longo processo de alfabetização aos códigos de uma cultura, um léxico familiar e social feito de tempos, modos, ritmos de cada criança (ser único e irrepetível, que nunca existiu e que nunca mais existirá) e de cada genitor (nunca antes genitor daquela criança, portanto único no seu agir).

Esse processo, sustentado por um clima de "confiança recíproca", torna-se a base para cada "cogestão educacional" (Angelini; Bertani, 1995), ou seja, capaz de tornar-se inclusiva em relação a outras figuras educativas (avós, educadores das escolas de educação infantil, outros adultos e crianças). A escuta recíproca, a confiança, a capacidade de negociar necessidades e desejos são os elementos estruturantes dessa "arquitetura de relações" em que o processo educativo pode ocorrer.

MIMESE

Talvez o significado mais profundo do percurso educativo de pais e filhos (e mais genericamente adultos e crianças juntos) seja expresso pela ideia de "mimese" que prima pela reciprocidade educativa.

A mimese, assim como aparece nos escritos de Platão (*República*, livro X) não é simples imitação (a criança imita, isto é, "copia" o adulto e as outras crianças), mas sim um "tornar-se semelhante". A potência da mimese deve ser regulada e direcionada para a construção do eu, tanto por parte da criança quanto dos pais (e do educador, que deve ser "educador de si mesmo" antes de ser educador dos outros). Assim, é apenas o "crescimento" do adulto que é garantia para o crescimento da criança. Crescimento moral e cultural, responsabilidade de ser exemplo, exemplar para o educando: um exercício árduo de se tornar semelhante, tanto para quem ensina como para quem aprende, para quem educa e para quem é educado.

Porque, nesse jogo de espelhos, há a responsabilidade do outro, madura e evidente no adulto, mas rica de gratidão na criança. Imitar é assumir como modelo, fazer um percurso que o modifica, mas também compromete o "modelo" imitado a crescer e modificar-se na relação.

Mas a imitação também tem uma grande força amorosa, de desejo de estar no "lugar" do outro, de empatia. Por isso, mais do que as palavras, os gestos, tons, movimentos e atitudes são de grande importância. O que agimos e como agimos.

A criança, como espécie humana, sente, sabe que tem uma história, ou melhor, que herdou uma história, que não é só a dos seus pais, mas também a história da humanidade e sobretudo do nosso estar no mundo, de nosso fazer parte do mundo.

TEMPO

A criança, portanto, nos traz tempo; o tempo que a continha no passado, o da gravidez, o da genética, o da espécie a que pertence; e o tempo do futuro, o de poder ser, do devir vital que nasce com cada criança.

As crianças são ricas em tempo, um tempo que não é cronológico, mas biológico, ritmado por vigílias e sono, longas pausas e ativismos, às vezes incontidos. Sabem como usá-lo, propô-lo e, às vezes, impô-lo. Seu tempo, no entanto, está muito longe do tempo cronológico que muitas vezes lhes propomos, longe de sua ritmicidade biológica e biorrítmica. É uma consciência de que cada genitor é chamado a negociar com a agressividade do tempo de organização social e produtiva, mas muitas vezes também com o próprio tempo pessoal, suas necessidades e ritmos de descanso e alimentação.

Esse é um dos momentos mais complexos, mas extraordinários, em que o casal, o genitor e a criança podem destacar suas respectivas competências de escuta e negociação. Nesse "lugar de escuta complexo", o pai pode definir o "espaço paterno" junto com a própria companheira. Trata-se, de fato, de um espaço real (de ações) e simbólico (de representações) em constante redefinição.

O papel paterno é mais do que nunca definido não apenas culturalmente, mas na relação com a criança e a mãe. Na vida cotidiana, a identidade paterna e materna ganham forma com e para o filho.

Cada casal negocia, portanto, com os próprios filhos e com o contexto de referência a sua própria identidade de pai e de mãe por meio de um processo evolutivo permanente. Um processo que, como tal, deve ser capaz de mudar em qualidade, intensidade, alfabetos das relações (ser genitor de uma criança pequena é diferente de ser genitor de um adolescente ou de um jovem) e precisa ser compartilhado e participado por uma "comunidade educante", ou seja, uma comunidade consciente de sua própria função parental.

OSMOSE

Com "osmose" pretendo definir a reciprocidade com o território, a cidade, a realidade ambiental, onde se vive e se educa. A hipótese é olhar para a educação como um **bem comum**. A educação torna-se, assim, uma identidade da comunidade que não apenas delega aos profissionais, mas se encarrega dessa responsabilidade e a torna uma qualidade participativa.

Uma ideia de educação participativa, de corresponsabilidade educativa, de osmose de conteúdos e ações entre comunidade e família, que pode dar impulso a uma nova "cultura ecológica de relações" e a ricos cenários de formação. Estes poderiam não só tutelar mais as crianças e os adolescentes (imagens e experiências do nosso passado recente em condomínios, pátios e praças ajudam a ter um possível imaginário), mas também oferecer à própria comunidade uma oportunidade extraordinária de "renascer" e regenerar-se, reorganizar-se e refletir para acolher a criança e a infância.

Dizemos "vir ao mundo": o mundo é, portanto, o primeiro lugar que deve ser acolhedor, reencontrando a consciência de que, onde quer que nasça, aquela criança é uma oportunidade de renovação de horizontes culturais e humanos, uma oportunidade para voltar a se interrogar sobre o ser humano e a interdependência vital com o mundo e com a vida.

A crise do atual sistema de valores ditados pela economia e a consciência de ter educado uma sociedade de "consumidores", de vidas incompletas, que arriscam a perda da dignidade humana, a impossibilidade de dar um sentido à própria vida, fazem dessa "proposta" não apenas um "cenário possível", mas um projeto político e uma estratégia cotidiana para cada um de nós que atua no campo educacional, social e da saúde. Significa considerar que os hospitais, as salas de parto, os departamentos que acolhem crianças e suas famílias, as habitações, os espaços públicos e os locais de entretenimento, os próprios bairros e as cidades podem ser redesenhados arquitetônica, funcional e socialmente para apoiar essas "relações de cuidado", isto é, sendo responsáveis pelo bem-estar de todos a partir da criança. Porque um lugar acolhedor para a criança é um lugar que sabe escutar as diferenças, é sensível à beleza e ao bom, sabe reconhecer a criatividade da ação e a brincadeira como dimensão relacional e privilegiada.

De fato, essa "arte da negociação" (ou seja, esse processo permanente por meio do qual a criança e o genitor se formam e dão forma ao outro, isto é, às suas respectivas identidades) é possível se ocorrer dentro de uma cultura que, além de transmitir normas e regras, pode desempenhar uma função muito importante, hoje mais do que nunca essencial, função **educante**, uma espécie de "parentalidade difusa". De fato, se genitor significa não apenas gênese, origem em termos biológicos (*genetikós*), isto é, um papel parental, mas também e sobretudo uma função parental, ou seja, uma função de cuidado e contenção, então toda a comunidade pode assumi-la como uma responsabilidade compartilhada. Assim, o papel parental e a função parental (mais ampla e compartilhada) parecem integrados e capazes de se apoiarem mutuamente.

Em breve síntese, essa função de cuidado e contenção não apenas preserva a infância do risco de extinção como "categoria social", mas devolve à própria comunidade (cidade, vila, aldeia) a possibilidade de se redefinir como lugar de cuidado, por isso "educante". Conceitos **inseparáveis**: do cuidado, da educação e da civilização, que hoje devem ser fundidos em uma "ética do cuidado", entendida como reconquista da perspectiva de um futuro comum por meio da qualidade do presente. É uma operação pré-política deliciosamente educativa e de civilização e da cidadania; é reconstruir o sentido do que se faz no âmbito dos interesses gerais, da comunidade, da *gens*.

Como escrevia Margaret Mead (1928) no início do século passado, com grande clarividência, observando o crescimento de crianças e jovens nas comunidades das Ilhas Samoa:

> A forma como a aprendizagem é estruturada, ou seja, a organização das relações, o ambiente físico e cultural, o clima emocional e a comunidade de referência, determinam tanto como os indivíduos aprendem a pensar, quanto como o próprio conhecimento será compartilhado e valorizado.*

É o contexto geral, social e cultural que estimula, para além da família e da escola, as perguntas de fundo e pede respostas que não olhem apenas para o presente e para o pessoal. Recuperar o futuro depende também dessa disponibilidade de se comprometer com o presente das crianças e jovens, de ser acolhedor com o novo, com o diferente, com o inesperado que cada criança representa.

Estes "alfabetos de acolhimento" encontram, nas escolas de educação infantil, no seu ser um sistema público de referência, não só uma resposta social às necessidades individuais, mas também um parâmetro para definir a qualidade e a identidade desse "acolhimento como processo de cuidado". Justamente pela sua natureza pública, tornam-se o lugar por excelência onde a "parentalidade difusa" e o cuidado dão origem a processos de pertencimento e participação.

---

* Mead M. (1928), *L'adolescenza in Samoa*, Florença, Giunti-Barbera (1980).

ESCOLAS DE EDUCAÇÃO INFANTIL DE 0 A 6 ANOS

Ser um lugar onde diferentes projetos educacionais se encontram é, para todas as instituições educacionais, uma condição de fato que pode, no entanto, ser vivenciada de diferentes maneiras. É importante que a instituição educacional seja aproveitada como oportunidade para promover reflexão e aprofundamento sobre a relação educativa. Mas isso também pode ser realizado de maneiras muito diferentes. A hipótese é que é importante que a instituição (0 a 6 anos) renuncie a se propor como única detentora do saber educativo, para promover um diálogo com e entre os pais, que permita explicitar as diferentes formas que cada mãe e cada pai colocam em prática para resolver as questões que a relação educativa coloca e os problemas que, ainda que banais, usuais, "normais", podem parecer – se vividos na solidão – difíceis e graves. Por meio dessa dinâmica de diálogo, as escolas de educação infantil, mas também a escola como um todo, de todas as ordens e graus, podem dar uma contribuição para o que é objeto de pesquisa de cada genitor, ou seja, viver a normal diferença e a complexidade de ser pai e mãe.

Daí a necessidade de maior conscientização e investimento, reflexão social sobre a identidade e o papel desses serviços: tudo isso tem seu valor tanto para as famílias, na resolução de problemas educacionais e de desenvolvimento, quanto como prevenção a possíveis desconfortos ou faltas de adaptação, e como promoção social.

E esta é uma oportunidade que pode construir uma qualidade comunicativa diferente. De fato, é muito raro que os pais, hoje, tenham a oportunidade de dialogar com outros pais sobre as relações educativas, sejam eles legitimados ou convidados a dialogar sobre a infância, também como contribuição ao saber social. Os casais com filhos são menos numerosos, a vida é mais frenética e o tempo para as relações é menor, muitas famílias estão sozinhas e têm poucas relações e conhecidos, existe o temor de se mostrarem inseguros ou com dificuldade diante de uma cultura que ostenta apenas imagens de bem-estar e segurança. A partir daí é gerada a fortuna de todos aqueles especialistas, mais ou menos qualificados, que povoam as revistas voltadas para pais e as transmissões televisivas. Eis, portanto, um dos significados mais profundos dos serviços das escolas de educação infantil de 0 a 6 anos: um lugar onde os pais podem encontrar oportunidades para dialogarem sobre as questões que lhes são caras, questões até pequenas que, se silenciadas e não elaboradas, podem se tornar grandes problemas.

O serviço educativo, mas a escola de forma mais geral, mesmo para os pais de adolescentes, poderia se tornar o lugar onde essas vivências são narradas. Dar a forma de narração permite uma elaboração das vivências muitas vezes já resolutiva por si só, pois torna mais leve a percepção e leva a encontrar soluções ou formas diferentes de olhar para a situação. Ao mesmo tempo, no encontro de grupo, é possível escutar as narrativas de outros pais, descobrindo que há vivências semelhantes, mas também olhares diferentes com os quais olhar para as coisas. O diálogo que pode ser produzido por essas narrativas é uma experiência de crescimento e construção participativa de competência, não comparável à informação e aos conselhos que qualquer especialista pode fornecer através dos meios de informação.

O serviço educativo pode explicitar a inversão da ótica, que é muito importante nos dias de hoje: a legitimação do genitor, de todos os genitores como especialistas, enquanto portadores de uma experiência parental. Se a competência é hoje um crédito que parece ser universalmente reconhecido no mundo ocidental, a partir dos resultados de pesquisa teórica, às crianças, ela é, a nosso ver, paradoxalmente negada aos adultos. Não aos profissionais (em nosso caso professores e operadores), a quem ela é solicitada e creditada, mas aos sujeitos que, embora "destinatários, clientes e contribuintes" do serviço escolar (os pais) ou da cidade e do Estado (os cidadãos), não tendo tal profissão, são, em vários lugares e com diferentes formas, potentemente desacreditados.

Para os pais também a competência é, por um lado, um crédito que permite que os sujeitos se ativem, tornem-se visíveis, sejam reconhecidos, escutados. Por outro lado, é um processo aberto, alimentado e enriquecido pelas contribuições decorrentes da mesma participação nos encontros promovidos pelo serviço educativo. Somente se houver esse crédito e esse reconhecimento é que haverá a ativação da escuta, do diálogo, da troca de ideias e uma negociação para a construção de projetos e propostas que sejam fruto da contribuição de todos e em que todos possam, ainda que de formas diferentes, reconhecer-se. Assim é possível ativar os processos de participação e de democracia que consideramos constitutivos do próprio projeto educativo. Este é o sentido mais profundo da participação.

A CRIANÇA INVISÍVEL/ UM DESAFIO PARA O FUTURO

Como elemento central da condição humana, a criança, ou melhor, a infância em geral, ainda é uma dimensão desconhecida que cada um de nós atravessa, mas não sabe reconhecer seus traços em si mesmo. As crianças nos parecem, ao mesmo tempo, familiares e estrangeiras, sentimos uma forte atração e, ao mesmo tempo, sentimos o medo de sermos avaliados por elas, tão semelhantes e tão inacessíveis. Elas sabem menos do que um adulto, mas suas capacidades imaginativas e criativas, e sobretudo de aprendizagem, são extraordinárias. A nova pesquisa científica e a reflexão filosófica deixaram claro e evidente o que ela sabe fazer: a alta capacidade (competência) da criança de se construir no mundo, amando-o, de conhecer entrando, com atitude empática, no mundo do outro.

Psicólogos e neuropsiquiatras, mas também toda mãe e todo adulto atento, sabem da rapidez com que as crianças aprendem, o quanto sabem intensamente se alegrar, sofrer, "sentir" os outros e cuidar deles precocemente. Elas são, de fato, mais inteligentes, criativas, atenciosas e, em alguns aspectos, mais reflexivas e conscientes do que muitos adultos. As crianças são profundas e imprevisíveis, reflexivas sobre os fatos do mundo, sentem empatia e sentem-se conectadas à vida em todas as suas manifestações, pois são formas de vida. Seus porquês são a manifestação mais evidente desse grande esforço para descobrir a natureza e o significado desses vínculos.

Por isso, para responder às perguntas essenciais do homem e da humanidade, olhamos cada vez mais para a criança, desde pequena. Por isso, podemos nos dirigir à criança não apenas como a quem deve ser educada, mas também como a um ator e autor da nossa própria educação como pais e adultos.

Esse olhar é uma escolha, uma escolha educativa, familiar, mas também cultural e política. Creio, de fato, que é este "olhar responsável" que nos ajuda a encontrar a criança verdadeira, única, que temos diante de nós e a encontrar a inspiração e a coragem para uma relação educativa autêntica, mas ainda mais humana. Uma relação feita de gestos, trocas, atenções, linguagens, medos, alegrias, dores, expectativas, esperanças, que é construída de forma autêntica, fora de estereótipos e preconceitos, para encontrar a criança real e crescer com ela, deixando de fora o máximo possível a criança "virtual" que a mídia e o mercado produzem e impõem. A manipulação da televisão e das mídias, da moda e dos brinquedos infantis é tamanha que a criança "real" é cada vez mais esmagada pela perfeição de sua imagem publicitária: é a criança saudável, gordinha, sorridente, a criança bonita e perfeita, que pode ser olhada e "serve de decoração", impedindo-nos de encontrar nosso filho em sua autenticidade.

Essa é uma verdadeira "violência", silenciosa, invisível, mas grave e dramática, como outras mais agressivas e visíveis que se perpetuam em países definidos como pobres, onde a infância é negligenciada e abusada. Esse risco de interagir com a imagem virtual e não com a criança real é um risco que todos os pais e todas as sociedades correm e que os priva do poder transformador e evolutivo da confiança recíproca.

Por isso, a escolha que cada genitor e cada família pode fazer, de encontrar a criança na sua autenticidade, é a escolha de um olhar valorizador e corajoso, que a torna "visível". Uma escolha que pode influenciar o contexto político e cultural em que vivemos. Mas o contrário também será verdadeiro: será sobretudo verdade que toda relação parental se tornará potente, porque será mais verdadeira e competente.

É na busca e no esforço para manter essa relação educativa aberta e sensível às mudanças que está também a coragem, hoje mais necessária do que nunca, de construir a cada dia um futuro para as crianças e para nós. Neste momento de grandes mudanças e de cenários muitas vezes dramáticos e aparentemente sem perspectiva, há uma força que vem da relação com as crianças que pode dar razão, sentido e paixão, e que pode ser um antídoto contra o desespero, uma argumentação potente para a mudança.

21

LEGO, Reggio.
Uma história, um prêmio (2015)

Para este capítulo, decidi compartilhar uma experiência que, a meu ver, não apenas descreve um momento especial da minha vida, mas fala sobretudo de gratidão. A que o mundo (e eu) temos para com aqueles que todos os dias tornaram esta realidade de Reggio possível e grandiosa.

Foi em 1996 que a LEGO nos procurou para ter a oportunidade de experimentar aquele jogo revolucionário que foi o MINDSTORMS. Buscavam um interlocutor, não apenas para compreender as reações e dificuldades encontradas pelas crianças, mas para discutir o próprio conceito de jogo computadorizado e, mais precisamente, as qualidades da brincadeira quando entra o elemento digital. Uma grande e importante pergunta, ainda em aberto: nasce daí uma conversa, que se consolidou com o convite de um representante de Reggio Emilia para fazer parte de uma equipe internacional, que tinha a tarefa de aprofundar o tema da relação entre a brincadeira e a criatividade.

A minha pessoa foi identificada para acompanhar tais encontros. Foi uma experiência muito interessante: 12 pessoas provenientes de 12 países do mundo ocidental e oriental, portadoras de posições muito diferentes e, por vezes, antinômicas. O próprio conceito de criatividade, sua relação com o pensamento, as fronteiras (presumidas ou negadas) entre a brincadeira e a aprendizagem, foram objeto de inúmeros debates e discussões acaloradas. Uma abordagem holística como a reggiana encontrou apoiadores e dissidentes, mas as evidências que colocavam a criatividade como uma qualidade do pensamento em si convenceram a todos.

Assim nasceu um mapa da criatividade, que indicava lugares no mundo onde o contexto favorecia o pensamento criativo. Mas foi durante esse processo que surgiram dois elementos que influenciariam as estratégias da nova LEGO Foundation.

O primeiro é o papel cada vez mais evidente da brincadeira na cultura contemporânea. Mas, na realidade, como a brincadeira pode ser definida na cultura contemporânea para o homem e a criança? Ainda é possível manter a antiga antinomia entre brincadeira e trabalho? A brincadeira é pura evasão? Mas, sobretudo: é possível continuar separando a brincadeira da aprendizagem, perpetuando uma ruptura que se revelou dramática no campo educativo e escolar? Essas e outras perguntas foram não só debatidas no grupo, mas oferecidas como tema de pesquisas futuras para a própria LEGO Foundation.

O segundo aspecto que emergiu, colhido em primeira pessoa pelo próprio presidente da LEGO, Kjeld Kirk Kristiansen, uma pessoa visionária de rara sensibilidade humana, foi que era e é necessário não apenas declarar o brincar como um direito das crianças, mas, de modo mais geral, como um elemento essencial para a definição da identidade humana na era digital. De fato, remeter a brincadeira à infância, um tempo breve e inconsciente em relação à idade adulta, uma dimensão "poética", mas no mínimo irrelevante em termos de organização social, dada sua suposta improdutividade econômica, fez com que se criasse a dicotomia entre brincadeira/trabalho e que a brincadeira fosse relegada ao tempo livre. Margem residual, o tempo livre é um fragmento de um cotidiano sediado por tempos convulsivos e dilatados pelo trabalho, onde a brincadeira descobre espaços minoritários, pouco significativos.

A intenção da LEGO Foundation é promover itinerários de formação e de pesquisa rigorosos e articulados, mas também experiências educativas, onde a brincadeira possa não só ser observada, mas vivenciada, verificada dentro de percursos de formação em que o nexo teoria/práxis é vivido por meio das elaborações da mente e das palavras e silêncios do corpo.

Pela sucessão contínua de leveza e profundidade, de pedidos de compromisso sério, ético e pedagógico, pela sua capacidade de subverter registros, regras, modos e significados, a brincadeira pode ajudar a construir um novo sentido existencial, sentido de vida do qual as crianças são as primeiras "mestras". Nessa visão, creio que se coloca o pedido renovado que a LEGO Foundation faz à nossa experiência, o de fazer parte de um grupo de especialistas internacionais, que deve criar as condições para a realização de objetivos tão ambiciosos. Um grupo interdisciplinar e intercultural no sentido mais profundo do termo: cultura como pertencimento a diferentes países, a diferentes culturas pedagógicas e epistemológicas.

A tarefa não fácil de coordenar é confiada ao diretor da pesquisa, Bo Stjerne Thomsen que, com grande equilíbrio, conduz o grupo a uma primeira síntese interessante. Ao mesmo tempo, ocorre um fato inesperado de grande relevância para Reggio: o prêmio LEGO é concedido pela segunda vez à experiência de Reggio Emilia. A primeira vez foi concedida a Loris

Malaguzzi em 1992. Ele havia sido reconhecido a apenas outros dois italianos: Bruno Munari e Mario Lodi.

Acredito que, realmente, já estava evidente o papel decisivo que Reggio desempenhou e desempenhará na pesquisa e experiência da LEGO Foundation. Isso é evidenciado pelo fato de o montante do prêmio econômico recebido ter sido reinvestido na criação de um espaço de pesquisa conjunta entre a LEGO Foundation e a Fundação constituída em Reggio, em 2011, ou seja, a Fundação Reggio Children – Centro Loris Malaguzzi. Um lugar localizado nos espaços do Centro Internacional, que testemunha não apenas uma apreciação, mas uma semelhança de intenções em relação à infância, seus direitos, e a indicação de que a experiência de Reggio é considerada essencial para qualquer mudança profunda em direção a políticas e pedagogias em favor dos direitos das crianças e, portanto, da mulher, do homem, mas também da vida no e do planeta. Este, de fato, é o laço indissociável, a interdependência que teremos que afirmar cultural e politicamente.

Garantir os direitos da infância significa avançar na luta pelos direitos de todos. A história de Reggio testemunha isto: direito gera direito e consciência, que é um dever tutelar, e desenvolver os direitos, primeiramente, criando lugares onde eles possam ser vividos, reelaborados, defendidos, garantidos e interpretados na e pela comunidade de intenções. As creches e as escolas da infância são sobretudo isso.

A entrega do Prêmio foi, portanto, a síntese e o início de um percurso.

Chegou inesperadamente e foi comunicado poucos dias antes da entrega, em grande sigilo. Deveria ser uma surpresa. E foi até para mim. Até poucos instantes antes, não parecia possível. Foi quando o Presidente K. K. Kristiansen, a quem estimo e admiro profundamente, mencionou meu nome que a emoção explodiu.

Foi uma emoção cheia de gratidão, não por aqueles que haviam decidido, mas sobretudo pelos que, ao longo dos anos, construíram uma experiência tão extraordinária.

Rostos de amigos, professores, administradores, colegas de trabalho e parceiros de vida explodiram no meu coração. Por essa razão, li com dificuldade o breve discurso que havia escrito na noite anterior em meu quarto, com a ajuda de Barbara Donnici, uma colega que havia aceitado iniciar a organização da recém-nascida Fundação Reggio Children – Centro Loris Malaguzzi.

Aquele momento compartilhado estreitou ainda mais os laços com a LEGO Foundation, pois ajudou a entender um dos significados da Fundação Reggio Children, ou seja, desenvolver relações com Fundações Internacionais para projetos a favor da qualidade da vida da infância e das comunidades no mundo.

BILLUND, 15 DE ABRIL DE 2015, CERIMÔNIA DE PREMIAÇÃO E MOTIVAÇÃO DO PRÊMIO LEGO. KJELD KIRK KRISTIANSEN – PRESIDENTE DA LEGO FOUNDATION

A contribuição de Carlina Rinaldi para continuar a desenvolver a Abordagem de Reggio Emilia é admirável. Em relação aos investimentos e à luta pela causa, seu trabalho é realmente notável. Reggio Emilia poderia ter sido um exemplo brilhante de pedagogia infantil, desconhecido fora do norte da Itália. Mas, para dizer a verdade, nada poderia estar mais longe da realidade. Pessoas de todo o mundo, muitos de nós, incluindo muitos de vocês nesta sala, foram inspirados por Reggio para fazer o que estão fazendo. Carlina é uma das mais enérgicas e ativas apoiadoras da Abordagem Reggio Emilia. Atua no centro de uma rede mundial. A dimensão do compromisso com a comunicação e o compartilhamento com os outros é ainda mais evidente, graças à abertura do Centro Internacional Loris Malaguzzi. É um prazer para mim entregar o Prêmio LEGO 2015 para Carlina Rinaldi.

Carlina, sob sua orientação, Reggio Children cresceu como um exemplo notável de aprendizagem infantil por meio do brincar. Ela sempre foi e deve ser uma verdadeira fonte de influência e inspiração para a qualidade da aprendizagem infantil no mundo. Além disso, eu, pessoalmente, tenho o prazer de conhecê-la há quase 20 anos e devo dizer que é sempre

FIGURA 21.1 Carlina Rinaldi recebe o Prêmio LEGO 2015 do Presidente da Lego Foundation Kjeld Kirk Kristiansen, em 15 de abril de 2015.
© LEGO Foundation.

fantástico encontrá-la. Você é uma grande fonte de inspiração! Acho que toda a sua sabedoria, a sua fascinação e todas as coisas lindas que compartilhamos ao longo dos anos representaram experiências esplêndidas para mim. Então, Carlina, por favor, aceite o Prêmio LEGO.

BILLUND, 15 DE ABRIL DE 2015 – CARLINA RINALDI

Não existem termos capazes de expressar o turbilhão de emoções que me domina. Todos parecem inadequados. É por isso que falamos, em Reggio Emilia, sobre as cem linguagens das crianças e do ser humano: eu gostaria de saber dançar, cantar para compartilhar meus sentimentos com todos vocês e, acima de tudo, para dizer OBRIGADA.

E mesmo dizer *obrigada* não é fácil. No meu coração, estão contidos tantos sentimentos que realmente não podem ser confiados a uma única palavra. Mas tenho que tentar, pois sinto a necessidade de dar forma à minha gratidão.

Em primeiro lugar, meu *agradecimento* à Fundação LEGO, ao sr. Kjeld Kirk Kristiansen e a todas as pessoas que me indicaram. Estou muito honrada e grata.

E, da mesma forma, gostaria de agradecer às pessoas que construíram, dia após dia, a experiência de Reggio Emilia, uma experiência da qual sou feita, profissional e pessoalmente. Falei com Kjeld há alguns dias: ele me dizia que não pode separar sua vida da vida da LEGO. Isso também se aplica a mim e é por esse motivo que não estou aqui como indivíduo, mas como parte de um grupo, de uma comunidade, de uma cidade, de uma história.

Não posso elencar todos os nomes, são centenas os colegas das escolas e de Reggio Children, professores, crianças e famílias que foram parceiros nesta extraordinária aventura de construir não somente uma boa experiência educativa, mas uma Cidade Educante, que é uma cidade que aspira não só a educar, mas também a ser educada pelos próprios cidadãos, a começar pelas crianças. Mas há uma pessoa que devo nomear: Loris Malaguzzi, o filósofo que inspirou e construiu com a Administração Municipal a experiência das Creches e das Escolas da Infância de Reggio Emilia. Ele foi meu mestre e mentor e é para ele que vai meu primeiro agradecimento.

Portanto, este é um prêmio para uma verdadeira utopia, que é a melhor maneira de definir a experiência de um grupo de escolas, pessoas comuns e administradores públicos que tiveram a coragem de depositar sua confiança nas crianças e de partir delas e com elas para fazer a grande revolução que mudou nossos parâmetros de e para a vida.

E, finalmente, agradeço a todas as crianças do mundo, e peço-lhes que nos desculpem, pois, como adultos, traímos demasiadas vezes seus direitos, mas também pelo que não conseguimos fazer para evitar todos os sofrimentos que muitas delas ainda estão pagando devido à nossa incapacidade de valorizar a surpreendente fonte de inspiração que elas são para o mundo.

Por isso, gostaria de destinar os fundos do prêmio para melhorar a qualidade da pesquisa que estamos desenvolvendo com uma parte do mundo em nosso Centro Internacional Loris Malaguzzi de Reggio Emilia.

Obrigada!

De volta a Reggio, era um dever entregar o prêmio àqueles que tornaram isso possível: as Creches, as Escolas da Infância e a cidade de Reggio Emilia. Esse era o meu desejo, que coincidia com a vontade do Prefeito e da Câmara Municipal.

No dia 4 de maio de 2015, foi convocada uma reunião da Câmara Municipal extraordinária, que aconteceu na Sala do Tricolor, o salão onde o próprio Conselho se reúne semanalmente para cumprir sua tarefa. A Sala do Tricolor é um símbolo da cidade de Reggio e sua democracia. É o lugar onde, em 1797, nasceu a bandeira italiana e onde acontecem os eventos mais significativos da cidade.

Naquele dia, a Sala do Tricolor estava realmente lotada, tanto no térreo como nos camarotes: os vereadores se misturaram com as autoridades e com os protagonistas de ontem e de hoje dessa história – os professores, os atelieristas, as auxiliares das escolas da infância, os colaboradores de Reggio Children e da Fundação e os amigos de muito tempo.

A comoção foi admitida, participada, compartilhada, expressa através de aplausos de alegria e risadas. Foi acima de tudo uma grande festa. A festa de uma cidade que, como bem disse o Prefeito em seu discurso, encontrou a oportunidade para renovar o compromisso com a educação e a infância.

REGGIO EMILIA, 4 DE MAIO DE 2015 – SALA DO TRICOLOR – CARLINA RINALDI

Só agora percebo que essa sala, com sua arquitetura, tem a forma de um abraço, no qual me sinto acolhida com grande carinho por todos vocês e pelo qual sou grata. Dedico esse prêmio à minha cidade, pois acredito que é o reconhecimento de um trabalho coletivo, um reconhecimento, portanto, para *nós*, que certamente honra o passado e, ao mesmo tempo, está voltado para o futuro.

Todas essas pessoas generosas são protagonistas de uma identidade sem fronteiras, que é a identidade das crianças da Reggio Children, porque a experiência de que estamos falando hoje já contém, desde sua origem, de maneira inata, a internacionalidade, além de um pensamento que nos permitiu compreender o significado e o valor da economia do conhecimento. Nós não internacionalizamos uma experiência, é a experiência que contém em si os caracteres da internacionalidade e, por isso, foi reconhecida, no Prêmio e com os milhares de visitantes, pesquisadores, pedagogos, educadores que todos os anos visitam o Centro Internacional Loris Malaguzzi e estudam a Abordagem de Reggio Emilia.

Nossa responsabilidade é, portanto, em certa perspectiva, uma responsabilidade para com o mundo. Com nosso trabalho coletivo, dissemos e demonstramos que uma cidade de qualidade é possível e que também pode ser possível uma realidade mais ampla, sem fronteiras, que parta da cultura da criança. Já foi dito que é preciso de uma aldeia para educar uma criança: é verdade, e podemos acrescentar que é preciso de uma criança para educar uma cidade.

REGGIO EMILIA, 4 DE MAIO DE 2015 - SALA DO TRICOLOR

O prefeito Luca Vecchi convida Carlina Rinaldi e a cidade de Reggio Emilia para celebrar o prestigioso Prêmio concedido a ela e à experiência educativa reggiana

As palavras de Carlina Rinaldi, a quem renovamos nossas congratulações e nosso carinho, são verdadeiramente gratificantes para toda a comunidade reggiana. Conhecemos o valor de Carlina como profissional, como pedagogista e como mulher reggiana. Ela levou nossas crianças e nossas escolas para o mundo – são 130 países que têm relações com Reggio Children – com grande competência, sempre aliada à humanidade, autenticidade e honestidade.

Graças à experiência de Reggio Children, nossa cidade pôde mergulhar plenamente na economia do conhecimento. E a competência distintiva na educação, hoje em Reggio Emilia, acho que pode ser considerada em um nível ainda mais alto do que em outras competências, embora relevantes. É constante nossa aspiração a uma educação de 0 a 99 anos, a uma cultura de infância estendida para toda a comunidade, tornando-se essência de cidadania. Acredito que essa é a própria maneira do nosso ser comunidade, ou seja, estarmos ligados às nossas origens e com os olhos abertos para o mundo. A partir daí, desse prestigiado prêmio dado a Carlina e à coralidade da experiência educativa de mais de cinquenta anos de Reggio Emilia, recomeçamos, para continuar nossa história juntos.

22

A Cidade de Jerome Bruner (2016)

Certamente não é possível, com um breve texto, prestar homenagens a Jerome Bruner, à grandeza de seu pensamento, à sua ligação com Reggio Emilia. Mas não era possível, num livro como este, que narra momentos marcantes do meu trabalho, da minha biografia cognitiva e da minha vida, Diálogos com Reggio Emilia, não falar sobre ele.

Quando recebi o convite, dirigido a mim pelo prof. Howard Gardner, para representar Reggio Emilia no Memorial em homenagem a Jerome Bruner – organizado em Nova Iorque pela New York University, em setembro de 2016, três meses após sua morte – a minha reação foi muito negativa num primeiro momento.

Eu não queria, não podia ir.

Minha reação foi emocional, tendo suas raízes não apenas no meu sentimento de inadequação, mas sobretudo na minha recusa em aceitar o falecimento do prof. Bruner, nosso querido Jerry. Um gigante da psicologia mundial, um gênio da cultura do século XX, um querido amigo da cidade de Reggio Emilia e de todos nós não poderia não existir mais.

As distâncias, as físicas, quero dizer, atenuam, velam, amenizam a dor e tornam a perda mais difícil de aceitar. As lembranças guiam o desejo de reencontrar, de repetir os gestos e hábitos que caracterizavam o vínculo e assim, por um tempo, você pode viver naquele limbo de ilusão de que isso não tenha acontecido.

De fato, nosso vínculo com o prof. Bruner era muito profundo, recíproco e marcado por cartas, e-mails e, acima de tudo, visitas. Suas visitas a Reggio.

Só aceitei quando o prof. Gardner especificou que seria um encontro entre amigos e familiares, desejosos de se reunir para evocar e reviver a beleza, a alegria, a diversão, o prazer de tê-lo como amigo, para falar sobre sua humanidade e generosidade, falar sobre seu amor pela família e pela vida. Para "viver" Jerry.

Foi muito intenso encontrar familiares, amigos em comum, a querida professora Eleanor Fox, e ouvir as palavras de profunda estima e amizade, as lembranças divertidas de seus colegas, harmonizadas e tornadas ainda mais agradáveis por Howard Gardner, antes aluno e depois colega e amigo íntimo do prof. Bruner.

Uma lembrança indelével que sinto necessidade de compartilhar.

Assim, para entender melhor não só o sentido da minha intervenção, mas sobretudo o vínculo que uniu Jerome Bruner às escolas e à cidade de Reggio, talvez seja útil ler o que ele mesmo declarou por ocasião da entrega da cidadania reggiana na Sala do Tricolor, em 1997, recebida das mãos da prefeita Antonella Spaggiari.

> *[...] O que descobri aqui foi uma profunda surpresa para mim. Não só as famosas escolas da infância merecem sua reputação mundial, mas também têm qualidades secretas que só podem ser descobertas vindo aqui e visitando-as em seu contexto. Essas escolas maravilhosamente criativas não existem num recipiente a vácuo: são parte integrante, são uma expressão dessa pequena cidade maravilhosa. Pois Reggio Emilia, quando você chega a conhecê-la, é uma cidade que se orgulha de sua ideia de comunidade. É uma cidade onde os cidadãos se respeitam reciprocamente, uma cidade que acredita no uso tanto da inteligência quanto da compaixão para resolver os problemas da comunidade e que, acima de tudo, acredita fortemente na qualidade. Percebi imediatamente essa "abordagem reggiana" para a vida da comunidade quando tive a sorte de conhecer não só os representantes oficiais da cidade – a prefeita de vocês, Antonella Spaggiari, a Secretária Municipal de Educação, Sandra Piccinini, os membros do Conselho Municipal – mas também os cidadãos comuns que se encontram ao longo da vida cotidiana. Encontrei esse orgulho em todos os lugares. Fez-me lembrar um pouco Nova Iorque: os "nova-iorquinos" orgulham-se de serem cidadãos da "maior cidade grande" do mundo; aqui se orgulham de serem cidadãos da "maior cidade pequena" do mundo.**

---

* In AA.VV., (2000) *Reggio Tutta. Una guida dei bambini alla città.* Reggio Emilia: Reggio Children (pp. 122-123).

Era setembro. Foi em um dia morno de setembro de 1995 a primeira vez que Jerome Bruner veio a Reggio Emilia. Até o vermos, não podíamos acreditar. A então presidente da Reggio Children, Giordana Rabitti, lhe havia escrito uma carta, convidando-o a visitar nossas escolas.

Ele tinha expressado o desejo de conhecê-las, pois amigos, o primeiro deles Howard Gardner, haviam lhe falado delas, mas não podíamos acreditar que o desejo se materializaria.

Jerome Bruner era e é para todos um ponto de referência cultural e profissional imprescindível. E o era também para Loris Malaguzzi, o pedagogista e o filósofo que, por vontade da administração municipal de Reggio, desenhou o projeto pedagógico, organizacional e político das

FIGURA 22.1 Celebração do memorial de Jerome Bruner, New York University School of Law, setembro de 2016.

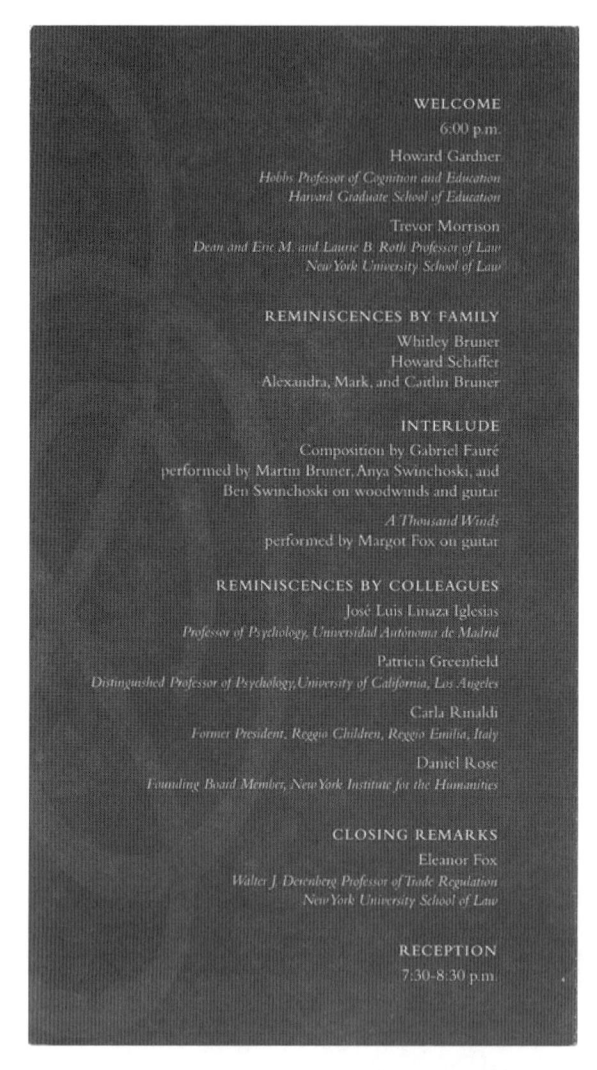

FIGURA 22.2 Celebração do memorial de Jerome Bruner, New York University School of Law, setembro de 2016.

escolas municipais de Reggio Emilia, a partir de 1963.

Loris Malaguzzi havia falecido em janeiro do ano anterior; isso tornava a visita de Bruner ainda mais simbólica e significativa. Estava nos desejos de Malaguzzi convidá-lo: eram muitos elementos que os uniam e algumas as diferenças. Comum era a "paixão" pela educação, como alavanca de desenvolvimento e essência primária da comunidade e da civilização.

Agora cabia a nós dar um futuro a esse diálogo à distância.

Nós fomos buscá-lo no Hotel Posta, que o hospedaria durante sua estadia. Era do seu agrado, disse. Fomos a um restaurante no centro da cidade. Ele quis uma mesa ao ar livre e, entre muitos, escolheu um prato com um nome atraente e desafiador, "as delícias de Reggio" (variedade de frios e queijo Parmigiano-Reggiano) e como vinho o local, Lambrusco. No final do jantar, ele disse: "Se estes são os sabores de Reggio, vou amar Reggio". Ele havia "experimentado" a cidade através de seus sabores.

Daquela noite em diante, Jerome Bruner amará Reggio, mas a cidade também amará Jerome, além das escolas e da Municipalidade de Reggio Emilia.

A partir daquele ano, todos os anos, em junho, o prof. Bruner vinha a Reggio por um mês, até 2012. Durante dezoito anos ficou no mesmo hotel onde foi pela primeira vez, no mesmo quarto. Todos os funcionários haviam se tornado amigos dele e bastava entrar no salão e perguntar pelo "professor", pois todos entendiam que ele era o professor, o distinto senhor que conversava com todos, perguntando sobre a família, mas também envolvendo-os em discussões ou reflexões sobre a qualidade de vida na cidade. Assim fazia com os garçons dos pequenos restaurantes onde amava almoçar ou onde jantávamos juntos; ou com os garçons das cafeterias onde ele adorava se sentar para tomar um café e se encontrar com seus amigos reggianos.

Em particular, a da Piazza Prampolini, ou Piazza del Duomo, que tem uma bela extensão de mesas, onde Jerry se sentava todos os dias, por volta das 18h30, para um aperitivo ou para conversar conosco, comentando sobre seu dia de estudo nas escolas e nos perguntando sobre nossas experiências para "relê-las em conjunto". Ali, sem que ele pedisse, já sabiam o que lhe levar: dois dedos de whisky de malte escocês "on the rocks", seu "elixir da vida longa", assim nos dizia, tentando convencer-nos a imitá-lo...

A praça era linda: naquele momento do dia, coloria-se de amarelo intenso, o que a tornava "dourada" e que Jerry tanto gostava.

Amava as cores, os sabores, as pessoas da cidade, mas também, e sobretudo, sua história, sua cultura e suas escolas, que via como a expressão máxima desse "pequeno milagre de cidade", como escreveu numa bela entrevista a um dos mais importantes jornais italianos *La Repubblica*, em dezembro de 1995.*

E também amava os domingos inesquecíveis nos Apeninos de Reggio, na companhia de Paola Cavazzoni e Daniela Lanzi.

A relação entre o projeto educativo das escolas, a partir das crianças pequenas, e a cultura local foi um dos objetos de pesquisa mais caros a ele. Como eu dizia, ele dedicou muito tempo a este tema, enquanto estava em Reggio Emilia, buscando material, contatos, diálogos com os protagonistas dessa história. Fez contatos com o diretor da biblioteca para estudar os livros e aprofundar com ele e alguns historiadores locais e regionais sobre as origens do "caráter" da cidade (*genius loci*), o que Jerry chamou de "reggianidade", ou melhor, "muito reggiano"

Ele entrevistou longamente os protagonistas, ou melhor, as protagonistas daquele período do imediato pós-guerra (1945), quando a ideia de uma escola pública de qualidade ressurgiu, após o terrível período do fascismo e quando, em 1963, foi iniciada a primeira escola com o pre-

---

* *La Repubblica*, "Uno Yankee tra le mille voci dell'infanzia", 14 de janeiro de 1996.

feito da época Bonazzi e Loris Malaguzzi para "construir com mil dificuldades o consenso econômico e político da primeira escola". Entrou na alma da experiência para valorizar os elementos de qualidade pedagógica, política e econômica que a tornaram tão excepcional.

Ele levou o resultado dos seus estudos e das suas pesquisas aos prefeitos da cidade, que sempre o acolheram com profundo respeito e escuta. Com eles, principalmente com a prefeita Antonella Spaggiari, desenvolveu uma relação de rara intensidade e de alta perspicácia política, dando indicações para os futuros desenvolvimentos das escolas e, de modo mais geral, sobre o futuro da cidade. Era acolhido e altamente respeitado por todos os políticos locais, de qualquer orientação política, e deu início a intensas relações com o Presidente da Região Emilia-Romagna e alguns Secretários Regionais da Escola e da Cultura.

Foi muito significativa a relação com os Ministros da Educação italianos, em particular com o Ministro Luigi Berlinguer, com quem construiu também uma relação de amizade pessoal. A ele e aos demais deu indicações precisas sobre o papel que a experiência reggiana poderia ter para a qualificação do sistema "0-6" no país.

Intensos também foram os encontros com a Universidade de Modena e Reggio Emilia e a Universidade de Bologna, que lhe conferiram o título "honoris causa" e o acolheram sempre com alegria e prazer especiais, cheios de gratidão, de admiração e respeito pelas suas generosas contribuições para a elaboração das pesquisas.

Por tudo isso, quando a Câmara Municipal de Reggio Emilia decidiu lhe conferir o maior mérito que pode ser atribuído a uma personalidade não pertencente à cidade, ou seja, a "cidadania honorária", a Sala do Conselho Municipal – ou seja, a histórica Sala do Tricolor, onde nasceu a bandeira italiana em 1797 – estava lotada de pessoas, pertencentes a todos os mundos nos quais o prof. Jerome Bruner expressara não só sua cultura, mas sobretudo sua humanidade.

Sua relação mais profunda, exclusiva e mais intensamente recíproca foi, porém, com as creches e escolas da infância ou, ainda melhor, com suas crianças, professores, atelieristas, pedagogistas. Desde a primeira vez que veio a Reggio, Bruner quis passar um tempo, muitas horas, dentro das creches e das escolas da infância. E todos os anos, quando ele chegava, tínhamos que lhe apresentar o programa de visitas às escolas, informá-lo sobre as pesquisas em andamento e organizar encontros com a equipe e as famílias, para conhecer suas experiências e reflexões.

Entrava de manhã, na ponta dos pés, e se sentava dentro da sala ou do ateliê e observava atentamente as crianças e os professores, as reações entre eles e com o ambiente. Assumia aquela típica atitude que o caracterizava toda vez que se concentrava profundamente: segurava o queixo com a mão e seus olhos ficavam maiores e "em escuta". Amava almoçar com os professores e refletir com eles sobre o ocorrido e sobre o que fazer.

É realmente inesquecível a atitude curiosa, repleta de estupor e maravilha, sobretudo plena de humildade e respeito, grande respeito pelas crianças e professores. E todos percebiam, entendiam, e retribuíam com gratidão e grande afeto.

Certamente não foi fácil tê-lo na escola, mas foi também uma grande emoção e alegria. Os professores com mais experiência e os mais jovens achavam, naqueles momentos, uma oportunidade rara de apresentar as próprias hipóteses e elevar o nível de conscientização.

Ele escreveu, a esse respeito:

> [...] O que me impressionou em Reggio Emilia foi ver como a imaginação era cultivada, fortalecendo, ao mesmo tempo, nas crianças o senso do possível. Era expressão de algo profundamente enraizado na própria cidade. [...] Porque, em Reggio, é possível encontrar uma cortesia rara, uma forma valiosa de respeito recíproco. [...]*

Foram anos inesquecíveis, e foi difícil aceitar que ele não poderia mais vir. Para nós e para ele. Ele nunca disse isso. Dizia que o médico lhe havia recomendado descansar um pouco, para estar mais pronto para vir no ano seguinte.

Mas "o ano seguinte" nunca chegou. E, ainda assim, a coisa mais importante que aprendemos, eu pessoalmente aprendi, foi a coragem do futuro, tornar possível o impossível.

A velhice e a limitação física nunca foram um limite para ele. "Você tem que ir em frente, – ele me dizia – vá em frente, não se curve. Tudo passa, menos os sonhos".

E, nos sonhos, continuo a encontrá-lo.

---

* Bruner 2004, p. 27.

Posfácio

Chegamos à última página. Última do quê? Certamente do livro, mas não do meu "diálogo com Reggio Emilia".
    Relendo os seus capítulos, antes de mandá-lo à impressão da versão italiana, percebi o quanto este diálogo com Reggio Emilia é, na verdade, o meu diálogo com a vida, com as suas interrogações, as suas contradições, as suas alegrias, vividas graças a uma experiência educacional que soube me acolher e me pedir para ser uma entre os muitos protagonistas.
    Ainda há espaço para um desejo: que o meu percurso possa ajudar quem, jovem professor ou aluno, quer encontrar o possível que nasce de uma história que soube preservar os sonhos e os generosos ideais, um espelho onde se olhar e no qual tranquilizar-se com o próprio existir.

Carlina Rinaldi

Os sujeitos do projeto educativo do Município de Reggio Emilia: o sistema "Reggio Emilia Approach"

SCUOLE E NIDI D'INFANZIA - ISTITUZIONE DEL COMUNE DI REGGIO EMILIA

As creches e as escolas da infância do Município de Reggio Emilia desde sempre se caracterizam pela modernidade das reflexões teóricas e pelo compromisso enraizado com a pesquisa e a experimentação. Esses serviços para a infância traduzem, na realidade cotidiana, um projeto educativo para a faixa etária de 0 a 6 anos que, fundamentando-se na imagem de uma criança dotada de grandes potencialidades e sujeito de direitos, privilegia a observação e a documentação dos processos de aprendizagem, o confronto de ideias e a discussão. Outros traços distintivos são: a organização do trabalho colegiado e relacional, a importância atribuída ao meio ambiente, a coparticipação das famílias na gestão, a relação com a cultura da cidade e as experiências mais vivazes expressas pela pesquisa nacional e internacional, e a presença do espaço do ateliê e da figura do atelierista para valorizar a criatividade das crianças.

Desde outubro de 2003, os serviços para a infância do Município de Reggio Emilia são administrados por meio de um instrumento específico chamado *Istituzione*, que também é responsável pela coordenação do sistema público integrado 0-6 e das políticas de todos os serviços para a infância da cidade.

A *Istituzione* tem autonomia cultural, pedagógica e administrativa, com balanço econômico próprio e órgãos próprios nomeados pelo prefeito.

Por meio dessa forma de gestão, pretendeu-se salvaguardar e inovar a qualidade e os valores dos serviços educacionais reggianos.

(www.scuolenidi.re.it)

REGGIO CHILDREN

Reggio Children s.r.l. nasceu em 1994 para promover e defender os direitos de meninas e meninos e para gerir os intercâmbios pedagógicos e culturais já iniciados há algum tempo entre as instituições para a infância do Município de Reggio Emilia e professores, docentes, pesquisadores e estudiosos do mundo todo.

Reggio Children, local, nacional e internacionalmente:

- organiza iniciativas de formação;
- promove projetos de pesquisa;
- faz consultorias no campo educacional;
- participa de iniciativas de cooperação com instituições infantis de vários países;
- realiza publicações, traduzidas até hoje em 24 idiomas;
- gerencia várias mostras itinerantes, entre elas *As cem linguagens das crianças* e *O estupor do conhecer,* e outras mostras preparadas no Centro Internacional Loris Malaguzzi;
- em colaboração com os outros sujeitos, administra e coordena as atividades e os projetos do Centro Internacional Loris Malaguzzi; entre eles os Ateliês Cidadãos, ambientes de exploração e aprendizagem.

Desde 2006, foi constituído o Network Internacional de Reggio Children, composto por representantes dos países (atualmente 33) que colaboram com Reggio Children há mais tempo e de forma mais permanente na realização de iniciativas e atividades.

(www.reggiochildren.it)

FUNDAÇÃO REGGIO CHILDREN – CENTRO LORIS MALAGUZZI

A Fundação Reggio Children nasce em 2011, em Reggio Emilia, com o objetivo de melhorar a vida das comunidades no mundo, promovendo os direitos da infância, a partir do direito à educação de qualidade para o combate da pobreza educacional.

A Fundação promove, assim, a estreita relação entre investigação e solidariedade, com projetos e ações em parceria com instituições, entes e empresas, em nível nacional e internacional, que queiram participar e contribuir com essa ideia de uma cultura compartilhada de desenvolvimento e inovação, a partir das enormes potencialidades da infância.

Os focos temáticos da Fundação vão desde a relação entre pedagogia e arquitetura, às oportunidades que nascem do uso de novas tecnologias em contextos educacionais, ao tema do gosto e do bem-estar, à participação e à construção de comunidades educantes, à eco-empatia e à sustentabilidade.

(www.frchildren.org)

CENTRO INTERNACIONAL LORIS MALAGUZZI

O Centro Internacional Loris Malaguzzi, promovido pela Prefeitura de Reggio Emilia, Istituzione Scuole e Nidi d'Infanzia, Reggio Children e Fundação Reggio Children – Centro Loris Malaguzzi, é um lugar dedicado àqueles que, na Itália e no mundo, pretendem promover uma educação de qualidade. Um lugar aberto ao futuro, que coloca no centro as crianças

FIGURA F.1 "Educação sem barreiras", mesa-redonda com Luca Vecchi, prefeito de Reggio Emilia, e o Comitê Científico da Fundação Reggio Children – Centro Loris Malaguzzi. Sede municipal – Sala del Tricolore, Reggio Emilia, 06 de novembro de 2018.

e as suas potencialidades, que pretende oferecer oportunidades de criatividade aos adolescentes, jovens, famílias e novas oportunidades formativas à comunidade educativa internacional.

O Centro está localizado nos edifícios que há mais de meio século abrigaram o "Locatelli" e seus armazéns de queijo Parmigiano-Reggiano. Todos os anos é visitado por mais de 130.000 pessoas da Itália e do mundo.

No Centro encontram-se: a sede da Reggio Children e da Fundação Reggio Children – Centro Loris Malaguzzi, o Centro de Documentação e Pesquisa Educativa, o Auditório Annamaria e Marco Gerra, a Sala Kuwait e a Sala Sweden (para reuniões e conferências), a Sala de Mostras Marco Gerra e outros espaços expositivos, o Ateliê Raio de Luz, o Ateliê Paisagens Digitais e outros Ateliês Cidadãos, o Laboratório Teatral Gianni Rodari, o Centro de Vídeo, a livraria da Reggio Children e o Pause – Ateliê dos Sabores, com Cafeteria e Restaurante.

(www.reggiochildren.it)

1963
Nasceu a primeira escola da infância municipal, a escola da infância Robinson, seguida pela escola da infância Anna Frank em 1964.

1971
O primeiro centro infantil municipal, denominado Genoeffa Cervi, foi inaugurado antes da legislação nacional, Lei 1.044, sobre centros infantis.

1991
Após pesquisa internacional, a revista Newsweek reconhece a Escola Diana, que representa a rede de serviços municipais de primeira infância de Reggio Emilia, como uma escola de inovação e qualidade.

1994
Estabelecimento de Reggio Children s.r.l. como centro internacional para a defesa e a promoção dos direitos e das potencialidades de todas as crianças.

2003
Fundação das Creches e Escolas da Infância - Instituição Municipal de Reggio.

2011
Estabelecimento da Fundação Reggio Children - Centro Loris Malaguzzi, como uma *transformação* da Associação Internacional de Amigos de Reggio Children, criada em 1994.

2012
Conclusão do Centro Internacional Loris Malaguzzi.

FIGURA F.2 Cronologia.

Referências

ANGELINI, L. L'osservazione del bambino in ambito educativo e psicoterapeutico. *In*: ANGELINI, L.; BERTANI, D. *Il bambino che è in noi*. Milano: Unicopli, 1995.

ANGELINI, L.; BERTANI, D. *Il bambino che è in noi*. Milano: Unicopli, 1995.

AUGÉ, M. *Le sens des autres*. Paris: Fayard, 1994.

AUGÉ, M. *Non-lieux*. Paris: Seuil, 1992.

BAUMAN, Z. *Liquid life*. Cambridge: Polity, 2005.

BAUMAN, Z. *Missing community*. Cambridge: Polity, 2000.

BAUMAN, Z. *The Bauman reader*. Oxford: Blackwell, 2001.

BRUNER, J. S. Reggio: a city of courtesy, curiosity and imagination. *Children in Europe*, v. 6, n. 27, 2004. Original publicado na Itália, *La Repubblica*, Uno Yankee tra le mille voci dell'infanzia, 14 jan. 1996.

BRUNER, J. S. *The process of education*. Cambridge: Harvard University, 1960.

CAGLIARI, P. et al. (ed.). *Loris Malaguzzi and the Schools of Reggio Emilia:* a selection of his writings and speeches 1945 - 1993. London: Routledge, 2016.

CALLARI GALLI, M.; CAMBI, F; CERUTI, M. *Formare alla complessità*. Roma: Carocci, 2003.

CALLARI GALLI, M.; CERUTI, M.; PIEVANI, T. *Pensare la diversità:* per un'educazione alla complessità umana. Roma: Meltem, 1998.

DAVOLI, M.; FERRI, G. (ed). *Reggio Tutta. A guide to the city by the children*. Reggio Emilia: Reggio Children, 2000.

GALLESE, V. Corpo vivo, simulazione incarnata e intersoggettività: una prospettiva neurofenomenologica. In: CAPPUCCIO, M. (ed.) *Neurofenomenologia*. Milano: Bruno Mondadori, 2006.

GALLESE, V. Dai neuroni specchio alla consonanza intenzionale. Meccanismi neurofisiologici dell'intersoggettività. *Rivista di Psicanalisi*, v. 52, n. 1, p. 197-208, 2007.

GARDNER, H. *Changing minds*. Harvard: Harvard Business School, 2004.

GARDNER, H. *Development and education of the mind*. London: Routledge, 2005.

GARDNER, H. *Five minds for the future*. Harvard: Harvard Business School, 2006.

GARDNER, H. *The quest for mind:* Jean Piaget, Claude Levi-Strauss, and the structuralist movement. New York: Knopf, 1973.

GARDNER, H. *The unschooled mind:* how children think and how schools should teach. New York: Basic Books, 1991.

LA SALA, G. B. *et al.* (ed.). *Coming into the world:* a dialogue between medical and human sciences. Berlin: De Gruyter, 2006.

LA SALA, G. B.; RINALDI, C. (ed.). *La "normale" complessità del diventare genitori*. Reggio Emilia: Reggio Children, 2012.

MALAGUZZI, L. Che posto c'è per Rodari?. In: De Luca, C. (ed.) *Se la fantasia cavalca con la ragione:* prolungamenti degli itinerari suggeriti dall'opera di Gianni Rodari. Bergamo: Juvenilia, 1983.

MALAGUZZI, L. La nuova socialità del bambino e dell'insegnante attraverso l'esperienza della gestione sociale nelle scuole dell'infanzia. *In:* LA GESTIONE SOCIALE NELLA SCUOLA DELL'INFANZIA, *atti del I convegno regionale di Modena, 15-16 maggio 1971, Modena*. Roma: Riuniti, 1972.

MEAD, M. *Coming of age in Samoa.* New York: William Morrow Paperbacks, 1928.

REGGIO CHILDREN. *Regimento Escolas e Creches da Infância do Município de Reggio Emilia*. Reggio Emilia: Reggio Children, 2012.

REGGIO CHILDREN. *One city, many children. Reggio Emilia, a history of the present.* Reggio Emilia: Reggio Children, 2012.

REGGIO CHILDREN. *The wonder of learning, exhibition catalogue.* Reggio Emilia: Reggio Children, 2011.

RIZZOLATTI, G., FOGASSI, L.; GALLESE, V. Mirrors in the mind. *Scientific American,* v. 295, n. 5, p. 54-61, 2006.

RIZZOLATTI, G.; SINIGAGLIA, C. *So quel che fai:* Il cervello che agisce e i neuroni specchio. Milano: Raffaello Cortina, 2006.

VECCHI, V. *Arte e criatividade em Reggio Emilia*: Explorando o papel e a potencialidade do ateliê na educação da primeira infância. São Paulo: Phorte, 2014.